面白いほどわかる
大人の歴史教室

日本と世界まるごと全史

A book about Japanese and World History that's actually interesting!

歴史の謎研究会[編]

青春出版社

そんな「流れ」だったのか！
できる大人の日本史＆世界史大事典！——はじめに

学校で教わる「世界史」と「日本史」という分類は不思議である。世界史とは、本当の世界史ではなく「日本以外の歴史」、つまり「外国史」なのだ。世界史の中に日本の歴史は登場しない。これが、世界史を苦手にさせる理由のひとつである。あまりに、自分と関係がないからだ。

さらに、「歴史」の勉強がいやになるのが、年号の暗記である。「大化の改新、無理仕事（645年）」「いいくに（1192）作ろう鎌倉幕府」などと覚えたことのある人は多いだろう。試験でよい点をとるには暗記が必要だが、歴史とは点ではなく、線である。なにがどうしたから、こうなった——という前後の関連、全体の流れがわかることのほうが、本来は大事なはずだ。それから細かいことを調べればよい。

そこで本書は、有史以来の人類の歩みを「流れ」に重点を置いて、わかりやすく解説した。事件は、世界各地で並行して起きている。それらを完全な時系列で記述して

いくと、かえって混乱するので、「西洋史」と、「東洋史（中国史）と日本史」の二つに大きくわけ、それぞれを交互に記していくことにした。いずれも、政治的事件、主として権力者の交代劇が中心となっていることを、おことわりしておく。

さらに、本書ではビジネスパーソンにとっては必須とされる「経済史」のポイントも詳説している。産業革命の前後から現在までの世界と日本の経済の動きをおさえることは、これからの世界経済を自分の頭で考えるうえで、大きなヒントになるはずだ。

本書によって、4000年にわたるドラマのなかの主要事件、主要人物、主要な舞台を知り、本当に必要な歴史知識を身につけていただければ幸いである。

歴史の謎研究会

面白いほどわかる大人の歴史教室

日本と世界まるごと全史 ●目次

1 文明の誕生　15

文明誕生までの気の遠くなる昔の話　16
古代四大文明とはそもそも何か　17
原始・縄文時代の日本列島はどうなっていた？　22
メソポタミア最初の支配者——アッカド王国　24
小国バビロンを強国に導いたハンムラビ　25
謎の民族「海の民」の登場　26
古代オリエント、統一への道のり　28
出エジプト、バビロン捕囚からユダヤ教誕生まで　28
巨大帝国アケメネス朝ペルシャの興亡　31

2 ギリシア・ローマ　33

都市国家ポリスが形成されるまでの経緯　34
元祖民主主義のアテネ対軍国主義のスパルタ　35
運命を決めたペルシャ戦争、ペロポネソス戦争　37
青年王・アレクサンドロスが夢見た「世界帝国」　40
ローマがイタリア半島を統一するまで　43
ローマ対カルタゴの死闘——ポエニ戦争　45

目次

ハンニバルの終わりなき戦い 47
カエサル、クレオパトラ…権力をめぐる攻防 49
イエス・キリストの軌跡とキリスト教の成立 53
「パックス・ロマーナ」の時代とは 56
内乱の時代に突入したローマ——軍人皇帝時代 57
なぜキリスト教は国教となったのか 59
ササン朝ペルシャの台頭が持っている意味 61
ゲルマン民族大移動という衝撃 62
ローマ帝国が東西二つに分裂した理由 63
ゲルマン人に滅ぼされた西ローマ帝国 64

3 日本と中国Ⅰ 67

伝説から歴史へ——夏、殷 68
封建制度を生んだ中国最長の王朝——周 69
覇権を競った5人の主役——春秋時代 71
ガウタマ・シッダールタが悟りを開くまで 72
生き残った七つの大国——戦国時代 74
完全に周を滅ぼしたのは秦だった 76
中国全土を手に入れた始皇帝 77
項羽と劉邦の死闘の結末——前漢 80
わずか15年で滅びた王朝——新 83
再興された漢王朝——後漢 84
曹操、劉備、孫権の死闘——三国時代 86
漢に送られた倭の奴国の使者 89

いまだ解けない邪馬台国の謎 89
動乱の時代に終止符を打つ——晋 91
再び分裂の時代へ——五胡十六国 92
朝鮮半島を舞台に百済、新羅と戦った倭 94
「倭の五王」とは誰なのか 94
内乱がもたらした混乱——南北朝 95
■世界史・日本史年表Ⅰ 97

4 ヨーロッパとイスラム 99

フランク王国誕生が持つ意味 100
最盛期を迎えたビザンツ帝国 100
ムハンマドの生涯とイスラム教 102
イスラム帝国はいかに生まれたか 104
なぜイスラム社会は発展したのか 105
運命を決めたフランク王国の分裂 106
スラヴ民族がつくったロシアの王国 110
イスラム帝国の分裂と「その後」 112
イングランド統一とノルマンディ公国建国 113
ローマ教会が東西に分かれるまで 114
カノッサの屈辱とは何か 116
ヨーロッパとイスラム、対立の原点——十字軍 117
逆襲に転じたイスラム 120
議会制民主主義の第一歩——マグナ・カルタ 121

8

目次

教会の権威失墜がもたらした大きな波紋 124
ペスト大流行と教会大分裂 126
長期間繰り広げられた英仏の激闘——百年戦争 126
ジャンヌ・ダルクの登場が祖国の危機を救う 130
王位継承をめぐる貴族たちの対立——バラ戦争 131
神聖ローマ帝国の世襲化とハプスブルク家 132
地中海の新しい覇者——オスマン帝国 133

5 日本と中国Ⅱ 135

乱世の末に登場した新たな支配者——隋 136
なぜ隋は三代で滅亡したのか——唐 138
仏教の伝来が大和朝廷に与えた影響とは 139
聖徳太子の本当の業績とは 140
大化の改新は日本をどう変えたか 141
古代日本を揺るがした二つの大事件 143
平城京への遷都がなされるまでの経緯 145
権力をめぐる謀略、叛乱事件の数々 146
長安を手本につくられた平安京 150
美女楊貴妃の登場と唐帝国の転落 150
290年の歴史に幕を閉じた唐帝国 151
いくつもの国の栄枯盛衰——五代十国、宋 152
頂点を極めた菅原道真を陥れた陰謀 153
武士の台頭を告げる二つの叛乱 154

藤原氏の栄華はいかに築かれたか 156
前九年の役と後三年の役が持つ意味 158
保元の乱と平治の乱が持つ意味 160
院政とはなんだったのか 162
源平合戦の知られざる顚末 163
日本初の武家政権・鎌倉幕府の成立 165
朝廷対幕府の対立が頂点に——承久の乱 166

6 ヨーロッパの展開

ルネサンスとヨーロッパ社会の大変化 184
「世界」をめざした冒険者たち 186
「新しい」領土をめぐる対立 188
【経済史のポイント1】 190

183

二つの王朝が共存した時代——宋、金 167
巨大帝国・モンゴルの出現——元 170
元の襲来が幕府に与えた影響とは 173
元を追いつめ、中国統一を果たす——明 174
鎌倉から室町へ……武家政権の展開 176
応仁の乱からはじまった激動の時代 179
■世界史・日本史年表 II 181

インカ帝国が滅亡した本当の理由 192
宗教改革が後世に与えた影響とは 193
キリスト教の新たなる展開 196
ユグノー戦争の発火点になった宗教対立 197

10

目次

「日の沈まぬ帝国」となったスペイン　199
【経済史のポイント2】　201
ドイツ三十年戦争とプロイセン王国の誕生　203
民主主義の新しい段階――ピューリタン革命　204
フランス絶対王政の光と影　209
オーストリア継承戦争の裏側　212
【経済史のポイント3】　215
独立を勝ち取ったアメリカ　218
フランス革命はどのように展開したのか　221
ロベスピエールの恐怖政治とは　223
皇帝ナポレオンの栄光と悲劇　224
ウィーン体制はなぜ簡単に崩壊したのか　231
自由への欲望が爆発した七月革命、二月革命　232
パックス・ブリタニカ時代の到来　236
クリミア半島をめぐる思惑――クリミア戦争　239
分裂の危機を迎えたアメリカ――南北戦争　241
イタリアが統一に至るまでの道のり　244
ドイツ帝国が誕生するまでの道のり　246
【経済史のポイント4】　247

7 日本と中国Ⅲ　251

戦国地図を塗り替えた覇王・織田信長　252
戦乱の世を終わらせた豊臣秀吉　254

徳川250年の治世の礎はいかに築かれたか 256
明を滅亡に導いた女真族——清 256
赤穂事件とはなんだったのか 258
幕府を揺るがせたペリー浦賀来航 259
近代国家として生まれ変わった日本 262
中央集権国家へ——版籍奉還と廃藩置県 264
新しい通貨制度の誕生 265
なぜ西郷隆盛は決起したのか——西南戦争 267
「殖産興業」で何がどう変わったか 268
松方財政と明治時代の経済 271
大日本帝国憲法が誕生するまで 274
アヘン戦争後の展開——清、中華民国 275
明治日本が戦った二つの戦争——日清戦争 277
明治日本が戦った二つの戦争——日露戦争 278
■世界史・日本史年表Ⅲ 281

8 20世紀という時代 283

世界の覇者へと成長するアメリカの大企業 284
大正デモクラシーから治安維持法まで 285
【経済史のポイント5】 287
再分割されることになった世界 289
各国を巻き込んだ最初の世界大戦 290
【経済史のポイント6】 295

12

目次

ロシア革命はどう展開したのか 297
【経済史のポイント7】 300
1929年10月24日——暗黒の木曜日 301
ニューディール政策とブロック経済 302
ドイツで権力を掌握したナチス 306
【経済史のポイント8】 307
第二次世界大戦はどのように推移したのか 314
第二次世界大戦における日本の立場 316

9 激動する世界 319

新しい世界の枠組み国際連合の誕生 320
ブレトン・ウッズ協定で何が決まった？ 321
GATTからWTOへ 323
戦後の社会主義国陣営の動き 324
【経済史のポイント9】 326
三大経済改革がもたらした社会の変化 328
ドッジ=ラインとは何か 329
高度経済成長と所得倍増計画 330
世界第2位の経済大国、ニッポン 333
いかにしてアメリカは世界経済の覇権を握ったか 334
中華人民共和国の成立と朝鮮戦争 336
中東戦争という悲劇の裏側 338
次々と独立を果たした旧植民地 339
アメリカの翳り——ベトナム戦争 341

ドルショックとブレトン・ウッズ体制の終焉 343
ヨーロッパの統合——ECSCからEUへ 345
中ソの関係悪化と米中の接近 346
石油文明の発達と中東問題 347
オイルショックの本当の影響 348
インフレ退治と70年代後半の低迷 350
レーガン、サッチャーの登場 351
【経済史のポイント10】 353
日本のバブル経済はどう始まり、どう弾けたか 356

ソ連崩壊と冷戦終結の真相 359
中国の経済成長が世界経済を変える 362
冷戦後の世界、終わらぬ戦争 363
【経済史のポイント11】 366
アジア通貨危機の発端 372
急成長を遂げたBRICs 373
「世界金融危機」とは一体何だったか? 375
■世界史・日本史年表Ⅳ 378

本文写真提供■Sborisov-Fotolia.com
協力■アルファ・ベータ
DTP■ハッシイ

1
文明の誕生

文明誕生までの気の遠くなる昔の話

「人類の歴史」はいつから始まったのか。古代文明が誕生してからを「歴史」ととらえるのが一般的だが、それ以前も人類は存在した。

この有史以前の時代を「先史時代」という。文字の記録など何もないので、化石や遺跡から推測するしかない時代である。どんな人がいて、どんな事件があったのかなどは、まったく分からない。

この時代については、以前は遺跡を発掘し、発見された化石の出た地層から何万年前のものと推定していたが、DNA研究などの進歩により、もっと細かいことが分かるようになってきた。

現在主流となっている学説では、人類が誕生したのは約400万年前で、場所はアフリカサバンナという。それまでは熱帯雨林だった地域が、気候の変化により乾燥し、サバンナ（草原）となった。そのため、木の上で生活していた類人猿は、地面において生活しなければならなくなり、直立できるように進化していったのである。

こうして人類の祖先が生まれ、アフリカから各地へ散らばっていったと思われる。

現在の人類、つまり我々ホモ・サピエンスの直接の祖先が登場するのが約10万年前。アフリカを起源とし、ヨーロッパ、アジア、アメリカと各地に広がっていったとする説が有力である。

約9000年前になると、農耕・牧畜が始まったらしい。西アジアやイラク北部にその

▶人類はアフリカから世界各地に広がった

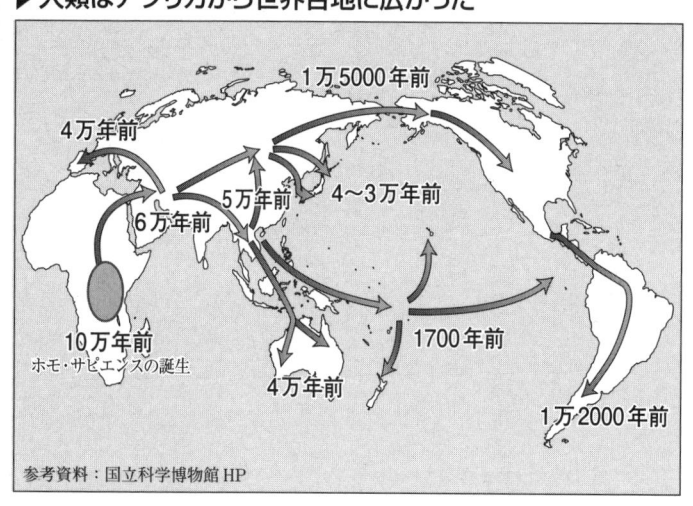

10万年前 ホモ・サピエンスの誕生
6万年前
5万年前
4万年前
4～3万年前
1万5000年前
4万年前
1700年前
1万2000年前

参考資料：国立科学博物館HP

時代の遺跡が発見されている。石器も、ただ単に石を砕いただけの旧石器から、磨くなどの加工が施された新石器へと変化する。また、顔料で塗装されるようにもなる。「文明」がすでに芽生えているのである。

約7000年前になると、血縁関係による「氏族」、さらに小さい「家族」というものが生まれ、「私有財産」という概念も生まれていたとされる。最古の宗教もこのころには誕生していたらしい。

古代四大文明とはそもそも何か

古代四大文明は、紀元前4000年から2300年の間に生まれたとされている。エジプト、メソポタミア、インダス、黄河の四大

文明に共通するのは、いずれも大きな川の流域に発生したということだ。

人類発祥の地はアフリカと推定されているが、そこで生まれた人類が、ティグリス・ユーフラテス川やナイル川の流域に住み着き、文明を育んでいったわけである。これがだいたい、紀元前4000年、つまり6000年ほど前とされている。

■メソポタミア文明

メソポタミア文明の担い手は、シュメール人と呼ばれている。この地域をシュメールと呼ぶからだが、これは「葦の多い地方」という意味である。

メソポタミア文明の特徴としては、楔形文字がすでに使われていたこと。それまでの人類には「言葉」はあったものの、「文字」

はまだなく、口から耳へ伝える以外、情報伝達手段はなかった。川の流域とはいえ、乾燥地帯だったので、メソポタミア文明では、樹木ではなく、粘土が文明の基礎になった。楔形文字も、粘土に尖った葦のペンで刻まれている。

メソポタミアに生まれ、現在もなお使われているものに、暦がある。1年を12か月、1週間を7日とするものなのだ。このメソポタミア文明で始まったものなのだ。ただし、太陽暦ではなく、太陰暦だった。また、60進法が使われていたことも確認されている。

この古代文明は聖書の世界の原型が生まれたことでも知られている。大洪水が何度も起きており、そこから「ノアの方舟」の物語の原型が生まれ、都市の中心には人工の丘、ジッグラト（高い峰、という意味）が築かれ、

18

▶川の流域で誕生した四大文明

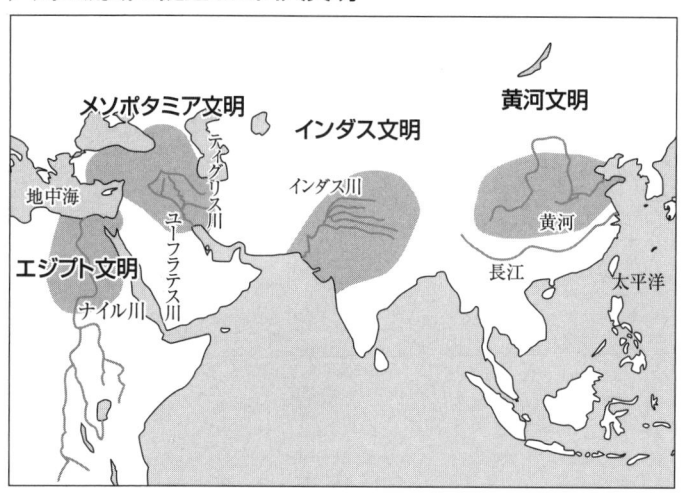

地中海 / エジプト文明 / ナイル川 / メソポタミア文明 / チグリス川 / ユーフラテス川 / インダス文明 / インダス川 / 黄河文明 / 黄河 / 長江 / 太平洋

これがバベルの塔伝説になったとされている。

さらにいえば、アダムが土から作られたとする話も、粘土を基礎としたこのシュメール人の考えがベースにあるとされる。このようにユダヤ教・キリスト教の聖書の起源がメソポタミア文明にはあるのだが、一神教ではなく、多神教だったようだ。

その後、青銅器文明に発展し、ウル第一王朝という都市国家ができた。しかしこの地域に、セム族系の遊牧民であるアッカド人が侵入し、シュメールの都市国家を征服してしまい、統一国家としてアッカド王国ができる。これが紀元前2300年頃のことだ。

■エジプト文明

一方、ナイル川流域で興ったのが、エジプト文明である。デルタ地帯に氾濫で運ばれた

沃土を利用した農業が盛んになり、農耕社会が発展して、紀元前4000年頃にはノモス（部族国家）があちこちにできていた。

その部族国家がしだいに統合されていき、上エジプト、下エジプトの二大国家となった。そして、紀元前3000年ごろには統一国家となる。このときの王がメネス王である。

エジプトの暦は太陽暦で、1年が365日だと分かっていた。数は10進法を使っていた。宗教は多神教なのだが、そのなかで太陽神ラーが最高の神だとされていた。そして、ファラオ（国王）が神の化身として、人民と国土を支配していた。さらに、ヒエログリフと呼ばれる文字も発明され、紙の元祖といえるパピルスもここで発明されている。ミイラを作る技術もここで生まれた。

さて、統一国家となったエジプト王国は、その後、31の王朝が交代するものの、国家としては紀元前4世紀後半まで続いた。

■インダス文明

地中海周辺のメソポタミアやエジプトには遅れたが、いまのインドと中国でも文明が誕生した。

インダス文明は、その名のとおり、インダス川流域に紀元前2300年頃に興ったと推定されている。青銅器、文字を使っていたのにくわえ、城塞、舗装道路、排水施設といった都市基盤が整備された、かなり本格的な文明である。当時の遺跡として有名なのが、モヘンジョ＝ダロや、ハラッパー。

インダスは「インド」の語源だが、サンスクリット語の意味は「川」。最初に文明を築いた民族は、現在は南インドに住むドラヴィ

ダ人と推定されている。

都市文明として栄えたインダス文明だが、その都市が必要とするレンガを焼くために流域の樹木を乱伐したために洪水が頻発し、紀元前1700年頃には、かなり衰退していたらしい。

そこに、遊牧民アーリア人が侵入してきたのが、紀元前1500年頃。先住民たちはあっさりと征服されてしまう。この地の支配者となったアーリア人は、インダス川から、湿潤なガンジス川流域に移動し、そこに新たなガンジス文明を築き、多くの部族国家ができた。紀元前6世紀には、16の都市国家があり、互いに争っていた。

さて、インドといえばカースト制度。紀元前10から7世紀には、すでに四つの階級からなるカースト制度が成立していたという。

■黄河文明

中国3000年の歴史とも、4000年の歴史ともいうが、これは歴史として語られている王朝ができてからの歴史である。文明ということであれば、中国史はいまから約6000年前まで遡ることができる。

黄河流域の肥沃な黄土地帯に農耕文明が成立したのは、紀元前4000年頃。その頃の遺跡が発掘されており、それによると、竪穴式住居があり、集落が形成されており、磨製石器や彩色してある土器を使っていた。犬や豚を飼育していたことも分かっている。

この中国最古の文化を、遺跡が発掘された地名にちなんで、仰韶文化という。

やがて、紀元前2300年頃になると、牛や馬を飼育し、磨いて黒くした土器、黒陶を使う文化が発展した。これを龍山文化とい

う。集落は城壁で囲まれるようになり、都市域には、紀元前1200年頃からオルメカ文明があり、紀元前400年頃まで続いた。そして、アンデスには、紀元前1000年頃からチャビン文明が存在していた。中南米よりも先に人類が到達していたはずの北米にも、文明はあったと思われるが、遺跡など具体的なかたちでの古代文明の痕跡は、まだ発見されていない。

アメリカ古代文明の特徴は、とうもろこし栽培が中心で、牛や馬などの家畜がいなかったこと、そして、鉄器、車輪、火器はなかったということである。

■アメリカ古代文明

16世紀にヨーロッパ人が侵略し滅ぼしてしまったために、それ以前のことがはっきりしないが、アメリカ大陸にも古代から文明があったのは事実である。

アフリカで誕生したとされる人類は、1万7000年から1万3000年前のあいだには、アメリカ大陸に到達している。そして、紀元前1000年には、メソアメリカ(メキシコ、グアテマラ、ホンジュラス、エルサバドル、ニカラグアなど)とアンデス地方に、かなり高度な文明が誕生していたと推定されている。

国家が成立している。

原始・縄文時代の日本列島はどうなっていた?

日本列島は大昔は大陸と陸続きだった。ア

いまのメキシコ、グアテマラなどの中米地

▶全国に点在する旧石器〜縄文時代の遺跡

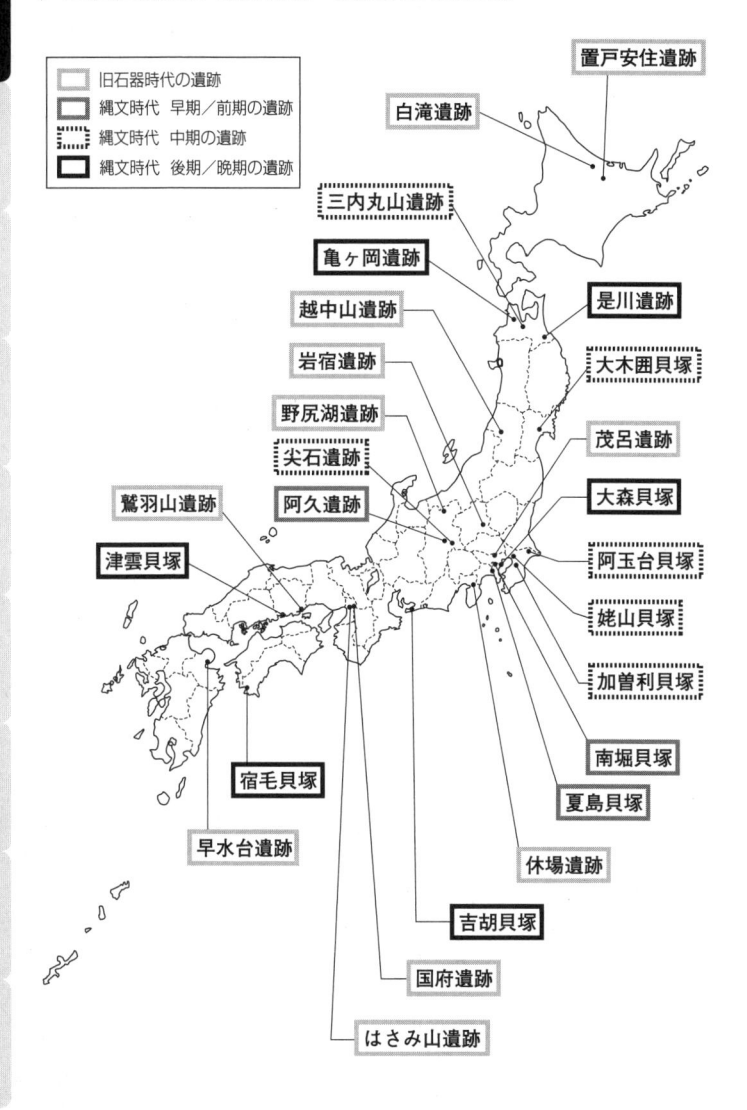

- 旧石器時代の遺跡
- 縄文時代 早期／前期の遺跡
- 縄文時代 中期の遺跡
- 縄文時代 後期／晩期の遺跡

- 置戸安住遺跡
- 白滝遺跡
- 三内丸山遺跡
- 亀ヶ岡遺跡
- 越中山遺跡
- 是川遺跡
- 岩宿遺跡
- 大木囲貝塚
- 野尻湖遺跡
- 茂呂遺跡
- 尖石遺跡
- 大森貝塚
- 鷲羽山遺跡
- 阿久遺跡
- 阿玉台貝塚
- 津雲貝塚
- 姥山貝塚
- 加曽利貝塚
- 南堀貝塚
- 宿毛貝塚
- 夏島貝塚
- 早水台遺跡
- 休場遺跡
- 吉胡貝塚
- 国府遺跡
- はさみ山遺跡

ジア大陸南部にいた古モンゴロイドという人種が、3万年ほど前にいまの日本列島にやってきた。

いまのところ最古とされている遺跡が、1946年に発見された岩宿の遺跡で、日本にも旧石器時代があったことが確認された。その後、なんと、70万年前の遺跡が発見されたと話題になったが、捏造であることが発覚した。

縄文文化と呼ばれるものが形成されたのは、約1万3000年前とされている。このころ、海水面が上昇し日本海ができ、日本列島は大陸から分離したのである。

縄文人とは別に、1万年ほど前に新モンゴロイドという種族が生まれ、アジア各地に広がった。

そのなかの一群が、紀元前300年頃、すでに日本海ができ大陸からは離れていた日本列島に、海路わたってきた。これが弥生人とされている。

縄文人と弥生人は、やがて混血を繰り返し、いまの日本人となる。

弥生時代は、紀元前300年頃から西暦300年頃までの約600年間とされている。

だが、地域によっては縄文文化が続いていたところもある。

メソポタミア最初の支配者
——アッカド王国

文明先進地域であったオリエント世界は、いくつもの王国が侵略、征服を繰り返していった。

メソポタミア地域での最初の統一国家はア

ッカド王国で、最初の王は紀元前2300年ごろのサルゴン。

このアッカド王国とサルゴンについては、それなりに史料も残っており、多くの伝説があるのだが、どこまでが史実かははっきりしない。

この時代、多くの王国が興っており、サルゴンは次々と征服し、帝国を築いたとされており、その版図は、「上の海（地中海）から下の海（ペルシア湾）まで」と記録にある。このアッカドが、おそらく世界初の帝国であろう。

サルゴンは50年以上も王位にあり、息子がその後を継いだ。

数百年後、アッカド王国も滅亡のときを迎える。かわってメソポタミアの支配者となったのはバビロンである。

小国バビロンを強国に導いたハンムラビ

バビロンの初代王はスムアブムで紀元前1894年に王位に就いた。スムアブムはバビロンの地に新たな王国を築いた。スムアブルの系の小さな都市国家と戦い、次々と支配下に置いていった。だが、その死後、後継者は離反した都市国家との戦いに明け暮れることになった。この王朝を、バビロン第一王朝とも、古バビロニア王国ともいう。

この古バビロニア王国第六代の王が、ハンムラビである。紀元前1750年ごろの人物だ。彼によって、初めてメソポタミア地域全域が統一される。彼が王位に就いた時点では、バビロンは小国だったが、周辺の国々を侵略

し、メソポタミア地方を統一したのだ。

ハンムラビは、もちろん征服戦争だけに明け暮れていたのではない。治水・灌漑事業も熱心に行なった。

ハンムラビの名は、『ハンムラビ法典』という法律によっても残っている。「目には目を、歯には歯を」で有名な法律である。もちろん、この条文だけでなく、いまでいう刑法、民法、商法にあたる多岐な内容が網羅された法体系である。

謎の民族「海の民」の登場

古バビロニア王国の繁栄は、数百年は続いたらしい。だが、紀元前16世紀の第十一代王サムスディタナの時代に、古バビロニア王国は滅びてしまう。

攻めたのは、ムルシリ1世に率いられたヒッタイトだった。彼らは鉄製の武器を持っていた。当時としては最新鋭の兵器である。

そのヒッタイト人の天下は、紀元前12世紀まで続いた。しかし、やがて衰退していく。それとともに彼らが独占していた鉄器がオリエント世界全体に広がっていく。

次に登場するのが「海の民」である。この「海の民」については、記録がなく、どこから来たどんな人々だったのかは分からない。ともかく、海からやってきて、強奪・略奪・破壊の限りを尽くしたらしい。その結果、ヒッタイトだけでなく、エーゲ海に栄えていたクレタ文明も滅んでしまう。「海の民」は滅ぼしただけで、その後に自分たちの国家を建設したわけでもない。そのまま、歴史から消

▶古代オリエントの変遷

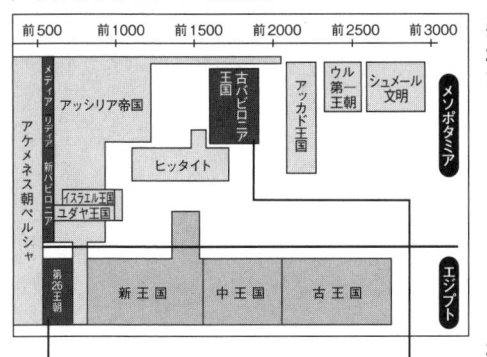

エジプトでは、前27世紀に興った古王国、前21世紀に始まる中王国、前1567年からは新王国と、王朝が続いていた。ヒッタイトの衰亡後、力を伸ばしたアッシリアは、前671年に、エジプトまで含めたオリエント世界を統一。アッシリアの滅亡後、オリエント世界は、メディア、リディア、新バビロニア、エジプト第26王朝に分裂した。

▶4つの王国に分裂したアッシリア帝国

▶メソポタミア地域を統一した古バビロニア王国

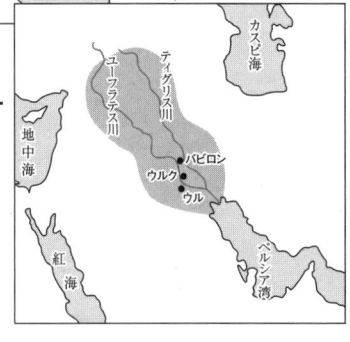

えてしまうのである。古代史最大の謎のひとつである。

古代オリエント、統一への道のり

オリエント世界がとりあえず統一されるのは、前671年、アッシリアによってだった。アッシリア人は鉄製の武器を持ち、これによって征服戦争で次々と勝利していった。

だが、このアッシリア帝国は50年ほどでその歴史を終えてしまう。

征服した地域の住民を強制的に移住させたり、重税をかけたために民心が離れてしまったのが、最大の理由のようだ。力で支配しようとしたが、ますます人々の反発を招き、諸民族が叛乱を起こし、崩壊へとつながるのである。

こうして、前612年、アッシリア帝国は崩壊し、新バビロニア、メディア、リディア、エジプトの四つに分裂した。

出エジプト、バビロン捕囚からユダヤ教誕生まで

世界史上の大事件のなかの多くが、つきつめると、ユダヤ教、キリスト教、そしてイスラム教の相互の争いである。

そのユダヤ教が生まれるきっかけとなったのが、バビロン捕囚。

紀元前586年から538年までの事件である。誰が囚われの身となったのかというと、ユダヤ人。

イスラエル人ともヘブライ人とも呼ばれる

▶ヘブライ王国の分裂

分裂後

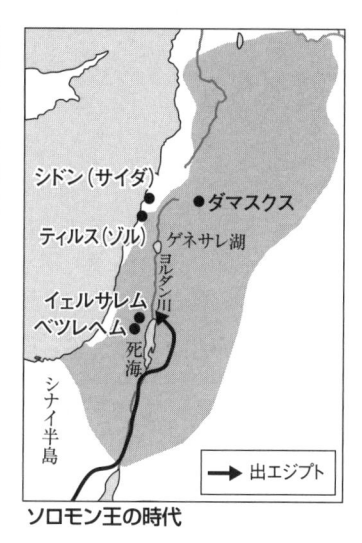

シドン（サイダ）
ゲネサレ湖
ティルス（ゾル）
●ダマスクス
イスラエル王国
ヨルダン川
イェルサレム
ベツレヘム
死海
ユダヤ王国

ソロモン王の時代

シドン（サイダ）
●ダマスクス
ティルス（ゾル）
ゲネサレ湖
ヨルダン川
イェルサレム
ベツレヘム
死海
シナイ半島

→ 出エジプト

人々が、アラビア半島からやってきて、現在のパレスチナに住み着いたのは、紀元前1500年頃とされている。その一部は、さらにエジプトに移住した。エジプトが新王国の時代である。

ところが、エジプト新王国の王朝交代により、新しい王（ファラオ）は、ヘブライ人を弾圧し、奴隷状態に置いた。そこで、これではたまらないと、エジプトを脱出し故郷パレスチナに向かった。このエジプト脱出を指導したのが、「十戒」で有名なモーゼである。

モーゼたちはシナイ半島まで辿り着くが、苦難の放浪生活を強いられた。そのとき、唯一神ヤハウェの啓示をモーゼが受け、脱出に成功したことになっている。

このヤハウェは、もともとはシナイ山の自然神だったらしいが、このときからヘブライ

29

人の神となるのである。

パレスチナに戻ったヘブライ人が、先住民であるペリシテ人（パレスチナとは、「ペリシテ人の土地」という意味）との戦いに勝利し、ヘブライ王国を建国するのが、紀元前11世紀。第二代のダヴィデ王の時代に、エルサレムを首都とし、紀元前960年に即位した第三代のソロモン王の時代に神殿が建てられ、ヘブライ王国は全盛期を迎えた。

映画などでもおなじみの、「ソロモンとシバの女王の知恵比べ」はこの時代のエピソード。

しかし、ソロモン王の死後、紀元前922年に、王国は南北に分裂し、北はイスラエル王国、南はユダヤ王国となる。

その北のイスラエル王国が、アッシリアによって征服されるのが、前722年。

アッシリア帝国は短命に終わり、その後4つの大国に分裂したが、そのひとつの新バビロニア王国によって、前586年にユダヤ王国も滅ぼされてしまう。

このときに、ユダヤ王国の民が、新バビロニア王国のバビロンに強制的に連れて行かれ、奴隷にされてしまう。これを、「バビロン捕囚」というのである。

ユダヤ人が解放されるのは、新バビロニア王国がペルシャに滅ぼされる前538年である。この間、約50年にわたり、ユダヤ人は苦難を強いられた。

その苦難の日々に、神の意思を伝える預言者が次々と現れた。

「全能の神は、やがて来るこの世の終末に、救世主（メシア）を地上に送り、ユダヤ人だけを救済する」という選民思想が生まれた。

巨大帝国アケメネス朝ペルシャの興亡

これがユダヤ教の根本的な考え方である。前515年、エルサレムに第二神殿が建てられた。ユダヤ教はいよいよ本格的な宗教となり、教団としてのかたちを整えていった。

前671年にいったんはアッシリアによって統一されたオリエント世界だったが、前612年に帝国は滅亡し、四つの大国に分裂する。

そのなかで勢力を蓄え、やがて統一帝国を築いたのが、アケメネス朝ペルシャ。ペルシャ人はイラン高原西南部に住んでいた民族である。この地域は、アッシリア分裂後はメディア王国の支配下にあった。キュロ

▶アケメネス朝ペルシャ（ダレイオス1世時代）

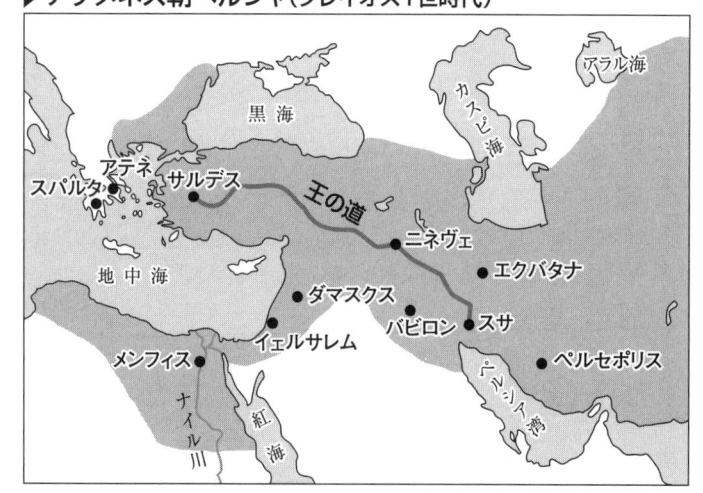

ス2世の時代にメディアを倒し、アケメネス朝ペルシャ帝国となった。これが前550年。つづいて、前546年にはリディアを征服し、さらに前538年には新バビロニアを征服し、ユダヤ民族を解放した。四つに分裂していた旧アッシリア帝国の三つをすでに手に入れたのである。

残ったのはエジプトである。だが、キュロス2世の時代には、そこまでは征服できなかった。後を継いだカンビュセス王が、前525年にエジプトを併合し、オリエント統一の事業を完成させるのであった。

さらに東に向かい、第三代のダレイオス大王の時代には、インダス川流域までを支配していた時期もあった。

ペルシャ帝国が比較的長く続いた理由は、アッシリアのように強権で支配するのではな

く、征服した民族にもそれぞれの宗教の信仰を許すなど、寛容(かんよう)政策をとったことにあった。支配された国々の人々が、あまり反抗心を抱かなかったのである。

その統治機構はかなりしっかりしたものだった。全領土を20の州にわけ、それぞれにペルシャ人の総督を送り込み、統治させていた。さらに、貨幣の統一、公用語の統一といった、後の近代国家の原型ともいえる中央集権体制も完成していた。

宗教では、ゾロアスター教が国教とされた。

このアケメネス朝ペルシャ帝国が滅ぼされるのは、前330年、あのアレクサンドロス(アレキサンダー)大王によってである。

2
ギリシア・ローマ

都市国家ポリスが形成されるまでの経緯

かつてのギリシアに高度な文明が栄えていたことは、パルティノン神殿などの遺跡と、ギリシア神話、あるいはギリシア悲劇などの文学作品が証明している。

エーゲ海のクレタ島に文明が興るのは、紀元前3000年頃と推定されている。これをクレタ文明という。メソポタミアやエジプト文明の影響を受けて、前2000年頃から本格的に栄えだし、オリーブを栽培するようになる。前1600年頃には、大型船舶を開発し、それを駆使した交易によって、ますます豊かになっていった。

だが、前1400年頃に、その豊かさが狙われて、アカイア人が侵入し、クレタ文明を滅ぼしてしまう。

文明の中心地はミケーネに移った。ミケーネ文明も海上貿易で栄えたもので、クレタ文明と合わせて、エーゲ文明という。

このエーゲ文明も、前1200年頃に滅んでしまう。原因は不明だが、謎の「海の民」によって滅ぼされたとする説もある（26頁）。

それからの約400年を、ギリシア史では「暗黒時代」という。混乱が続いたらしく、史料がまったく残っていないのである。

そういうわけで、突然、紀元前800年頃に話はとび、ギリシアの各地に都市国家ポリスが形成されるようになった、となる。

国家といっても、人口数百から数千、いまでいう村のような規模のものだ。そのポリスの代表が、アテネとスパルタである。

ポリスは、城壁に囲まれ、中央には丘があり、神殿が建てられているのが特徴。その神殿のふもとには広場となっており、人々の社交の場であり、議会や裁判所も設けられていた。

かなり本格的な国家といっていい。人々は、貴族・平民・奴隷という階級に分けられており、平民の大多数が農民で、奴隷を使って耕作していたのである。

やがて、ポリス間の争いが激しくなり、強いポリスは周辺の弱小ポリスを併合していくようになる。

このポリス時代の出来事としては、古代オリンピックがある。その発祥については、さまざまな伝説が残っているだけで、実際のところはよく分かっていない。

一応、前776年の大会が、記録として残っている最古のものなので、第1回としているが、紀元前9世紀にはすでにオリンピックはあったとの説もある。いまのオリンピックが4年ごとなのも、古代オリンピックにならっている。

最初のオリンピックの参加国は、会場のあるエリスと、スパルタの二国のみだった。しかし、やがて参加国が増え、ついにはギリシアのすべてのポリスが参加するようになる。

ポリス間同士の本当の戦争も、4年に1度のオリンピックの時期は、大会期間とその前後合わせて3か月は休戦していたという。

元祖民主主義のアテネ対軍国主義のスパルタ

ギリシア最大のポリスだったアテネは、人口30万の大国家に発展していた。ここでは、

3人の貴族が、執政官（アルコン）として支配していた。やがて、商工業も発達し、富裕な平民層が力をつけ武器を購入し、軍事力も持つようになり、重装歩兵として都市防衛も担うようになった。そこで平民層は参政権を求め、貴族との対立が始まった。

前508年、執政官クレイステネスはついに、貴族と平民の差をなくすことを決めた。18歳になれば平民も市民権を得て、会議に参加できるようになった。これが史上初の民主制度である。

さらに、その前の時代に、非合法的に政権を握った独裁者が暴虐の限りを尽くしたという苦い経験があったため、それを防ぐ制度として、オストラキスモスが考え出された。これは「陶片追放」と訳されるが、市民が独裁者になりそうな人物を陶器のカケラに書いて、投票する。その数が一定以上になった者は、独裁者になる可能性が高いので、10年間追放されてしまう、というものだった。

一方、「スパルタ教育」という言葉でおなじみのスパルタは、軍事国家だった。もともと他の都市国家を征服してできた国家だったので、先住民のほうが多く、それを支配するための強権政治が行なわれていた。支配層である市民は1500人から2000人で、それが2万人の半自由民と5万人の奴隷を支配していた。この7万人がもともとその地にいた先住民である。市民のなかの60歳以上の男性によって構成される長老会が、国政を決めていた。

市民の男の子は7歳から20歳まで集団教育を受け、国家に忠誠を誓うことを教えられ、軍事訓練で鍛えられた。スパルタ教育とは、

このことからできた言葉である。

運命を決めたペルシャ戦争、ペロポネソス戦争

東はインダス川流域まで支配圏を広げたペルシャ帝国だったが、西への進出は思うようにいかなかった。ギリシアになかなか侵攻できなかったのである。ところが、そのチャンスがやってきた。

紀元前500年、ギリシアの殖民市だったイオニア地方のミレトスは、ペルシャ帝国の支配下にあったのだが、ペルシャに対して叛乱を起こし、アテネに援軍を求めてきた。アテネはさっそく、軍船を派遣した。それを受けて、ペルシャ帝国のダレイオス大王は反撃に出ることにした。念願のギリシア本土侵攻の口実ができたのである。

最初の遠征軍は、嵐にあって撤退。前490年、ダレイオス大王率いる大遠征軍は、再び海路、ギリシアに向かい、アテネの北東30キロのマラトンに上陸した。アテネ軍は重装歩兵でもって迎撃し、騎兵と弓兵からなるペルシャ軍を破った。このマラトンの戦いで、勝利したとの知らせを、30キロ離れたアテネまで走って知らせた兵士がいた。これが、マラソンの起源だとされている。

敗戦後しばらくして、失意のうちに、ペルシャのダレイオス大王は亡くなった。後を継いだクセルクセスは、父ダレイオスは海から攻めて負けたので、次は海からだけでなく陸からも攻めようと考えた。こうして前480年、ペルシャ軍は海と陸の両方からアテネを攻めた。

一方ギリシアは、マラトンでの勝利に酔うことなく、ペルシャの攻撃に備え、アテネを中心に31のポリスが同盟を結び連合軍をつくり、とくに海軍を強化していた。

陸戦となったテルモピレーの戦いではペルシャ軍が勝利。ギリシア軍は撤退し、アテネは国土を放棄した。ペルシャ軍は無人となったアテネに侵入した。

海戦となったサラミスの戦いでは、ペルシャ艦隊1000隻を、わずか200隻のアテネ艦隊が迎え撃ち、勝利した。ペルシャ軍は退却。翌年もプラタイアの陸戦で敗け、ペルシャ戦争は、ギリシアのポリス国家連合の勝利となった。

この戦争は専制国家対民主国家の戦いという捉え方もできる。ペルシャ軍の兵士たちは、大王の命令だからと、仕方なく戦っていた。

それに対して、ギリシア軍の兵士たちは、自分たちで自分たちのポリスを守るんだという意識を持って、積極的に戦った。その差が勝敗に現れたのである。

勝ったとはいえ、いつまたペルシャが攻めてくるか分からない。そこで、ギリシアの各ポリスはアテネを中心に、デロス同盟を組織するようになった。

この同盟には200あまりのポリスが参加した。しかし、当初はそれぞれのポリスは平等だったのだが、アテネの力が強まると、同盟関係が主従関係に変質していき、実質的には アテネ帝国になっていった。

当然、それに反発するポリスも出てきた。アテネに対抗できるのはスパルタしかない。というわけで、スパルタを中心にしたペロポネソス同盟が結成された。

38

▶ペルシャ戦争時の勢力図

<ペルシャ戦争の経緯>
アケメネス朝ペルシャがギリシアに侵攻。
前490年　マラトンの戦い
第2回目の侵攻を、アテネ軍は重装歩兵で迎撃し、騎兵と弓兵からなるペルシャ軍を打ち破った。このマラトンの戦いで、ある兵士が、アテネまで走って勝利を知らせたことが、マラソンの起源とされる。
前480年　テルモピレーの戦い
第3回目、ペルシャ軍は海と陸の両方からアテネに侵攻し、陸戦で勝利。ギリシア軍は撤退し、ペルシャ軍は無人となったアテネに侵入した。
前480年　サラミスの海戦
海戦では、アテネを中心とするポリス国家連合軍が、ペルシャ艦隊を撃破。
前479年　プラタイアの戦い
陸戦でギリシア側が勝利をおさめ、ペルシャ軍は撤退。

▶ペロポネソス戦争時の勢力図

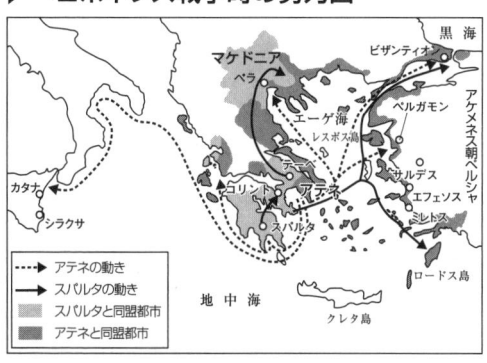

<ペロポネソス戦争の経緯>
アテネを中心とする**デロス同盟**と、スパルタを中心とする**ペロポネソス同盟**が対立。
前431年　ペロポネソス同盟のアッティカ（アテネのある半島）侵攻により戦争勃発。
前425年　ピュロスの戦いでアテネ勝利。
戦いは、和平条約締結を挟んで断続的に継続。
アテネ側のデロス同盟からは離反する都市も出て、戦局はスパルタ側に傾いていく。
前413年　ペルシャ、スパルタによる同盟の締結。
前405年　アイゴスポタモイ海戦でスパルタ軍勝利。
前404年　アテネの全面降伏で終結。

こうなると、両者の対決は必至である。ペルシャ戦争の記憶も遠くなった前431年、ついに、ギリシャ全土を二分する戦争が始まった。ペロポネソス戦争である。この戦いは実に27年間も続いた。「敵の敵は味方」という戦略は昔からのものだが、それにのっとって、ペルシャは宿敵アテネを倒すために、ペロポネソス同盟に援軍を送った。そんなこともあって、最終的には前404年にアテネが全面降伏して終わった。

戦争が終わり平和になり、安定した社会が訪れるかと思ったが、そうはならなかった。民主主義は、常に衆愚政治に陥る危険を孕んでいるが、この時代のギリシアの各ポリスは、扇動政治家（デマゴゴス）がうごめくようになり、まさに衆愚政治に陥っていく。その衆愚政治の犠牲となって、刑死したのが、哲学者ソクラテスである。

ソクラテスひとりの悲劇では終わらず、ギリシアのポリスは経済的にも衰退していった。その間に力をつけてきたのが辺境の地にあったマケドニアである。

青年王・アレクサンドロスが夢見た「世界帝国」

ギリシアの北方の小国マケドニア王国は、ギリシアとペルシャの中間に位置していた。ギリシアに属していたが、ペルシャ戦争ではペルシャ側についた。しかし、ペルシャの力が弱まると、ギリシア側につく。

ギリシアの内戦ともいうべきペロポネソス戦争の間も、マケドニアは力を蓄えていた。このマケドニアが歴史の主役に躍り出るの

▶アレクサンドロス大王が支配した帝国

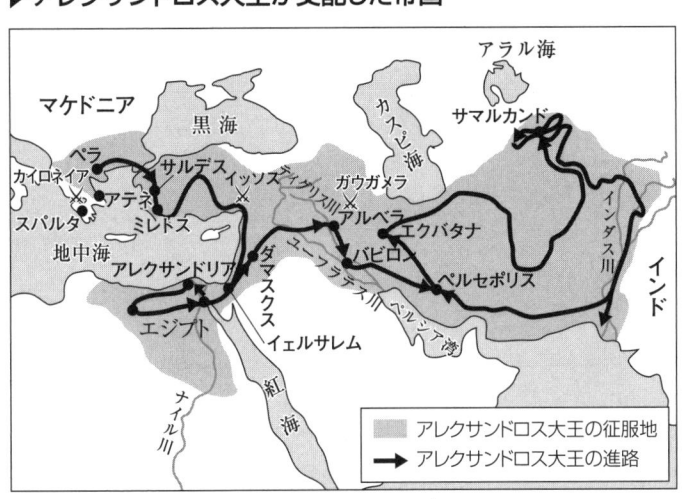

は、フィリッポス2世の代である。前338年にカイロネイアの戦いで、アテネとテーベ連合軍を倒し、ギリシアのスパルタ以外のポリスを手中にした。こうして、各ポリスの独立性は失われた。

フィリッポス2世が次に目指したのは、ペルシャだった。だが、遠征軍を組織し、いざ出陣というとき、暗殺されてしまう。

その後を継いだのが、息子のアレクサンドロス3世だった。アレクサンドロス大王（アレキサンダーともいう）として有名な青年王である。

アレクサンドロス大王は前336年に20歳で王位に就くと、前334年にアケメネス朝ペルシャへの遠征を開始、総勢3万7000人という大編成の軍を率いて出陣した。

アレクサンドロスは軍事の天才だったと評

価されている。重装歩兵と騎兵とを組み合わせて戦ったのだが、抜群の統率力を発揮した。前333年にイッソスの戦いで、ダレイオス3世が率いるペルシャ軍をいったん破り、さらに前331年のガウガメラの戦いで、ペルシャのダレイオス3世を完全に壊滅させた。ペルシャのダレイオス3世は、敗走する途中で、側近の反逆にあい殺されてしまった。こうしてペルシャ帝国は、若きアレクサンドロスのものになった。

だが、アレクサンドロスは、これで満足しない。さらに東に攻めていった。エジプトも支配下に置き、アレクサンドロス帝国の勢力は、インドにまで広がった。

これは、それまで別々に生まれて発展していた、東西の文明の融合を意味していた。軍事力で圧倒的な強さを見せたアレクサンドロス大王だったが、征服して支配した国に対する内政面では寛容政策をとった。本人はギリシア文化を何よりも信奉していたが、それを被征服民に強制することはなかったのだ。それどころか、いいものがあれば異文化もすすんで受け入れた。

こうして、東西文化の交流が盛んになり、その結果生まれたものをヘレニズム文化といい。その代表として知られているのが、ギリシア風の文化とインドの仏教文化とが融合したガンダーラ美術である。

アレクサンドロス大王が最終的に何を目指していたのかは分からないが、「世界帝国」を視野に入れていたのは確かであろう。

しかし、その野望はあっさりと潰えてしまう。前323年、東方遠征から戻り、ひとつきついていたバビロンで熱病にかかり、あっ

というまに死んでしまうのだ。32歳と8か月の短くも激動の生涯であった。

その死後、大帝国は当然のように分裂してしまう。アレクサンドロス大王の後継者争いは、実に20年も続いた。前323年から301年まで、大王の側近だった将軍たちによって争われた。

前301年、ディアドコイ戦争は大帝国を三分割するかたちで一応、終戦となった。かつてのペルシャ帝国の領土であるシリアを受け継ぐことになったのがセレウコス、プトレマイオスはエジプトを手にした。そしてマケドニアはアンティゴノスのものになった。

このなかで最も栄えたのはエジプトだった。その都アレクサンドリアは大都市になり、経済と文化の中心になる。ちなみに、アレクサンドリアはエジプトだけでなく、各地にあった。アレクサンドロス大王が、征服した土地に、自らの名をつけた都市を建設していったからである。

いったん統一されるが分裂し、動乱の時代になるが、また強大な国が現れて統一……と、歴史は何度も繰り返すのである。その次に登場する大帝国が、ローマだった。

ローマがイタリア半島を統一するまで

ローマという国の始まりについては、諸説あり、はっきりしない。イタリア半島南部に、紀元前1100年頃にラテン人が北からやってきて、農業中心の小さな都市国家を築くようになっていた。ローマもその一つで、ティ

ベル川下流にあった。伝承では、前753年に建国されたことになっており、初期は王が統治していた。

しかし、前509年に最後の王が追放され、以後は有力貴族が元老院を組織して統治する、貴族共和政という国家形態になる。元老院は1年の任期の執政官（コンスル）を2人選び、権力を委ねていた。

やがて、平民階級の人々も力をつけてくる。とくに、周辺の都市国家を征服し、大きくなっていくにつれ、そのための戦争に参加した平民たちは、参政権も求めるようになった。

貴族と平民の対立の結果、平民側の要求が通り、さまざまな民主的諸制度が生まれていった。まず、平民の議会である平民会が設置された。前450年頃には十二表法という最初の成文法も制定され、貴族が自分たちだけですべてを決めることができなくなった。さらに、前367年には、2人の執政官のうちの1人は平民から登用されることになり、前287年には、平民会の議決が元老院の承認を得なくても法律として成立することになった。

こうしてローマは共和政国家となったのである。このことは、国家としての弱体化にはつながらなかった。むしろ、平民たちは自分の国だという意識を強く持つようになり、積極的に勢力拡大のための戦争に臨む。

紀元前270年頃には、イタリア半島の統一、つまり征服に成功する。

ローマは、その支配下に置いた都市を三種類に分類して統治していた。これを「分割統治」という。

まず、植民市。ここの市民たちは、ローマ

▶ローマによるイタリア半島の統一

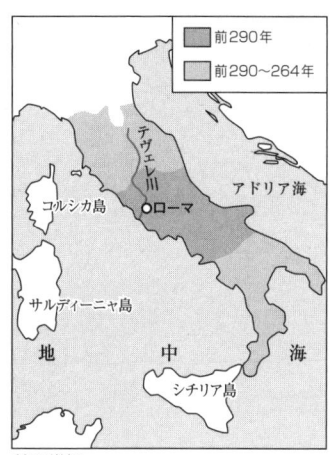

前3世紀
- 前290年 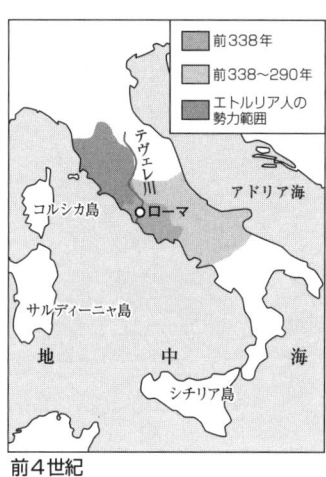
- 前290〜264年

前4世紀
- 前338年
- 前338〜290年
- エトルリア人の勢力範囲

の市民権を持っていた。次の自治市では、ローマの市民権は制限されており、たとえば参政権はなかった。その一方で、納税と兵役の義務はあった。三つ目の同盟市ではローマの市民権はまったくなく、兵役の義務はあった。同盟市や自治市としては、はやく植民市に昇格したいので、ローマのために働くことになる。こうして互いに競い合ったので、それが大きな力となり、征服・拡大を可能にした。

そのローマの前に巨大な敵が現れた。カルタゴである。両者は三度にわたりポエニ戦争を戦うことになる。

ローマ対カルタゴの死闘 ──ポエニ戦争

カルタゴは現在のチュニジア北部にあった、

フェニキア人の植民都市だった。地中海の貿易大国として古くから栄えていた。この頃の地中海は、すでにギリシアの諸都市に昔の栄光の面影はなく、フェニキア人が勢力を伸ばしていた。

そこに、大国となったローマがシチリアを征服するためにやってくる。フェニキア人から見た「フェニキアとの戦い」のことを、ポエニ戦争と呼ぶ。

第一次ポエニ戦争は、前264年に始まった。もともと地中海の貿易国だったので、カルタゴは海軍が優れていた。一方のローマはこれまでは陸戦が主だった。

まず、ローマ軍はシチリア西部の諸都市を次々と攻略していった。その一方で、艦隊の建造・整備も進め、強力なカルタゴ艦隊に、挑む。その結果、前260年のミラエ沖海戦で、ついにローマはカルタゴ艦隊に勝利するのである。

その勢いで、ローマ軍は北アフリカに上陸し、カルタゴに侵攻するが、これは阻まれてしまう。さらに、態勢を立て直したカルタゴ海軍は、前249年にローマ艦隊を破る。こうして、戦争は長期化し、双方の戦死者が増えるばかりとなる。

前241年。こう着状態が破られた。ローマ艦隊がシチリアの西部沖で、カルタゴに勝利。ついに、カルタゴは敗北を認め、和平を申し出た。こうしてローマの勝利が確定し、念願のシチリアを得ただけでなく、コルシカ島、サルディーニャ島なども得た。

46

ハンニバルの終わりなき戦い

ローマに負けたカルタゴだったが、このまま引き下がりはしなかった。四十数年後に逆襲に出たのが、第二次ポエニ戦争である。

第一次ポエニ戦争の敗戦後、カルタゴの実権を握ったのは、武将のハミルカル・バルカだった。その息子ハンニバルは猛将として知られていた。

ローマとの戦争を始める前にカルタゴは周到な準備をした。

まず、マケドニアと同盟を結び、その一方でローマに支配されていた北のガリア人に叛乱を呼びかけた。こうしてローマを包囲しておいて、予想もつかない方角から攻め入ったのである。

前218年、カルタゴのハンニバルは40頭の象を率いて、ピレネー山脈とアルプス山脈を越えて、陸路ローマに攻め入った。ローマは驚いた。何の準備もしていなかったからだ。イタリア半島中央部での戦闘でハンニバルは圧勝した。それを知り、ローマに服従していた北のガリア人や南部のサムニテス人が、叛乱を起こし、ローマは包囲されつつあった。

しかし、ハンニバルはローマの周辺を固めはするが、ローマそのものには攻め入ろうとしない。その間に、ローマ軍は態勢を立て直していた。ローマの名将スキピオは、あえて直接、ハンニバルと戦うのを避けた。ハンニバルの強さを知っていたのであろう。

前204年、ローマ軍はカルタゴの本拠地を襲い、勝利した。故国の危機を知ったハン

ニバルは急遽、カルタゴに向かった。

前202年、ついにハンニバルとスキピオは直接対決することになった。これがザマの戦いと呼ばれる決戦で、ローマの勝利に終わった。

カルタゴはまたもローマに負けたのである。敗戦の責任を問われ、ハンニバルはカルタゴから追放されてしまい、前183年、亡命先で自殺した。その同じ年に、ローマのスキピオ将軍も亡くなった。

カルタゴは負けはしたものの、国としては存在していた。いつまたローマに向かってくるかわからない。ローマにとって、カルタゴは不安材料として残っていた。いつかは完全に倒さなければならない。

だが、その前に、ローマはギリシア制圧に乗り出した。

マケドニアとの戦いに勝利し、前146年に属州とすると、ギリシアの諸都市の同盟であるアカイア同盟をコリントの戦いで倒した。こうして、全ギリシアは、実質的にローマの属州となった。

こうなると、残るはいよいよカルタゴである。すでに第二次戦争から半世紀が過ぎた、前149年、ローマはついにカルタゴ殲滅のための戦争を決意する。そのときのローマの指導者が、カトーである。

ローマ軍の攻撃を受けたカルタゴは3年にわたり、全国民総出の防衛戦を戦った。しかし、前146年、すさまじい籠城戦の後に敗北。カルタゴは歴史から姿を消す。

地中海世界は、ローマのものとなった。そしてローマはさらに巨大な帝国への道を歩む。

▶第二次ポエニ戦争時の勢力図

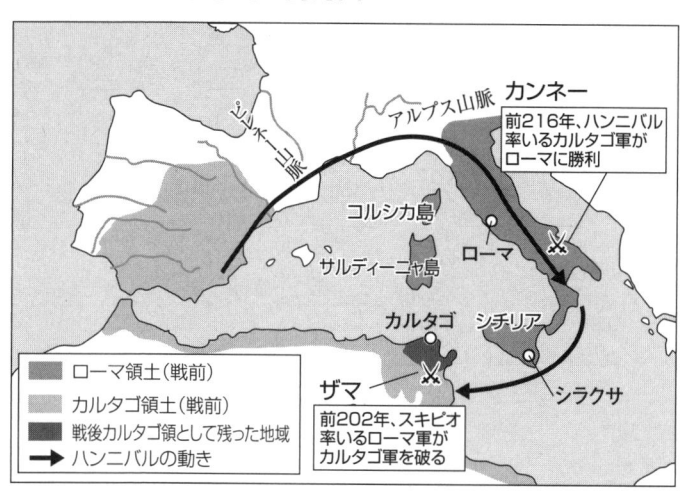

- アルプス山脈
- カンネー：前216年、ハンニバル率いるカルタゴ軍がローマに勝利
- コルシカ島
- サルディーニャ島
- ローマ
- カルタゴ
- シチリア
- シラクサ
- ザマ：前202年、スキピオ率いるローマ軍がカルタゴ軍を破る

■ ローマ領土（戦前）
■ カルタゴ領土（戦前）
■ 戦後カルタゴ領として残った地域
→ ハンニバルの動き

カエサル、クレオパトラ…権力をめぐる攻防

 ポエニ戦争で勝利したローマは、国内に矛盾を抱えるようになる。

 獲得した領地から安い物資や奴隷が大量に入ってきたため、商人や大地主はますます儲かった。その一方で農民のなかには、安い輸入穀物や、奴隷という安い労働力に対抗できず、農地を手放さざるをえなくなる者が大量に出た。当然、彼らは失業者となる。ローマは、いまでいう格差社会になり貧富の差が拡大した。市民の不満は鬱積していた。奴隷たちも叛乱を繰り返した。

 そんななか、剣闘士スパルタクスが蜂起した。前73年のことである。20万もの奴隷たち

がこの蜂起に参加し、ローマは大混乱した。前71年にスパルタクスが戦闘で死んだことで、どうにか収拾された。

内乱状態が終わると、叛乱鎮圧に貢献した軍人、ポンペイウスと、経済界を支持層にもつクラッスス、そして平民からの支持を得ていたカエサル（シーザーともいう）の3人が「三頭政治」体制を確立した。前60年のことである。

最初に死んだのはクラッススで、遠征中の戦死だった。カエサルは、いまのフランスにあたるガリアに遠征に出て、この地を平定、さらにいまのドイツにあたるゲルマニア、イギリスにあたるブリタニアまでも征服した。これ以上、カエサルが力をつけることを恐れたポンペイウスは元老院と手を結び、遠征中止の命令を出した。

カエサルは陰謀の存在を知っていたが、ローマへ戻ることにした。そしてイタリア北部にあるルビコン川に辿り着いた。当時、軍がこの川をわたって南下することは禁じられていた。だが、カエサルは「賽は投げられた」と宣言して、ルビコン川を渡った。

もう戻ることのできない重要な決断をすることを「ルビコン川を渡る」というのは、この故事に由来する。

ローマに戻ったカエサルを市民は歓声をあげて迎え入れた。圧倒的人気だった。それを見て、ポンペイウスはローマからギリシアへと逃げてしまった。

こうして、カエサルの独裁体制が確立された。事実上、ローマの共和政に終止符が打たれたことにもなる。

カエサルとしては、ポンペイウスが反逆に

▶三頭政治の構図

第2回三頭政治（前43年）

オクタヴィアヌス — アントニウス — レピドゥス

その後
アントニウス、クレオパトラの連合軍をオクタヴィアヌスが破る。アウグストゥスの称号を受けたオクタヴィアヌスが初代皇帝としてローマ帝政時代を築く。

第1回三頭政治（前60〜前53年）

カエサル — ポンペイウス — クラッスス

その後
クラッススの死後、カエサルがポンペイウスを倒す。権力を手にしたカエサルは独裁政治を行ったが、そのカエサルも部下のブルータスによって暗殺された。

出るのを防がなければならない。前48年、カエサルはギリシアに逃れていたポンペイウスと元老院の軍を撃破、ポンペイウスはさらにエジプトに逃れていったが、その地で暗殺された。

そのエジプトでカエサルが出会うのが、あのクレオパトラである。

当時のエジプトの王朝は、プトレマイオス朝だった。アレクサンドロス帝国が、大王の死後に三分裂したときにできたものである。

クレオパトラとは「父の栄光」という意味で、史上有名なクレオパトラは正確には「クレオパトラ7世」である。紀元前51年に父プトレマイオス12世が亡くなると、彼女が王位を継いだ。

そして、エジプト王家の伝統に従い、弟のプトレマイオス13世と結婚し、共同統治を始

めたものの、この弟にして夫とは仲が悪く、さらに妹も権力を狙っており、王家内部の権力闘争が始まった。前48年、プトレマイオス13世は姉クレオパトラを追放してしまう。共同統治に不満を抱いていたのだ。

カエサルがエジプトに来たのは、そんなときだった。プトレマイオス13世はローマに対抗していた。ここで「敵の敵は味方」となり、クレオパトラとカエサルは手を結ぶことになった。カエサルは、プトレマイオス13世を攻撃し、死に追いやった。これで、クレオパトラはエジプト女王の座に戻ることになり、別の弟、プトレマイオス14世と結婚し、共同統治を始めた。

にもかかわらず、クレオパトラはカエサルと関係を持ち続け、2人のあいだに子どもも生まれた。その子カエサリオンとともに、前46年にクレオパトラはローマに凱旋した。カエサルは、終身独裁官に就任していた。もはや敵はいなかった。

ところが、前44年、カエサルは部下のブルータスによって暗殺されてしまう。このときの有名なセリフが「ブルータス、お前もか」だが、これはシェイクスピアの創作らしい。

カエサルの功績のなかで、いまの私たちに最も関係が深いものが、暦である。その前から使われていた太陽暦をローマ暦に改定し、1年を365日とし、また、4年に1度、2月を1日多くする閏年も決められた。冬至後の新月の日を1年の始まり（1月1日）としたのもこのときで、この新しい暦は、紀元前45年1月1日から実施された。なお、それぞれの月の名や、何月を何日にするかということとは、時代によって、異なっている。

カエサルを暗殺したのは、彼があまりにも強大な権力を握ったことに対して危機感を抱く人々だった。

その死後、再び三頭政治体制が確立された。カエサルの養子オクタヴィアヌス、部下アントニウス、大富豪レピドゥスの3人が、国家再建三人委員会を作り、統治したのである。

そのひとり、アントニウスはクレオパトラとの恋に落ちた。クレオパトラがエジプト安定のために籠絡し、結婚したのである。

オクタヴィアヌスは元老院を味方につけ、エジプトに宣戦布告した。前31年、アクティウムの海戦でクレオパトラとアントニウスのエジプト軍を攻めた。ローマ軍は、深追いせず、いったん引き上げた。その翌年に再びエジプトを攻めた。もはや、これ以上戦うのは無理だと判断したクレオパトラとアントニ
ウスは毒蛇に噛ませて自殺した。プトレマイオス王朝は終焉を迎え、エジプトはローマの属州となった。

エジプトを滅ぼしたオクタヴィアヌスはローマに凱旋。前27年、元老院は彼にアウグストゥス（尊厳者という意味）の称号を与え、最高権力者となった。事実上の皇帝だが、独裁者を好まないローマの伝統を考慮し、「プリンケプス（市民の第一人者）」と称した。

こうしてローマ帝国が誕生したのである。

イエス・キリストの軌跡とキリスト教の成立

いわゆる西暦は、イエス・キリストが誕生した年を元年として制定されたものだが、もちろん、キリストが生まれた時点では、そん

なものはない。はるか後の6世紀、ローマの神学者ディオニュシウス・エクシグウスが、525年頃に書いた著書のなかで、ローマ建国から754年目の年をキリスト誕生の年にあたると算出したのである。これに従い、その年を紀元1年とするようになったのは10世紀からで、それもまだごく一部の国にとどまっていた。15世紀になってから、ヨーロッパ諸国が使うようになった。

だが、その後の研究で、これは計算間違いで、実際にキリストが生まれたのは、もっと前だということが分かった。説によっては8年前とするものもあるが、4年前との説が有力である。

だが、いまさらずらすわけにもいかないので、紀元1年はそのまま動かさず、キリストが生まれたのが紀元前4年頃ということにな

った。

ちなみに、紀元1年の前の年は0年ではなく、紀元前1年となる。これは17世紀に発案され、18世紀に一般的になったもので、いまでは世界中が使っているので、本書でもそれにならって、記述している。

さて、そういうわけで、史上最大の有名人となるイエス・キリストは紀元前4年頃、パレスティナのベツレヘムで生まれたとされている。その頃、この地はローマの属州となっていた。

イエスについては、伝説として語られている情報は多いが、どこまでが事実かはよく分かっていない。

当時のユダヤ教の祭司たちは、権力者であるローマに取り入って、戒律と儀式ばかり重視していたパリサイ派が力を持っていた。イ

▶イエスの布教からキリスト教の成立へ

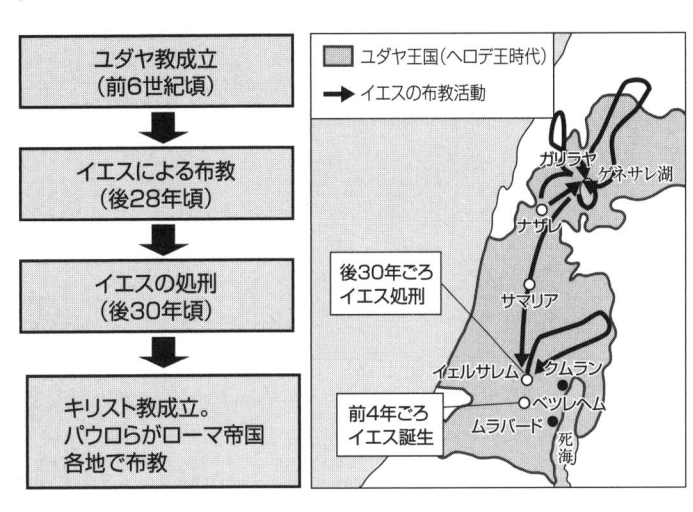

```
ユダヤ教成立
(前6世紀頃)
   ↓
イエスによる布教
(後28年頃)
   ↓
イエスの処刑
(後30年頃)
   ↓
キリスト教成立。
パウロがローマ帝国
各地で布教
```

地図凡例：
- ユダヤ王国（ヘロデ王時代）
- → イエスの布教活動

地名：ガリラヤ、ゲネサレ湖、ナザレ、サマリア、イェルサレム、クムラン、ベツレヘム、ムラバード、死海

後30年ごろ イエス処刑
前4年ごろ イエス誕生

　エスはそれに疑問を抱く。

　さらに、ユダヤ教は選民思想に基づき、ユダヤの民だけが救われると説いていたが、イエスはそれもおかしいと考え、すべての人々が救われるべきだとした。「神の下での平等」という考え方である。

　これはユダヤ教と対立するものとなった。ユダヤの支配層からみれば、イエスは叛逆者だった。30年、イエスは捕らえられ、ゴルゴダの丘で処刑された。

　そして3日後、予言どおりに「復活」し、その40日後に遺訓を残し、ふたたび昇天したという。

　この「奇蹟」を見た弟子たちによって、イエスこそが「神の子」であると信じられ、やがて世界中にひろがる宗教が誕生したのである。

「パックス・ロマーナ」の時代とは

前27年にオクタヴィアヌス（後にアウグストゥス）に始まったローマの帝政は、世襲によって皇帝の座が継承されていくことになったものの、直系の実子での相続はなかった。

五代皇帝になったのが、暴君として知られるネロである。最初は名君と思われていたのだが、一族内での抗争を勝ち抜くために、母や妻といった身内を殺したり、キリスト教徒を迫害したことなどから、暴君とされている。叛乱が続出し、元老院から「国家の敵」と宣告され、68年に自殺に追い込まれた。

その後、数年ずつで皇帝が代わる内乱期が続いた後、96年に皇帝となったネルヴァから五代の皇帝の時代のことを「五賢帝時代」という。

世襲ではどんな人物が皇帝になるか分からないので、これを廃止し、賢人を選んで養子にして、後継者にするという方法をとることにした。

これによって賢帝が続き、ローマは安定し繁栄をきわめるのである。この五賢帝時代は、約百年にわたり続いた「パックス・ロマーナ（ローマの平和）」とも呼ばれる時代だ。

交通網も整備され、「すべての道はローマに通ずる」ことになった。領土はかつてないほど広がり、ロンドン、パリ、ウィーンといった、こんにちのヨーロッパの主要都市もこの時代に建設された。もとはローマ軍の駐留地だったのである。

だが、巨大になれば当然、全土を統治する

▶ローマ帝国の拡大

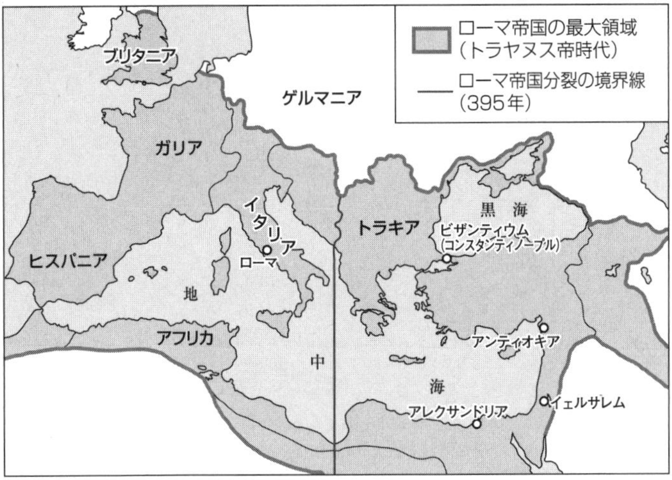
ローマ帝国の最大領域
(トラヤヌス帝時代)
ローマ帝国分裂の境界線
(395年)
ブリタニア
ゲルマニア
ガリア
イタリア
ローマ
ヒスパニア
トラキア
黒海
ビザンティウム
(コンスタンティノープル)
地中海
アフリカ
アンティオキア
イェルサレム
アレクサンドリア

のは困難になる。五賢帝の最後、マルクス・アウレリウス・アントニヌスの時代、すでにゲルマン人の侵入が始まり、地方に住み着いていた退役軍人が叛乱を起こすなど、ローマが不安定になっていたが、180年に亡くなってしまった。これによって、五賢帝時代は終わる。

息子のコンモドゥスが後を継いだが、「暴虐帝」と呼ばれることになる史上最悪の皇帝となり、192年に暗殺された。こうして、ローマ帝国は内乱の時代に突入した。

内乱の時代に突入したローマ
——軍人皇帝時代

内乱になれば、軍人が活躍する。ローマ皇帝の座は、軍人たちが奪い合うようになった。

２３５年から２８４年の約５０年間に、実に２６人の皇帝が入れ替わる事態に陥った。その なかで、殺されることなく生涯を終えたのは、１人だけ。

この大混乱時代を収拾したのが、２８４年に即位した最後の軍人皇帝ディオクレティアヌス帝。帝国を再建するために、まず皇帝権力を神聖化した。古来からのローマの神々が皇帝の守護神であるとしたのである。統治面では税制改革により国庫収入を確保し、官僚制を整備し中央集権にもっていった。軍隊も規模を増強した。こうして、専制君主制（ドミナトゥス）が確立された。なお、それ以前は元首制（プリンキパトゥス）という。

だが、あまりに帝国は広大になっていたため、１人でそのすべてを統治し、さらに外敵の侵入から防衛するのは不可能だった。そこで、ディオクレティアヌスは、軍の同僚だったマクシミアヌスを共同皇帝にし、自分は東を彼には西を任せることにした。

それでも負担が大きいので、２９２年、２人の皇帝はそれぞれ、自分たちを正帝としたうえで副帝を任命することになった。２人の副帝には、ライン川とドナウ川の防衛を任せた。こうして、帝国には、事実上４人の皇帝が存在することになる。これをテトラルキア（四分割統治、四分治制）と呼び、この分割統治が、後の東西の分裂につながっていく。

抜群の統率力と政治センスをもっていたディオクレティアヌスの在位中は、この制度はうまく機能した。だが、彼の引退後は再び混乱してしまう。

その混乱を収拾するためには、単独の皇帝の登場を待つしかなかった。３０６年に副帝

になったコンスタンティヌス帝は、324年に正帝になると、専制君主制の確立を目指した。

なぜキリスト教は国教となったのか

ローマはもともと多神教の民族で、いろいろな神を信仰していた。ギリシアを支配下に置くと、そこに伝わるギリシアの神々を信仰するようになり、もともとは別々だったギリシア神話とローマ神話は混合し、「ギリシア・ローマ神話」となった。

このように、宗教に対しては寛容というか、融通無碍なところがあった。それに対してキリスト教とその元となったユダヤ教は一神教である。他を認めないわけで、皇帝を崇拝す

▶キリスト教の拡大

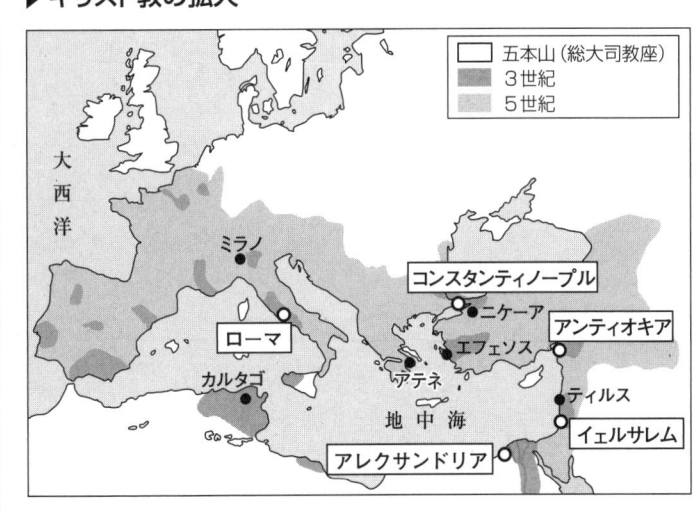

ることも拒んだ。

そこで、ローマ皇帝はキリスト教を弾圧していた。その弾圧がもっとも凄まじかったのがネロの時代で、ローマの市街が大火で焼失した際、キリスト教徒が放火したと濡れ衣をきせて、大勢を処刑した。ディオクレティアヌス帝の時代にも、303年にキリスト教の「大迫害」という弾圧政策がとられた。

それを180度方針を変えて、キリスト教を公認したのが、コンスタンティヌス帝の時代の313年のミラノ勅令だった。公認しただけではなく、コンスタンティヌス帝は、自らもキリスト教に入信した。

このような大転換は、なぜ起きたのか。いうまでもなく、キリスト教が弾圧にもかかわらず、帝国全域に浸透し、あまりにも大きな存在になっていたからだが、それだけではなかった。

ローマがあまりにも大きくなり多民族国家となってきたので、民族固有の宗教を超越した普遍性をもつ宗教と、国家とが一体化したほうが、国家統治にも便利だと考えられたからである。

イエスの死からすでに300年近く経っていたので、キリスト教の内部でもさまざまな宗派が生まれていた。なかでも、イエスを「神の子」であるとするアタナシウス派と、「神に最も近い人」とするアリウス派は、対立するようになっていた。これに決着をつけるべく、コンスタンティヌス帝が325年に召集したニケーア公会議では、アタナシウス派を「正統」、アリウス派は「異端」であると決定した。

こうして、ローマ帝国とキリスト教は密接

な関係をもつようになっていく。さらに後の380年には、ローマ帝国の国教になるのだった。これとともに、他宗教のほうが厳禁されてしまう。

ササン朝ペルシャの台頭が持っている意味

東の漢帝国（80頁）と、西のローマ帝国の間に位置する、いまの中東地域で、ペルシャが台頭してくるのが、3世紀である。かつて当時の「世界」を支配したペルシャをアケメネス朝ペルシャといったが、紀元前331年にアレクサンドロス大王によって滅ぼされていた。

その後、この地域は、セレウコス朝の支配を経てパルティア帝国が支配していた。パル

▶ササン朝ペルシャの領土

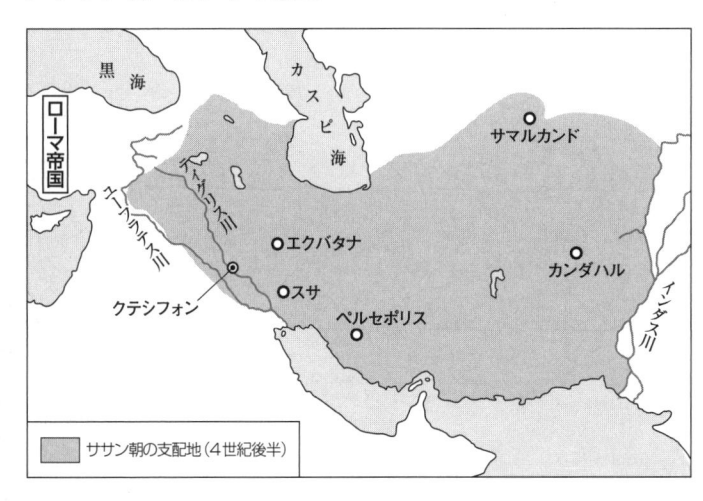

ティアは、カスピ海南岸にいた遊牧ペルシャ人の国だった。いわゆる騎馬民族国家で、西アジアの農耕社会を襲撃し、支配下に置いていった。

パルティア帝国は、ローマ帝国とも何度も戦い、勝利したこともあった。東と西の中間にある地の利を生かした貿易でも栄えた。

そのパルティアを倒し、ペルシャ人による帝国を建てたのが、農耕イラン人を率いるアルデシール１世だった。

２２６年、アルデシール１世はパルティアを倒し、ササン朝ペルシャ帝国とした。ササン朝は、かつてのアケメネス朝ペルシャの復権を目指そうという、かなり復古調の帝国で、ゾロアスター教が復活した。

ゾロアスター教は、紀元前６世紀に現れた預言者ゾロアスターに始まる宗教である。光の神・善神と、暗黒の神・悪神の二つの神がいるとするものだ。その終末思想はユダヤ教の「最後の審判」という考え方に影響を与え、キリスト教、イスラム教に引き継がれている。

また、東に伝えられると、仏教と融合してマニ教になる。ある意味で、世界の宗教のルーツともいえるものである。ゾロアスターを欧米ではツァラトゥストラとよんでいる。

ゲルマン民族大移動という衝撃

コンスタンティヌス帝の時代のローマ帝国は、北方のゲルマン民族の侵攻に脅かされる一方で、東からもササン朝ペルシャの攻撃を受けていた。そこで、防衛上の必要から、３３０年、コンスタンティヌス帝はビザンティ

ウム（いまのトルコのイスタンブール）を自らの名をとってコンスタンティノープルと改称して首都にした。

コンスタンティヌス帝の後も、ローマは外敵との戦いや、ますます勢力を伸ばすキリスト教との緊張関係、あるいは皇帝一族内の抗争など、さまざまな問題を抱えていたが、どうにか続いていた。

そこにまた大事件が起きる。「ゲルマン民族の大移動」である。

ゲルマン民族がもともと暮らしていたのは、バルト海沿岸だった。いくつもの部族があり、互いに領土を争うなどしていたが、やがて部族国家となっていく。紀元前後には、ケルト人が住んでいた地域に攻め入り、自分たちのものとし、さらに南下していった。

3世紀に入ると、耕作地が不足してきたた

め、ゲルマン人のなかには、ローマの傭兵となる者や、小作人としてローマ内に移住する者も出てきた。ゲルマンの一部族フランク族は、ガリア（いまのフランス）に進出した。ゴート族は小アジアに向かい、ギリシアやトラキアに侵攻した。

ローマ帝国は、ゲルマンの脅威にさらされながらも、どうにか均衡がたもたれていた。それがそうもいかなくなるのが、4世紀後半だった。

ローマ帝国が東西二つに分裂した理由

中国で異民族も入り乱れて王朝が乱立した五胡十六国時代（92頁）は、ローマ帝国にも大きな影響を与えた。

4世紀後半になると、アジアの遊牧民族フン族が西へ攻め入ってきたのである。

375年、フン族は黒海北岸にいたゲルマン人、東ゴート族に襲いかかり、征服してしまう。

そしてさらに西ゴート族にも危機が迫った。フン族に追われた西ゴート族は、暴徒と化してローマ帝国に侵入した。

当然、ローマ帝国は鎮圧にかかるのだが、これに失敗。378年には、ゲルマン人のローマ帝国内への定住と自治を認めることになった。

こうして、ゲルマン人は大手をふって、ローマ帝国に入れることになり、「大移動」が始まった。

ゲルマン人の大移動が始まった頃に皇帝の座にあったのは、テオドシウス帝である。

テオドシウス帝は、その死に際して、コンスタンティノープルを都とする東ローマ帝国と、ミラノを首都とする西ローマ帝国に分割することにし、2人の息子をそれぞれの帝位につけた。

当初は、ディオクレティアヌス時代の四分割統治にならった分割統治のはずだったのだが、以後、東西の帝国は再統一されることはなく、別々の道を歩んでいくことになる。

こうして、メソポタミア、エジプトの二大文明に始まり、ローマ帝国へと発展した古代世界は、中世へと突入していくのである。

ゲルマン人に滅ぼされた西ローマ帝国

ゲルマン人は、イタリア半島にまで進出し

▶ゲルマン民族の大移動のルート

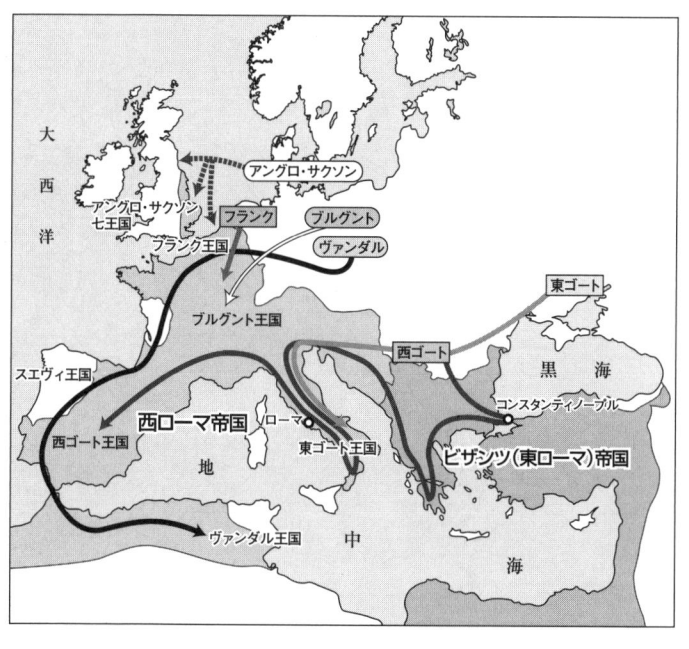

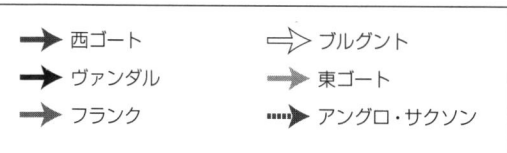

➡ 西ゴート	⇨ ブルグント
➡ ヴァンダル	➡ 東ゴート
➡ フランク	⇢ アングロ・サクソン

ていった。

476年、ゲルマンの傭兵隊長オドアケルは、西ローマ帝国の2歳でしかなかったロムルス皇帝を退位させた。

その前の時点で、すでに西ローマ帝国は帝国としての実態を失っていたといえる。オドアケルは帝冠を東ローマ帝国のゼノン皇帝に返還した。

これにより形式上はローマ帝国は一つに戻るのだが、オドアケルがローマ皇帝の臣下として、イタリアを統治することになったので、実質的には、西ローマがゲルマン人に乗っ取られたことになり、この年をもって、西ローマ帝国は滅亡したとされる。

こうしてイタリアを手にしたオドアケルだったが、その天下は長くはない。

ローマ時代の元老院をそのまま残すなど、古代ローマにならった統治をしていたが、東ローマ帝国のゼノン皇帝は、東ゴート族のテオドリック王にオドアケル討伐を命じた。

489年、テオドリックはイタリアに侵攻した。防戦していたが、493年にオドアケルは降伏し、その直後に暗殺されてしまった。

こうして、テオドリックによる東ゴート王国が、イタリアに成立した。

一方、それ以外の地域のゲルマン人も、それぞれの王国を築いていた。

ガリア（フランス）にはフランク、いまのイギリスにはアングロ・サクソン、イベリアは西ゴート、中部ガリアにはブルグントなどの王国ができた。

3
日本と中国 I

伝説から歴史へ──夏、殷

中国の伝説では、最初の支配者として「三皇」と呼ばれる3人がいるが、これはほとんど神話の世界である。その次に、黄帝をはじめとする「五帝の時代」となるが、これも伝説であり、この時代についての考古学的な確証はない。

その次の夏王朝は十七代471年にわたり続いたことになっているが、これも遺跡が発見されていない。だが、伝えられている史料では、かなり具体的に記されている。

五帝の時代は禅譲によって天子の座が継承されていったが、夏の禹は、自分の息子に世襲させた。これによって、中国に王朝というものができたのである。

紀元前1600年頃、その夏王朝十七代目の王は桀といった。

桀王は、かなり暴虐非道の王だったようだ。さらに、末喜という美女を寵愛し、肉欲に溺れ、彼女の言いなりになった。そんな王には仕えることはできないと、家臣だった湯が桀を倒し、新たな王朝、殷を建てた。

その後、殷王朝は湯の子孫が代々の天子として三十代にわたり続いた。その間に、栄えたり衰えたり、都を遷すなどの出来事があったようだ。この時代に、いまの漢字の祖先ともいうべき、甲骨文字という文字も存在していた。

この時代の中国は、まだ中央集権的な統一国家はない。各地に国があり、その部族の長(諸侯という)がそれぞれの領土を支配して

おり、殷王朝が中国全土を直接支配していたわけではない。殷の王と、各地の部族の長の関係は主従関係というよりも、同盟関係に近かった。

文明としては、この時代に青銅器が発明された。かなり優れた青銅器が発掘されており、高度な文明があったと推測されている。

封建制度を生んだ中国最長の王朝
――周

紀元前1000年頃、中国の殷の最後の王は、紂（ちゅう）だった。

ちなみに、中国の王や皇帝の名は、諡（おくりな）といって、死後に与えられるもので、生前に呼ばれていたものではない（日本の天皇の名も同じ）。ただ、歴史書では、この諡で記述す

▶周王朝の支配体制

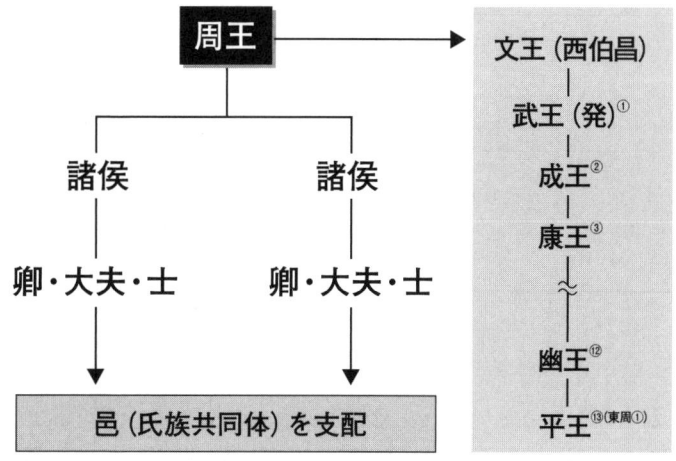

```
         周王
        /    \
      諸侯    諸侯
       |      |
   卿・大夫・士  卿・大夫・士
       ↓      ↓
     邑（氏族共同体）を支配
```

```
文王（西伯昌）
   |
武王（発）①
   |
成王②
   |
康王③
   〜
幽王⑫
   |
平王⑬（東周①）
```

るのが一般的なので、本書もそれにしたがう。

紂は生まれつき、頭がよく、弁舌にもたけ、さらに怪力の持ち主でもあった。最初はいい王だったのだが、しだいに暴君となった。池を酒で満たし、木々に肉をぶらさげ、さらに、その肉の林のあいだに、裸の男女を走らせてそれを見物した。ここから、ぜいたくをきわめた酒宴のことを「酒池肉林」というようになった。紂は愛人を溺愛し、そのいうことならば、なんでもきいてやった。一方、庶民に対しては重税を課したので、恨みが蓄積していった。当然、人心は離れ、諸侯のなかにも離反していく者が現れ出した。

殷王朝を倒したのは、三人の重臣のひとり、西にある周という国の公、西伯昌だった。彼はなかなか人望があり、諸侯からの信頼も得ていた。周が殷を倒すのは時間の問題と思われていたが、西伯昌は病死してしまう。その後を継いだ息子の発が、殷を倒し、ここに新たに周王朝が誕生した。これがいつだったのかについては、学説によって約80年の開きがあり、紀元前1111年から1027年までのあいだだとされている。

発は殷を倒して2年で死んでしまい、初代の王として、武王という諡がおくられた。

周の時代になっても、天子の地位は諸侯連合のトップにすぎなかった。だが、殷とは異なり、諸侯に領土を与えるかわりに、周王朝への忠誠を求め、それぞれの領土は周の藩屏（防衛の拠点）とした。これを、封建制度という。この場合の「封」とは「邦」という意味で、邦を建てる、建国という意味である。それぞれの領土においては、その領主に全権が与えられ、その地位は世襲とされた。諸侯

覇権を競った5人の主役
――春秋時代

としては周に逆らわなければ、権力は安泰で、自分の子孫に譲ることができた。周王朝としても、領主の地位を認めておけば自分に叛かないわけだから、中央の権力は安定する。

こうして、今から3000年から3100年ほど前に、周王朝は確立された。以後、その力は衰えはするが、春秋・戦国時代を経て、前256年に秦に滅ぼされるまで、形式的には800年近く周王朝は継続する。中国最長の王朝となる。

前782年、周王に幽王（ゆうおう）が即位した。武王から数えて十二代目である。

周王朝の権威はかなり落ちていた。封建諸侯が自分たちの領地を豊かにし、独立性を高めていた。前841年には内乱が起き、一時は王が亡命したほどである。その後も、西の異民族との戦争で失敗するなど、周王朝はだんだんに力を失った。

そんなときに、幽王は即位した。幽王は絶世の美女の褒姒（ほうじ）を溺愛した。

幽王には、申侯（しんこう）一族出身の正妻がいて、彼女の産んだ子、宜臼（ぎきゅう）が太子として立てられていた。だが、褒姒に子が生まれると、申一族は疎んじられてしまった。そこで、同じように不満を抱く諸侯とともに造反し、周に隷属していない異民族の犬戎（けんじゅう）と共闘して、叛乱を起こした。幽王はあっさり殺され、褒姒は捕えられ、その子は殺された。

こうして、周王朝はいったん、滅亡した。

だが、幽王の子の宜臼が申侯によってかくま

われて、生きていた。諸侯は申侯のもとに参集し、宜臼を新たに王位に就けることで合意した。これが平王である。

前771年に平王は即位し、翌前770年、それまでの西の豊邑にあった都を、東の洛邑に遷都した。このことから、幽王までの周を西周、以後を東周という。

周は、名目上は存続することになったが、もはや実権はなかった。封建諸国はそれぞれの力をつけていき、中国は乱世を迎える。

洛邑に遷都した前770年から、晋が韓・魏・趙の三国に分割されたのを周の王が認めた前403年までを、春秋時代という。孔子がこの時代の魯国の歴史を記した年代記のタイトルが「春秋」だからである。

この春秋時代の主役は、「春秋の五覇」と呼ばれる五人だ。斉の桓公、晋の文公、秦の穆公、宋の襄公、そして楚の荘王である。だが、これには諸説あり、その他にも、呉や越の王を五覇にあげる研究者もいる。

ガウタマ・シッダールタが悟りを開くまで

インドでは、文明が誕生し、社会が生まれ、部族国家へと発展していく過程で、大きく四段階に分かれた身分制度（カースト）も出来上がっていた。

そのインドに大きな変化が起きるのは仏教の誕生によってである。当時、インドを支配していた宗教（バラモン教）は、形式主義に陥っていた。バラモンたちは祭式ばかり重視し、人々を救済しようなどとは考えなかった。

人々は、漠然とではあろうが、これでいい

▶仏教が伝播したルート

のだろうか、と思っていた。そんなところに、「新興宗教」としての仏教が登場した。

仏陀は、ヒマラヤの山麓にあるシャカ族の小さな王国の王子として生まれた。クシャトリア階級である。その生年は、紀元前563年とされている。名はガウタマ・シッダールタという。16歳で結婚し子どもも生まれたが、29歳ですべてを捨てて出家してしまう。そして、6年にわたり苦行をした後、菩提樹の下で悟りを開き、仏陀（真理を悟った覚者という意味）となるのである。

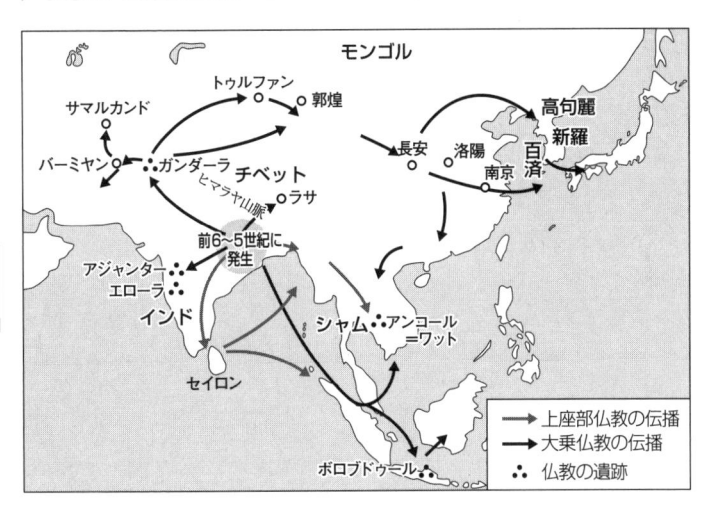

その思想は、きわめて単純にいえば、「人類はみな平等である」というもの。当然、バラモン以外の多くの人々の支持を集めた。悟りを開いてから80歳で亡くなるまでの45年間、仏陀は多くの弟子をつくり、各地を布教した。

同じ頃に生まれた、もう一つの当時の「新興宗教」がジャイナ教である。創始者はやはりクシャトリア出身のヴァルダマーナ。ジャイナ教もカーストを否定したが、仏教よりも戒律が厳しく、人々に苦行を求めた。

生き残った七つの大国
──戦国時代

中国の春秋時代は、諸侯の上に立つ周王朝の権力と権威が名目だけのものとなり、各国のトップ（国君）のなかで強い者が覇者となる体制として、しばらく続いた。その間、何人もの覇者が交代したが、いずれも、国のトップである公や王は、代々世襲で継承されていた。

しかし、その各国の公が名目だけの君主となり、臣下であった卿が政治の実権を握るようになる。

晋では、十数家あった卿のなかで、韓、魏、趙、范（はん）、中行（ちゅうこう）、智（ち）の六氏がとりわけ強くなり、「晋の六卿」と呼ばれた。その六つの一族間で血を血を洗う内戦が繰り広げられた。

前４５３年、晋の六卿は、韓、魏、趙の三卿となったのである。

前４３８年、晋の国君、哀公（あいこう）が没した。その後を継いだのは幽公（ゆうこう）だった。それまでは名目だけでも国君として臣下の礼をとっていた三氏は、ここにいたり、ついに、それすらもしなくなり、幽公のほうから三氏の家に挨拶に出向いた。

それでも、この時点では、名目だけは晋という国があり、公がいた。

前４０３年、名実ともに、晋がなくなった。

▶戦国時代の各国の領土

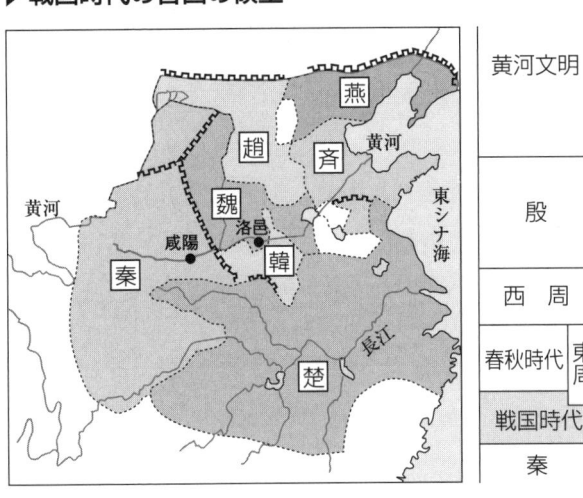

黄河文明	前2000
殷	前1500 / 前1000
西周	
春秋時代 / 東周	前500
戦国時代	
秦	

　周の威烈王(いれつおう)は、韓、魏、趙の三氏をそれぞれ諸侯に封じたのである。このときをもって春秋時代が終わり、戦国時代になるというのが、一般的な学説である。

　韓、魏、趙の三国はしばらくは三晋と呼ばれ、戦国時代を通じて、兵力の強さで恐れられていた。

　こうして、新しい時代が始まった。これが、中国の「戦国時代」で、前221年の秦による中国統一までをこう呼ぶ(どこで区分するかについては、諸説ある)。

　周王朝が始まった当初、国は200～250前後あったが、強い国が周辺の国を次々と征服し、春秋時代が終わるころには、七つの大国に収斂(しゅうれん)されていた。その、秦(しん)、楚(そ)、斉(せい)、燕(えん)、趙(ちょう)、魏(ぎ)、韓(かん)の七国を「戦国の七雄」という。

完全に周を滅ぼしたのは秦だった

 中国の戦国時代半ば、強大な国が登場してきた。もとは辺境の地の小国だった秦が、政治改革・行政改革に成功し、急成長したのだ。前307年、その秦で昭襄王（しょうじょうおう）が即位した。

 この時点で、中国全土を支配する可能性があったのは七大国のなかでも、西の秦、南の楚、東の斉の三大国に絞られていた。その時々に応じ、楚と斉が同盟して秦と対峙したり、秦と楚が同盟し、斉と戦っていたが、最初に落ちたのは、楚だった。

 前299年、秦は楚に侵攻し、八つの城を占領するなど圧勝した。

 前288年、中国を東西に二分し、秦の昭襄王を西帝、斉の湣王（びんおう）を東帝と称する平和協定が結ばれた。これにより斉が強くなったことで、秦以外の六国間の力関係にも変化が生じた。

 北東に位置する燕で政変が起きると、斉は侵攻し、さらに勢いをつけて、南の宋を滅ぼした。燕は斉を憎み、同様に斉が強くなるのを快く思わない趙、韓、魏、そして秦との5か国連合を組んだ。連合軍と斉との戦いにより、斉は勢いを失った。結果的に、これにより秦は相対的に最も強くなった。

 前278年、秦は楚に侵攻し都を陥落させた。

 前260年、秦と趙は、戦国時代後半の最大の決戦である「長平（ちょうへい）の戦い」に臨んだ。秦は趙を大敗させ、その兵士40万人が生き埋めにされた。

▶始皇帝による中国統一

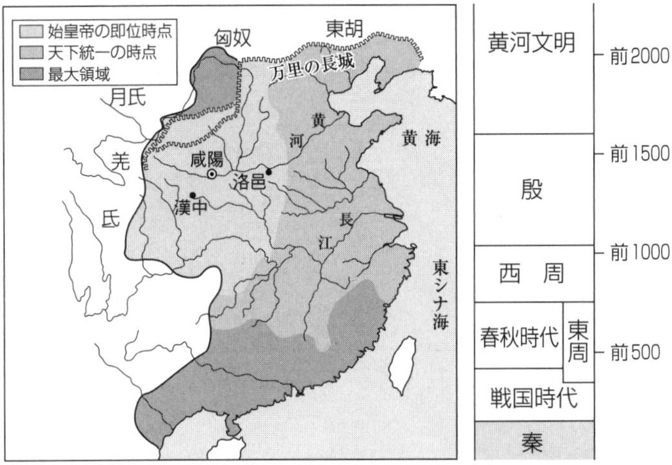
始皇帝の即位時点
天下統一の時点
最大領域
匈奴
東胡
万里の長城
月氏
黄河
黄海
羌
咸陽
洛邑
漢中
氐
長江
東シナ海
黄河文明
殷
西周
春秋時代
東周
戦国時代
秦
前2000
前1500
前1000
前500

さらに前２５６年、東周を完全に滅ぼした。こうして、ほぼ中国全土を手に入れたところで、前２５１年に昭襄王は亡くなった。その在位は56年もの長きにわたった。つづく二代の王は短命で、前２４７年、政が王として即位した。後の始皇帝、このとき13歳であった。

中国全土を手に入れた始皇帝

秦王となった政は王家の子ではあるが、その出生には当時から疑問も持たれている。いずれにしろ直系ではなかったので、本来なら王になるはずがなかった。

即位したときはまだ少年だったので、母の愛人とされる大商人の呂不韋（始皇帝の実父

との噂がある）が相国というポストに就き、実権を握った。

前二三五年、成長した政は呂不韋を失脚させ、名実ともに秦の王となった。

秦の全権を掌握した政の前には、弱体化したとはいえ、六つの大国が敵として存在した。秦が本格的に各国を滅亡させるのは前二三〇年からである。

前二三〇年には隣国の韓が滅びた。ついで、趙に侵攻し、前二二八年に滅ぼした。前二二六年には燕に侵攻し、都を陥落した。前二二五年には魏と戦い、魏王が降伏した。残るは斉と楚である。

前二二三年に楚が滅んだ。都は陥落したものの、まだ完全には滅んでいなかった燕も、前二二二年に滅ぼされた。そして、前二二一年に東の大国・斉も滅んだのである。この間、わずか一〇年。怒濤のような侵攻であった。

天下を統一した秦王・政が最初に決めたことは、自らの称号であった。戦国時代、本来は一人しかいないはずの「王」が、何人も存在した。いわば、王と王の争いが戦国時代だった。それに勝利した政は、これまでの王とは異なる次元に立ったので、それにふさわしい称号が必要だと考えた。こうして、伝説の「三皇五帝」にちなみ、「皇帝」という称号を考え出し、自ら名乗った（「皇帝」の由来については諸説ある）。さらに、諡号も廃止し、自分のことを存命中は「皇帝」、死後は、初代の皇帝という意味で「始皇帝」と呼ぶように決めた。その次の皇帝は「二世皇帝」、そのまた次は「三世皇帝」とし、未来永劫、続くようにした。

こうして、中国に皇帝が誕生した。始皇帝

▶秦王朝の系図

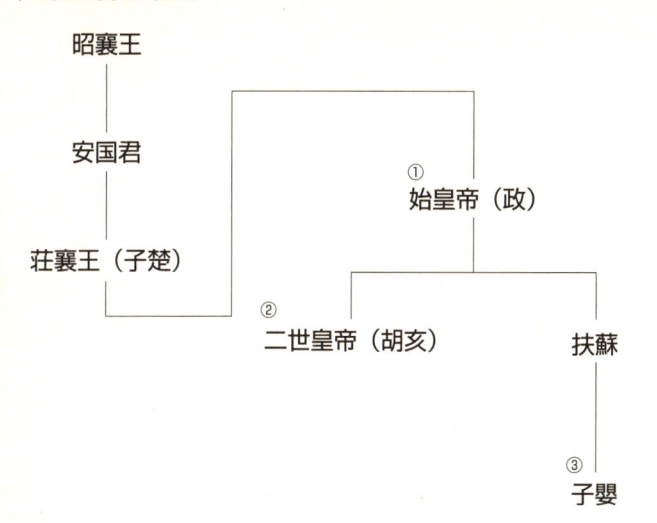

```
昭襄王
 │
安国君
 │
荘襄王（子楚）─┬─ ① 始皇帝（政）─┬─ ② 二世皇帝（胡亥）
                                    │
                                    └─ 扶蘇
                                         │
                                        ③ 子嬰
```

の構想では二世、三世と続くはずだったが、ほどなく秦の皇帝は滅ぼされ、以後、いくつもの王朝が栄えては滅ぶ。諡号も復活し、皇帝の名前を数で区別するのは、秦が最初で最後となってしまった。

秦が征服した領土は、ほぼ現在の中華人民共和国の領土と等しい範囲である。この広大な領土をいかに統治するかが、始皇帝の最大の課題だった。始皇帝は中国全土をすべて皇帝の領土とした。とはいえ、直接、統治するのは不可能である。そこで、全国を36の郡（後に48になる）に分け、各郡に「守」を長官として派遣しその下に副官として「丞」、軍の指揮官として「尉」、監察官として「監」などの役人を置いた。その地位は世襲ではなかった。全国の郡県と都を結ぶ幹線道路も建設された。その全長は7500キロメートル。

さらに天下統一とともに、各地方でばらばらだった度量衡、通貨、そして文字も統一された。

中国の北、いまのモンゴル高原に匈奴と呼ばれる遊牧民族がいた。この匈奴は、昔から度々攻め込んできた。その備えとして建設されたのが、万里の長城である。始皇帝は以前からあった長城を、伸張してつなげ、4000キロにわたるものにした。この工事には数十万人が動員された。さらに、阿房宮という豪華な宮殿や自分の墓となる皇帝陵の建設も始め、これにも何十万人もが動員された。

始皇帝の悪政の代表としていわれるものに「焚書坑儒(ふんしょこうじゅ)」がある。殷や周の時代の封建制度を賛美していた儒家の教えを弾圧するために、儒家の書いた本を焼き、学者を穴埋め(坑儒)にした。思想弾圧、言論弾圧の象徴となった。世界史上、焚書をしたとして有名なのは、始皇帝とローマ皇帝ネロ、そしてヒトラーの3人である。

前210年、始皇帝は旅の途中で発病し、そのまま50年の人生を終えた。

項羽と劉邦の死闘の結末
——前漢

始皇帝時代からの大規模工事は、戦争以上に人民に苦役を強いた。人々の不満は充満し、前210年の始皇帝の死によってそれが噴出、前207年には各地で叛乱が起きるようになっていた。そのなかで頭角を現してきたのが、項羽(こうう)と劉邦(りゅうほう)である。

項羽は楚の国の将軍の家の出身だったが、彼がものごころついたころ、すでに楚は滅亡

▶武帝時代の前漢の領土

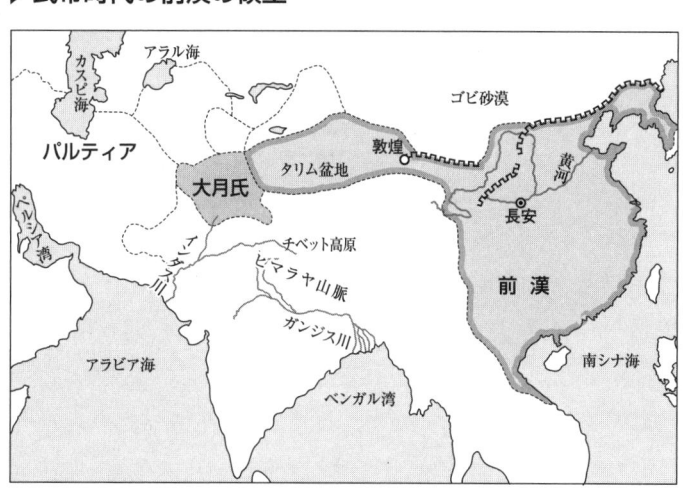

していた。前２０９年、始皇帝が没して翌年のこと、各地で秦の圧政に堪えかねた人々が叛乱軍として決起した。秦に滅ぼされたかつての六強国では、それぞれの王が立ち上がった。かつての楚の将軍家の項梁とともに蜂起(ほう き)したのが、その甥の項羽であり、農民出身の劉邦だった。

項羽軍は強く、連戦連勝だった。その戦いは激烈で、殺戮(さつりく)につぐ殺戮だった。一方の劉邦は肉弾戦より調略を重視し、なるべく戦闘をしないで、各地を制していった。だが、先に秦の都に入ったのは項羽で、秦王を殺した。

最高権力者を倒した者が次の権力者となるという、中国史における、いや世界史における原則がこの場合もあてはまり、項羽がすべての実権を握った。

項羽の統治は、秦帝国の郡県制度ではなく、

周王朝の封建制度を真似したものだった。秦との戦いで論功のあった将軍たちや、旧六国の旧王族たち18人を全国各地に封じて、王にした。項羽の論功行賞には原則がなく公平でもなかった。そのため、不満が鬱積した。項羽に不満を抱く者は、漢に封じられた劉邦のもとに参集した。こうして、項羽と劉邦の死闘が始まった。

項羽は、もはや天下は自分のものだと錯覚し、前205年に彼の権威の拠り所となっていた楚の王懐王を、用済みとみなして殺してしまった。

これによって、劉邦には項羽討伐の大義名分ができ、挙兵した。ところが、劉邦率いる項羽討伐軍は56万もの兵を有しながら、3万の項羽軍に負けてしまう。その後も楚と漢の間で激戦が各地で展開した。この間、項羽のもとからは、有能な臣下が離反し劉邦側に寝返るなど、項羽の人徳のなさによる陣営のほころびが目立ってきた。

前203年、膠着した状況をどうにかしようと、項羽と劉邦の間で、天下を東西に二分し、東を楚、西を漢にすることで合意が成立した。両軍はそれぞれの拠点に帰還することになったが、項羽軍を劉邦は背後から追撃した。停戦合意を裏切ったのである。

漢軍の急襲により、項羽は危機に陥った。亥下で項羽は漢軍に囲まれた。その夜、楚の歌を歌う声が項羽を包囲した。「四面楚歌」として有名なシーンである。敗北を悟った項羽は最後の酒宴を開くと、800騎余りの部下とともに、闇にまぎれて、漢の包囲を突破した。しかし、烏江に到達すると、ここまでと覚悟し、追撃してきた漢軍に立ち向かい、

その戦闘のさなか、自らその首をはねた。

前202年、劉邦は皇帝に即位し、漢帝国が建国された。

秦の始皇帝によって確立された郡県制は、項羽によっていったんは封建制に戻された。その後を継いだ劉邦は、その折衷案ともいえる郡国制を導入した。42あった郡のうち、15を漢帝国の直轄地とし、皇帝直属の中央から派遣された役人が統治した。その他の郡には、周時代の封建制のように、軍功のあった者や一族が王や諸侯として封じられ、かなりの独立性をもった。つまり、一つの帝国に二つの制度が生じたのである。

血筋が正しいわけでもなく、項羽のような天才的な軍人でもなかった劉邦は、皇帝になってから、不安に襲われた。面倒見がよく、人に慕われた劉邦は別人になった。側近や親しい仲間だった将たちを、次々と粛清しはじめたのである。

前196年、諸侯のひとり黥布（げいふ）は粛清されそうになったのを察すると、先手を打って叛乱を起こした。

劉邦は自ら兵を率いてこれを鎮圧したが、その戦いで受けた傷がもとで、翌年、亡くなった。

わずか15年で滅びた王朝
──新

武帝の晩年から、漢帝国の朝廷は混乱していた。後継者争いを通して、皇帝の外戚（がいせき）（妻の実家）の力が強くなった。外戚支配の始まりでもあった。その後の数代の皇帝はいずれも短命だった。

前33年に元帝が亡くなると、その子が、19歳で皇帝に即位した。政務はすべて母の王太后とその実家、外戚の王一族にまかせた。こうして力をつけた王莽（おうもう）は、一度は失脚するが、復権した。

西暦5年、王莽はクーデタで皇帝を殺し、8年には、自らが皇帝になったと宣言し、国名を「新」とした。

皇帝になった王莽は改革に乗り出し、土地の国有化、奴隷の私有禁止、商業の抑制といった政策を打ち出したが、支持されず、撤回した。外交でも異民族に与えていた「王」の称号を取り上げ、「侯」に格下げしたため、反発をくらい、匈奴は叛乱を起こした。これを鎮圧するために大軍を派遣したが失敗し、軍事費のみが増大していった。さらに、2度にわたる大きな飢饉があり、人々はそれも王

莽のせいだと憎んだ。

地方の豪族たちが立ち上がり、叛乱軍が組織化された。

23年10月、首都洛陽（らくよう）は陥落した。王莽は最後まで戦ったが、ついに負けた。その遺体は斬られたあげく、食べられてしまった。その首は晒され、人々はそれを鞭で打った。いかに恨まれていたかを物語る。

漢を倒した新王朝はわずか15年で倒れてしまった。

再興された漢王朝
——後漢

新の王莽に対する叛乱を先に起こしたのは、農民集団の赤眉（せきび）軍だった。つづいて、南方の緑林（りょくりんざん）を拠点とする緑林軍も決起した。そ

▶漢王朝の系図

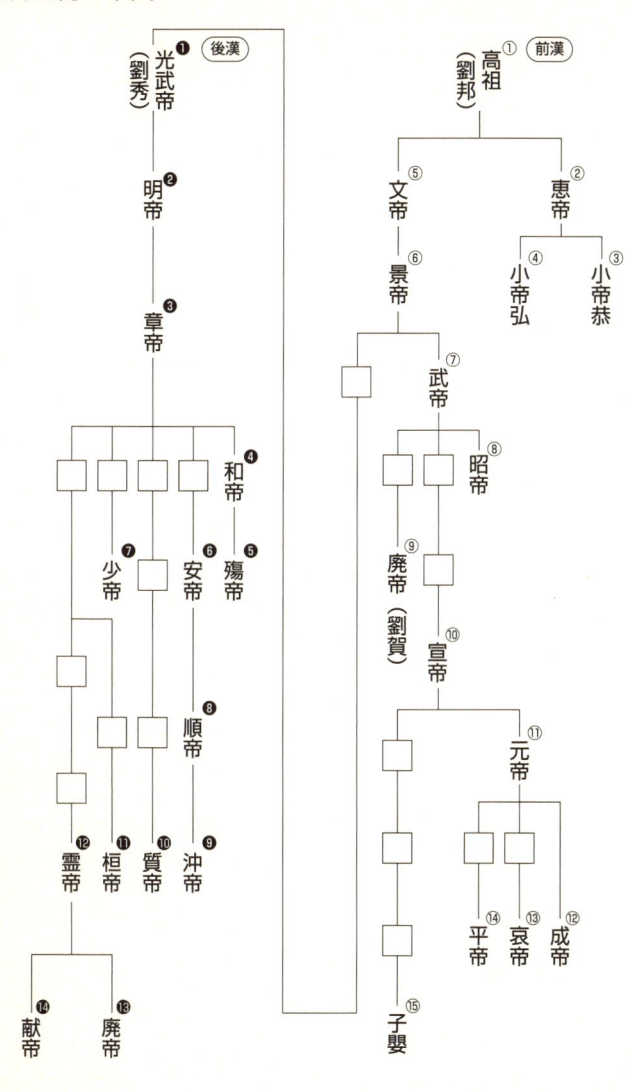

前漢
- ① 高祖（劉邦）
  - ⑤ 文帝
    - ⑥ 景帝
      - ⑦ 武帝
        - ⑧ 昭帝
        - ⑨ 廃帝（劉賀）
        - ⑩ 宣帝
          - ⑪ 元帝
            - ⑫ 成帝
            - ⑬ 哀帝
            - ⑭ 平帝
          - ⑮ 子嬰
  - ② 恵帝
    - ③ 小帝恭
    - ④ 小帝弘

後漢
- ❶ 光武帝（劉秀）
  - ❷ 明帝
    - ❸ 章帝
      - ❹ 和帝
        - ❺ 殤帝
        - ❻ 安帝
          - ❽ 順帝
            - ❾ 沖帝
            - ❿ 質帝
          - ⓫ 桓帝
          - ⓬ 霊帝
            - ⓭ 廃帝
            - ⓮ 献帝
        - ❼ 少帝

のなかにいた劉秀が叛乱軍のなかで実力をつけ、25年に皇帝を名乗り、29年、再び中国を統一した。

この新しい漢王朝を、以前の漢王朝と区別するため「後漢」といい、以前のものは「前漢」と呼ばれる。漢王朝再興の祖として名高い劉秀の諡号は光武帝である。

王莽のクーデターからの二十数年の内乱で中国は荒廃した。前漢時代最盛期に6000万人いたと推定される人口は、飢饉や戦乱のおかげで、2000万人に激減していた。農業の生産量も落ちた。

これらを回復させることが急務で、奴隷解放令を出したり、田畑の税を軽減させるなどの政策で、生産力を上げた。外征は避け、匈奴に対しては懐柔策をとった。

統治機構としては、息子たちを各地の諸侯王に封じ、全土の安定を優先させたが、その後、諸侯の権力は削減され、皇帝に権力が集中するようにした。

光武帝が生きている間は、強いリーダーシップのもと、皇帝親政が可能で、外戚や宦官の出る幕はなかった。だが、その死後は、またも、外戚と宦官が、それぞれ国政を牛耳るようになっていく。

曹操、劉備、孫権の死闘
――三国時代

後漢王朝の皇帝は名目だけの存在となり、外戚と宦官が権力をめぐって暗躍するようになった。

168年、霊帝が十二代皇帝として12歳で即位したのが、いわゆる、「三国志」時代の

▶三国時代の三国の領土

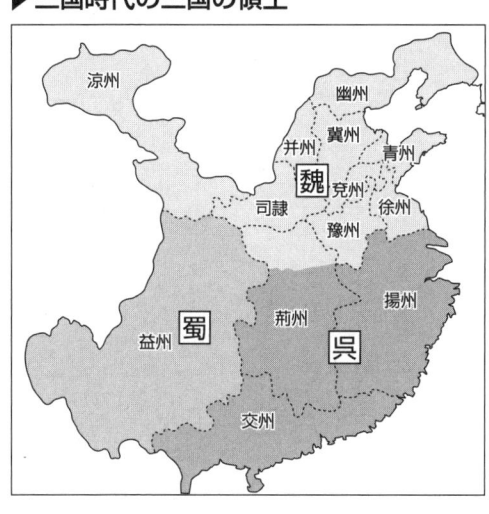

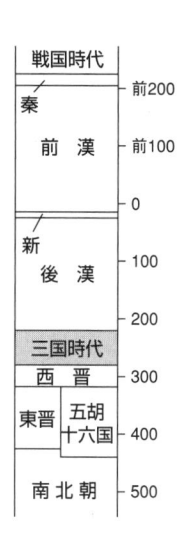

地図中の地名: 涼州、幽州、冀州、并州、青州、兗州、徐州、司隷、豫州、魏、益州、蜀、荊州、揚州、呉、交州

年表: 戦国時代 / 秦 / 前漢（前200、前100）／ 新 / 後漢（0、100、200）／ 三国時代 / 西晋（300）／ 東晋・五胡十六国（400）／ 南北朝（500）

始まりである。

王朝の腐敗は末端の官僚にまで伝染し、役人たちは賄賂をとるのが当たり前となっていた。天候不良で飢饉となり、飢える人は増大、184年には大規模な叛乱、黄巾の乱が勃発した。

中央では、権力を握っていた宦官を一掃するクーデターも起きた。そのどさくさで、皇帝を囲みこんで、権力を握ったのが董卓だった。だが、何の国家ビジョンももたない董卓は、ただ暴虐の限りを尽くし、贅沢三昧に暮すだけだった。そこで、袁紹をリーダーとする反董卓連合軍が結成されたが、そのなかにいたのが曹操である。

董卓の死後、生活に困っていた皇帝を迎え入れたことをきっかけにして、曹操は権力を握っていく。

後漢帝国は名目上は中国全土を支配していたが、かつての戦国時代のように、独立国が乱立していた。曹操が支配下に置いたのは、中国大陸の南北方向でみると中央にあたった。北には袁紹、南の呉には孫堅とその死後は息子の孫策、孫権がいた。

208年、すでに袁紹を倒していた曹操は、北から攻められる不安が解消されたので、南下した。孫権の軍に合流したのが「三国志」の主人公、漢王朝の末裔である劉備玄徳だった。諸葛孔明を軍師とする劉備は、孫権と反曹操同盟を結び、「赤壁の戦い」で曹操軍に壊滅的打撃を与えた。曹操の中国全土を統一する野望はいったん潰えた。

曹操は方針転換し、南は当分、ほおっておき、その間に自分の国を建国することにした。213年、曹操は魏公となった。それまでは皇帝から委任されて国を統治する立場だったが、皇帝から委任されて国を統治する立場だったが、自分の領土とし、これを魏と称し、その君主として「公」と名乗ったのである。中国の北側が魏となり、南のうちの東側が孫権の呉、西側が劉備の蜀となった。

人口や生産物などを総合した国力では、魏が圧倒的に強く、呉と蜀を合わせても、とてもかなわなかった。曹操は事実上、中国の支配者となったのである。

216年、曹操は魏王となった。だが、ここまでだった。220年、曹操は死に、後を長男の曹丕に託した。曹丕の部下たちは漢の献帝に譲位を求め、後漢王朝は完全に終焉を迎え、魏が新たな帝国となった。

だが、221年には劉備が自分の治めていた国を蜀帝国とし、皇帝を名乗った。その翌年の222年には、孫権も呉を帝国とし、皇

帝となった。

中国に三つの帝国、3人の皇帝が鼎立する、三国時代となったのである。

漢に送られた倭の奴国の使者

日本のことが中国の歴史書に登場するのは、劉邦が建てた漢帝国の歴史書『漢書』の「地理志」という部分である。

それによると、紀元前1世紀頃の日本列島は、「倭」と呼ばれ、100あまりの国があったという。

中国ではいったん漢王朝が滅び、再興されて後漢帝国の時代となるが、その『後漢書』の「東夷伝」によると、倭のなかのひとつ、奴国が、後漢王朝に貢物をしたのが、57年で、

当時の皇帝・光武帝から印綬を授かったとある。

107年には、倭の国王が160人の奴隷を中国に献上したとの記録がある。すでに、日本各地の国には王がいて、それを補佐する大臣などの貴族階級と奴隷がいたわけで、古代日本社会に階級ができていたことを示すものである。

そして、140年代から180年代にかけて、倭国に大乱があったと記録されている。

いまだ解けない邪馬台国の謎

中国の歴史書に邪馬台国が登場するのは、『三国志』の「魏志倭人伝」である。後漢王朝が滅び、動乱の時代を迎えていた中国だが、

▶邪馬台国はどこにあったのか

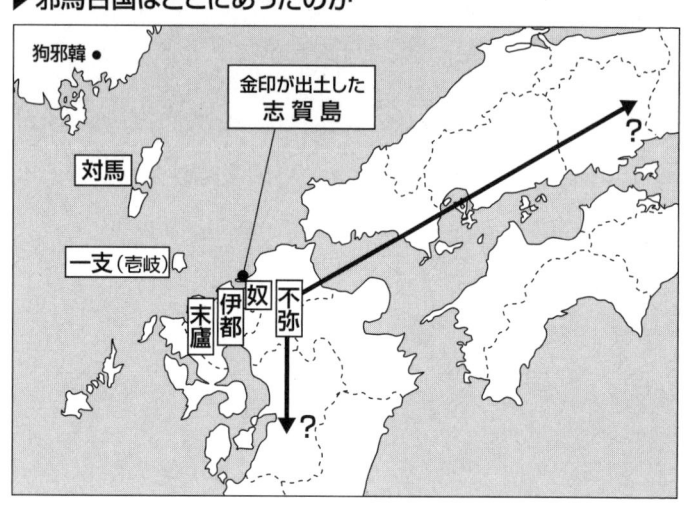

地図中のラベル: 狗邪韓、対馬、一支(壱岐)、末盧、伊都、奴、不弥、金印が出土した志賀島

魏の勝利でとりあえず、落ち着いた。その魏に、卑弥呼が使者を送ったのが、239年のことだった。2世紀後半に起きた大乱は、邪馬台国に女王卑弥呼を立てることでおさまり、30ほどの国の連合体が生まれていたようである。

この邪馬台国がどこにあるかについて、主に九州説と近畿説の二つの説があり、いまも結論が出ていないのは、ご存知のとおりである。

「魏志倭人伝」の記述が不正確なのと、それらしい遺跡が発見されないので、いまだに分からない。

また、この邪馬台国がそのまま後の大和朝廷になったのかどうかも、決定的な証拠がなく、はっきりしない。

動乱の時代に終止符を打つ
―― 晋

司馬懿は魏の曹操に仕え、その死後も魏のために尽くした参謀だった。220年に曹操が亡くなった後は曹丕に仕え、魏帝国の建国に尽くした。

227年、すでに蜀の劉備は亡くなっていたが、後を託された諸葛孔明率いる蜀が、魏に攻めてきた。司馬懿は、蜀の弱点は兵站にあると見抜いていた。敵をあなどらず、挑発に乗りさえしなければ、勝てはしなくても、負けることはないと踏んでいた。5度にわたる諸葛孔明率いる蜀の侵攻に、魏軍は負けなかった。最後の遠征の途中で、諸葛孔明は病死した。

蜀軍を敗退させたことで、司馬懿は魏帝国での最大の実力者となった。

だが、239年に二代目皇帝曹叡が36歳の若さで亡くなると、実権を握った曹操の一族により、司馬懿は左遷させられた。だが、そのままでは終わらず、新政権が蜀への侵攻に失敗すると、249年、一族を総動員し、クーデターを起こした。

司馬懿は政権の基礎を作ったところで寿命が尽き、251年に病死した。息子の司馬師と司馬昭が後を継いだ。

260年、司馬一族に対するクーデターが起きたが、皇帝を殺害し、危機を乗り切った。

263年、魏はついに蜀を滅ぼす。

265年、司馬昭の死後、後を継いだ息子の司馬炎は、皇帝に譲位を迫り、自ら皇帝に即位した。曹操が建国した魏帝国はここに滅

び、新しい王朝、晋が建国された。祖父にあたる司馬懿は、死後、晋の初代皇帝として、宣帝と諡号を贈られた。

魏・蜀・呉の三国で残ったのは、呉帝国だけだった。呉の孫権は長命で、252年まで生き、71歳で亡くなったが、後継者争いで国が二分し弱体化した。279年、晋軍は呉に侵攻し、翌280年、呉帝国は滅亡した。こうして、魏、蜀、呉の三国はすべて滅亡し、晋による中国統一が実現した。約百年にわたる動乱の時代に、とりあえず、終止符が打たれたのである。

再び分裂の時代へ
──五胡十六国

晋のもと、中国は統一されたが、帝位をめぐり晋王朝内部が分裂すると、その混乱に乗じて異民族が攻め入ってきた。

316年、匈奴によって晋は滅びた。わずか四代、36年の帝国だった。

318年、しかし、生き残った司馬氏の一族が南の現在の南京に逃れ、その地で王朝を再興した。区別するために、最初の晋を西晋、次のを東晋と呼ぶ。

晋が再興したとはいえ、その版図は江南の地だけだった。北は漢民族ではない五つの異民族（五胡という）に支配されていたのである。こうして、中国全土は南北に分かれ、以後、南と北はそれぞれ独自の展開をしていく。

中国の南北時代の始まりである。

まず、西晋がいなくなった華北には異民族が侵攻し、匈奴をはじめとする五つの異民族（五胡）が、130年間にわたり16の国を興

▶**晋〜南北朝時代の国々**

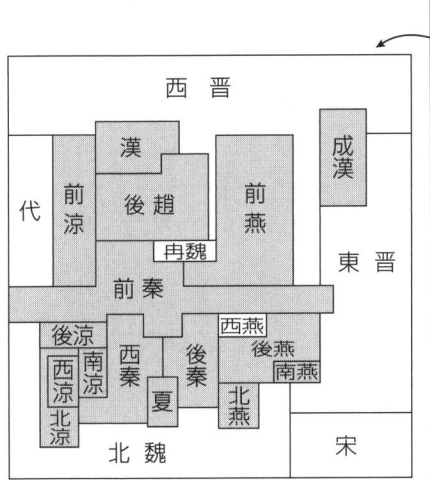

しては滅んだ（20とする説もある）。これを五胡十六国時代という。やがて、華北は魏（曹操の魏と区別するため、北魏という）によって統一され、江南を統一していた宋と対峙する。

一方の、いまの南京を首都とするかつて呉帝国の領土だった江南地域では、東晋の後、宋、斉、梁、陳と目まぐるしく王朝が交代した。そのなかでは宋が比較的長く続いた。三国時代の呉と東晋を加えると、この地域に六つの王朝が興亡したので、これを六朝時代とも呼ぶ。

多くの国が華北に乱立した五胡十六国時代は、304年から439年まで続いた。それを統一したのが、トルコ系遊牧民である鮮卑族の拓跋氏の建てた魏（北魏）である。もとは山西省北部を領地としていたが南下し

た。開祖とされる道武帝は386年に即位し、409年までその地位にあり、礎を築いた。

三代目にあたる大武帝の時代に、他の五胡の諸国を次々と滅ぼし、華北を統一した。

ちなみに、中国では、この五胡十六国は、正統な王朝としては認められていない。晋を継承する南朝が正統ということになっており、地方王国が数多くあった、という位置づけのようだ。「五胡十六国」とひとまとめで呼ぶのも、そうした歴史観による。

朝鮮半島を舞台に百済、新羅と戦った倭

4世紀の日本列島での出来事については、中国の史料にもなく、朝鮮半島にある「高句麗好太王碑」が唯一の史料である。これには、倭が朝鮮半島に進攻し、百済や新羅を破り、従えたとある。

このことから、この時点で日本列島には中央政権が生まれ、かなり強固なものとなっていることがわかる。国内をまとめたので、大陸に進出したのである。その政権が大和朝廷であるのは、ほぼ間違いないのだが、この大和朝廷がいつ成立したのか、はっきりする史料はない。

「倭の五王」とは誰なのか

南宋と北魏とが対立していた5世紀、再び、日本のことが中国の歴史書に載る。「倭の五王」である。421年の「讃」から、478年の「武」まで、5人の代々の王が中国に使

▶倭の五王とはいったい誰か

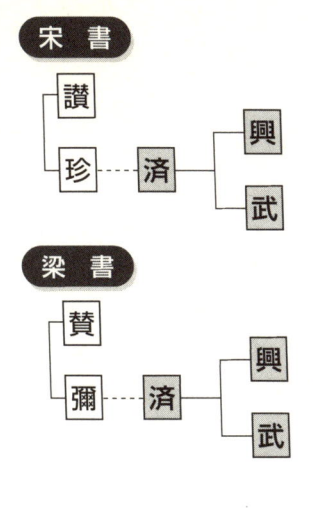

日本書紀

応神⑮ ― 仁徳⑯ ― 履中⑰
　　　　　　　├ 反正⑱
　　　　　　　└ 允恭⑲ ― 安康⑳
　　　　　　　　　　　　└ 雄略㉑

宋書

讃
珍 ‥‥ 済 ― 興
　　　　　　└ 武

梁書

賛
彌 ‥‥ 済 ― 興
　　　　　　└ 武

者を送り、朝鮮半島の百済や新羅を支配する権利を授かった。朝鮮半島では、高句麗、百済、新羅、加羅の四つの国が争っていたのである。

宋の歴史書『宋書』では、倭の5人の王の名前が中国風に表記されているため、歴代天皇の誰に該当するのかについては、はっきりしない。そのうちの3人については允恭天皇、雄略天皇、安康天皇であることはほぼ確実とされているのだが、残りの2人はよく分からないのである。

内乱がもたらした混乱 ―― 南北朝

華北を統一した北魏は、それまでの異民族王朝である五胡の諸国と異なり、漢民族との

融合を図った。それが政権安定の道だと考えたのである。
 積極的に漢文化を取り入れ、また人材も漢民族から登用した。孝文帝の時代になると、この路線がさらに推し進められ、異民族の漢民族化、すなわち中国化が図られた。だが、この漢化政策は、もともとの北方異民族の人々の間では評判が悪く、孝文帝への不満が高まった。
 499年、孝文帝が33歳の若さで病死すると、優遇されていた文官に対し、冷遇されていた武官たちの不満は爆発した。
 523年、辺境の守備隊が叛乱を起こした（「六鎮の乱」）。叛乱軍は内地にまで侵攻したが、対する政府軍はまったく歯が立たず、異民族の将軍・爾朱栄（じしゅえい）によって、ようやく鎮圧された。これによって、北魏の実権は皇帝や宦官、貴族ではなく、爾将軍が握るようになった。
 534年、内乱の結果、北魏は東西に分裂した。どちらも北方の異民族が実権を握った。東西の魏は相手を征服しようと、数回にわたり戦ったが、542年に休戦した。
 その後、それぞれの国の内部で政権交代があり、550年に東魏は、斉と国名が変わった。
 以前の斉と区別するため、北斉という。西魏も566年に、古代の周を理想とし、周と名乗るようになった。これを北周という。
 北斉は建国後、国内が混乱したが、北周は中央集権的国家の建設に成功した。576年、武帝（北周）の時代に北斉へ本格的に侵攻し、滅ぼし、とりあえず華北は北周によって再統一された。

■世界史・日本史年表 I

■ヨーロッパ・アメリカ	■アジア・中東・アフリカ	■日本
前1600頃 クレタ文明繁栄	前2371 アッカド王国	
前1500頃 ミケーネ文明繁栄	前1894 古バビロニア王国	
前800頃 ポリスの成立	前1600頃 殷がおこる	
前776 第一回オリンピック	前1230頃 出エジプト	
前753 ローマ建国伝説	前1050頃 殷が滅び、周がおこる	
前594 ソロンの改革	前922 ヘブライ王国分裂	
前508頃 クレイテネスの改革	前770 春秋時代（～前403）	
前500 ペルシャ戦争（～前449）	前722 イスラエル王国滅亡	
前490 マラトンの戦い	前671 アッシリアがオリエント統一	
前480 サラミスの海戦	前612 アッシリア滅亡	
前479頃 デロス同盟	前586 バビロン捕囚（～538）	
前431 ペロポネソス戦争（～前404）	前563頃 ガウタマ・シッダールタ誕生	
前371 ギリシャでテーベの覇権	前550 アケメネス朝ペルシャ建国	
前338 カイロネイアの戦い	前525 ペルシャ帝国がオリエント統一	
前264 ポエニ戦争（～前146）	前453 晋が韓・魏・趙に分裂する	
前146 ローマがカルタゴを滅ぼす	戦国時代（～221）	
前146 ギリシアがローマの属州に	前403	
前73 スパルタクスの乱（～前71）	前334 アレクサンドロス大王東征開始	
前60 第1回三頭政治	前330 アケメネス朝ペルシャ滅亡	
前46 カエサルによる独裁（～44）	前221 秦の始皇帝による中国統一	
前43 第2回三頭政治	前206 秦滅亡	
	前202 前漢建国	

前31		
前27		
30頃		
64		
96		
98		
117		
138		
161		
220頃	184	
235頃		
284	220	
293	226	
306	280	
313	304	
325	316	
330	317	
376	420	
380	439	
395	479	
415	502	
429	534	
443		
476		
476		

アクティウムの海戦
帝政ローマの時代へ
イエスが処刑される
ネロ帝がキリスト教徒を迫害
ネルヴァ帝即位（五賢帝時代）
トラヤヌス帝即位
ハドリアヌス帝即位
アントニヌス・ピウス帝即位
マルクス・アウレリウス・アントニヌス帝即位
ゲルマン人のローマ侵入
軍人皇帝時代
ディオクレティアヌス帝即位
ローマ帝国四分割統治
コンスタンティヌス帝（〜337）
ミラノ勅令
ニケーア公会議
コンスタンティノープルに遷都
西ゴート族がローマ帝国に侵入
キリスト教がローマ国教となる
ローマ帝国東西分裂
西ゴート王国建国
ヴァンダル王国建国
ブルグンド王国建国
西ローマ帝国滅亡

2
5
8
新建国
後漢建国

黄巾の乱
後漢滅亡。三国時代へ
ササン朝建国
晋による中国統一
五胡十六国時代（〜439）
晋滅亡
東晋建国
宋建国（南朝）
北魏による華北統一（北朝）
南斉建国
梁建国
北魏が東西に分裂

57
107
147
239
?
391
413
421
438
443
462
478
527

倭奴国王が後漢に遣使
倭国、後漢に遣使
倭国大乱（〜189）
卑弥呼が魏に遣使
ヤマト朝廷による国土統一
倭が高句麗と戦う
倭が東晋に遣使
倭王「讃」が宋に遣使
倭王「珍」が宋に遣使
倭王「済」が宋に遣使
倭王「興」が宋に遣使
倭王「武」が宋に遣使
磐井の乱

4
ヨーロッパとイスラム

フランク王国誕生が持つ意味

かつて西ローマ帝国だったいまの西ヨーロッパにあたる地域はどうなっただろうか。ゲルマン人が、それぞれの国家を築いたが、なかでも強大な国家に発展したのが、フランク王国だった。

フランク王国の建国は481年とされている。サリー一族メロヴィング家のクローヴィスが、ほかの部族を制圧し、自らの王国を建てた。

508年には、南ガリアにあった西ゴート王国を破り、さらにブルグント族の王国も併合し、版図を拡大していった。

フランク王国は、東ローマ帝国とは友好関係を保っていた。さらに、クローヴィスはキリスト教アタナシウス派に改宗し、ローマ教会とも密接な関係を築いた。

西ローマ帝国がなくなったため、守ってくれる者がなくなり、ローマ教会は困っていたのだ。

フランク王国はローマ教会から権威を与えられ、ローマ教会はフランク王国に軍事的・政治的な後ろ盾となってもらうという関係が成立した。

最盛期を迎えたビザンツ帝国

西ローマ帝国はゲルマン人によって滅ぼされたが、では、東ローマ帝国はどうなったのだろうか。

▶6世紀のビザンツ帝国の領土

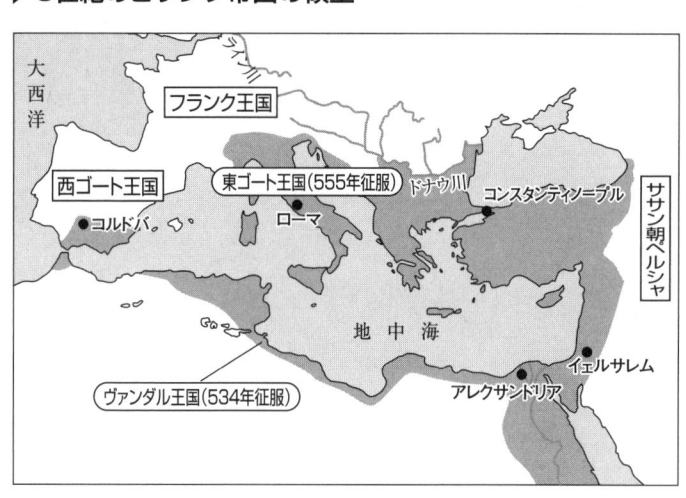

大西洋 / フランク王国 / 西ゴート王国 / コルドバ / 東ゴート王国(555年征服) / ローマ / ドナウ川 / コンスタンティノープル / サリン朝ペルシャ / 地中海 / ヴァンダル王国(534年征服) / アレクサンドリア / イェルサレム

東ローマ帝国の首都はコンスタンティノープルだが、ここはその前はビザンティウムといった。

そのことから、後世ビザンツ帝国と呼ばれるのが一般的になった。これは、古代ローマ帝国と区別するためのようだ。この時代には、ただの「ローマ帝国」と呼ばれていた。

東ローマというのも、後の世の人々が便宜的に呼んでいるに過ぎない。本書では、一般的な呼称であるビザンツ帝国としよう。

ビザンツ帝国は結果的に1453年にオスマン帝国に滅ぼされるまで、実に1000年も続く。

最盛期は6世紀。ユスティニアヌス帝の時代で、555年にイタリアを支配していた東ゴート王国を滅ぼすなど、一時はかつてのローマ帝国の領土のほとんどを奪還することが

101

ムハンマドの生涯とイスラム教

ササン朝ペルシャはローマ帝国を東から脅

できた。

だが、7世紀になると、イスラム勢力の侵攻により、エジプト、シリアを奪われてしまう。キリスト教からみれば、ビザンツ帝国はイスラムの脅威からの防波堤の役割を果たすようになった。

ビザンツ帝国は文化的にも歴史上、大きな位置を占めている。ビザンツ文化は、ギリシア・ローマの古代からの文化と、オリエント文化とが融合したものだとされている。これは後のイタリア・ルネサンスに影響を与えている。

かす存在として続いた。そして、その支配下にあったアラビア半島の貿易都市メッカに、ある人物が現れ、後の世界史に大きな影響を与えるのである。

570年頃、アラビア半島のメッカでムハンマド（マホメットともいう）が生まれた。名門部族出身というが、父は彼が生まれる前に、母も6歳のときに亡くなった。最初は祖父に、その死後は叔父のもとで育てられた。仏陀のように幼い頃の王家の生まれでもないし、イエスのように幼い頃のエピソードも何もない。

やがて商隊で働くようになり、その過程で富豪の女性と知り合い結婚する。ムハンマドは25歳、その女性は40歳くらいだったという。

610年、すでに40歳になっていた「普通の商人」ムハンマドは、ある日、突然に神の啓示を受ける。その少し前から、瞑想にふけ

り、山ごもりをするようになっていたのだが、その日、大天使ガブリエルの声を聞くのである。

こうして、ムハンマドは預言者となった。自分でも信じられなかったが、むしろ妻がそれを信じ、友人、親戚らが次々と信者となり、3年ほど過ぎてから、いよいよ本格的な布教活動を始めた。イスラム教の誕生である。

この時代のメッカは多神教信仰が盛んで、さまざまな神の神殿があった。また、商業都市として栄えていたために、貧富の差も拡大していた。

そこにムハンマドは、すべての人は平等であると説き、また偶像崇拝をいさめた。これにより、既存の宗教との軋轢（あつれき）が起きるようになった。

622年、ムハンマドは、メッカの保守層によって追放され、メッカから北西に400キロほどいったところにある現在のメディナに逃れた。これを「聖遷（ヒジュラ）」といい、この年をイスラム暦では元年とする（このイスラム暦での元旦は西暦の7月16日）。

メディナの地でムハンマドは布教をし、ここで教団は大きくなった。これに脅威を感じたメッカの保守層は、ムハンマド打倒の準備を始めた。

624年に始まった戦いは、勝ったり負けたりを繰り返したが、最後はムハンマドが勝った。

630年、ムハンマドはメッカに入城した。彼の軍勢は、多神教の神々の神殿をことごとく破壊した。これをきっかけにアラビア半島の人々は、次々とイスラム教に改宗し、宗教によってアラビア半島は統一された。

632年、ムハンマドは62歳の生涯を終えた。

イスラム帝国はいかに生まれたか

636年、アラブ軍はビザンツ帝国に侵攻しシリアを制圧した。640年にはエジプトを奪取するなど、西に向かって勢力を伸ばしていた。一方、東にも向かい、651年にはササン朝ペルシャを滅亡させた。

こうして、イスラム教徒が支配する勢力は拡大し、一種の帝国となってきたため、「イスラム帝国」と呼ぶことがある。だが、中国の秦以降の帝国やローマ帝国のように、自分たちでそう名乗った国名ではない。歴史学者や政治学者たちが、便宜（べんぎ）的にそう呼んでいるだけである。

ムハンマドの後継者は「カリフ」という称号で呼ばれる。

初代カリフは、ムハンマドの妻アーイシャの父（彼には妻が何人もいた）。二代目は妻ハフサの父、三代目は娘の夫、という具合に、ムハンマドに縁のある者から選ばれた。だが四代目をめぐって、内部分裂を起こしてしまう。

661年、第四代カリフ、ムハンマドのいとこで女婿にあたるアリーが暗殺された。代わって、カリフになったのがシリア総督だったウマイヤ家のムアーウィアだった。

この四代までを「正統カリフ時代」という。

ムアーウィアはカリフになると、以後、自分のウマイヤ家がカリフの地位を世襲することを決めた。以後はウマイヤ朝時代といい、

イスラムで最初の世襲王朝となった。

このときに、暗殺された第四代カリフを支持していたのが、「アリーの党派」で、これをシーア派という。彼らは、アリーの子孫にのみ、イスラムを指導する権能は与えられていると考えていた。

ウマイヤ家を支持する人々は、スンニ派となった。スンニとは「慣行」を意味し、宗教的なことは「預言者の慣行に従う」との考えを持つ。

イスラムの西への侵攻は進み、711年には西ゴート王国を征服、さらにフランク王国にも侵攻しようとした。イスラム教とキリスト教の大激突に向かう。

これまでに登場したすべての帝国と同様、大きくなったイスラム帝国は、やがて内部抗争、分裂の時代を迎える。

なぜイスラム社会は発展したのか

すべてのイスラム教徒は平等なはずだったのに、ウマイヤ朝のもとでは、アラブ人以外は税制などで不利な扱いを受けるようになった。当然、不満がたまっていく。

750年、ムハンマドの叔父の子孫、アブー・アルアッバースが、反ウマイヤ勢力をまとめあげ、新たにアッバース朝を起こした。そして、その翌年、ウマイヤ朝を滅ぼし、イスラム世界を支配した。

だが、ウマイヤ朝は完全に滅んだわけではなかった。イベリア半島に逃れ、756年にコルドバを首都に、新たな王国を建てた。これが1031年まで存続する後ウマイヤ朝で

一方、アッバース朝は７６２年に二代目カリフのマンスールの時代に、首都をそれまでのダマスクスから、イラクのバクダードに遷し、イラン人（ペルシャ人）を官僚に積極的に登用した。
　非アラブ人への差別はなくなり、多くの異民族を吸収し、ある意味で、真のイスラム帝国が完成したといえる。
　当時のヨーロッパにできた諸国は、農業国家で、地方分散型だったが、イスラム社会は商業が中心であったことから、貨幣の統一、交通網の整備がなされ、中央集権型の商業中心の国家となった。
　多民族が貿易を通して交流し、文化的にもまざりあい、高度な文化へと発展した。この時代、最も先進的だったのが、イスラム帝国である。

　そのイスラムの首都バクダードは、中国の長安に匹敵する都として栄えた。第五代カリフ、ハールーン・アッラシードの時代が最盛期といわれている。
　巨大帝国となっていたので、イラン、シリア、エジプトには総督が置かれ、ある程度の分権がなされていたことから、当然のように、中央の力は弱まり、内部分裂の火種となっていくのである。

運命を決めた フランク王国の分裂

　６世紀後半に、フランク王国は、三つの分国に固定された。
　そのなかのアウストラシア王家では家臣

▶8〜11世紀のイスラム帝国の変遷

8世紀
- フランク王国
- コンスタンティノープル
- ビザンツ帝国
- トレド
- ローマ
- 黒海
- アラル海
- カスピ海
- バグダード
- ダマスクス
- イェルサレム
- アレクサンドリア
- ウマイヤ朝
- メディナ
- メッカ
- 地中海
- ナイル川
- インダス川
- アラビア海

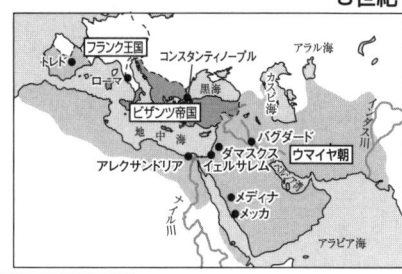

9世紀
- 後ウマイヤ朝
- フランク王国
- コンスタンティノープル
- アラル海
- コルドバ
- ローマ
- ビザンツ帝国
- 黒海
- カスピ海
- バグダード
- ターヒル朝
- サッファール朝
- サーマーン朝
- イドリース朝
- 地中海
- ダマスクス
- イェルサレム
- アッバース朝
- アレクサンドリア
- メディナ
- メッカ
- ナイル川
- アラビア海

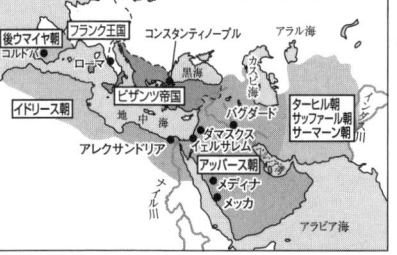

10世紀
- フランス王国
- 神聖ローマ帝国
- コンスタンティノープル
- アラル海
- カラ=ハン朝
- コルドバ
- 後ウマイヤ朝
- ローマ
- ビザンツ帝国
- 黒海
- カスピ海
- バグダード
- サーマーン朝
- ファーティマ朝
- ダマスクス
- カイロ
- イェルサレム
- アッバース朝
- ブワイフ朝
- 地中海
- メディナ
- メッカ
- ナイル川
- アラビア海

11世紀
- 神聖ローマ帝国
- コンスタンティノープル
- アラル海
- カラ=ハン朝
- コルドバ
- ムラービト朝
- ローマ
- ビザンツ帝国
- 黒海
- カスピ海
- バグダード
- セルジューク朝
- ガズナ朝
- ファーティマ朝
- カイロ
- イェルサレム
- 地中海
- メディナ
- メッカ
- ナイル川
- インダス川
- アラビア海

（宮宰という）だったカロリング家が実権を握るようになっていく。

732年、イスラム軍がピレネー山脈を越えて、フランク王国に侵攻してきた。カロリング家のカール・マルテルが迎え撃ち、勝利した。

単にフランク王国だけでなく、キリスト教社会を救ったことになり、これによって、カールはローマ教会からの支持を得た。

751年、カールの子小ピピンは、主家にあたるメロヴィング王朝を廃し、カロリング王朝を起こした。自らが王となったのである。ローマ教会もこれを認めた。それに応えるかのように、ピピンはローマ教皇に北イタリアを支配していたランゴバルド王国から奪い取ったラヴェンナを寄進、教皇領とした。

800年、すでに代替わりし、ピピンの子カール大帝が王位についていた。ローマ教皇レオ三世は、ローマの聖ペテロ聖堂で礼拝中のカール大帝を西ローマ皇帝として戴冠した。

このことから、彼は「大帝」と呼ばれる。

こうして、フランク王国は西ローマ帝国の継承者となり、現在のヨーロッパ世界の基礎となった。

この世界では、教皇がもつ聖権と、皇帝のもつ俗権との二つの中心が存在するようになった。両者は密接な関係を持ち、互いに協力したり、牽制したり、反目したりと、微妙な関係を数百年にわたり続けるのである。

814年のカール大帝の死後、フランク王国はまたも相続争いを始めた。落ち着いたのは、カール大帝の孫の代になってからで、843年に結ばれたヴェルダン条約と、870年のメルセン条約によって、西・中部・東に

▶ヴェルダン条約後に分裂したフランク王国

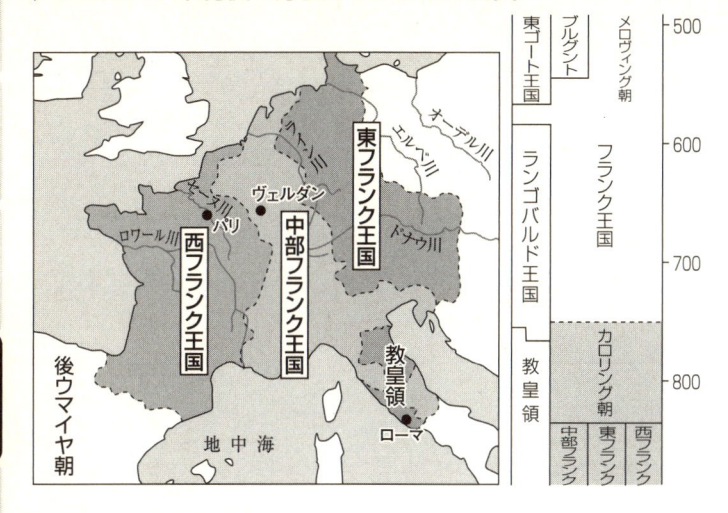

地図中のラベル：
- オーデル川
- エルベ川
- ライン川
- ドナウ川
- ロワール川
- パリ
- ヴェルダン
- 東フランク王国
- 中部フランク王国
- 西フランク王国
- 教皇領
- ローマ
- 地中海
- 後ウマイヤ朝

年表（500〜800）：
- メロヴィング朝 / フランク王国 / カロリング朝
- 東ゴート王国
- ブルグント
- ランゴバルド王国
- 教皇領
- 中部フランク / 東フランク / 西フランク

▶フランク国王の系図

(メロヴィング朝)　(カロリング朝)

- クローヴィス1世　　ピピン1世　―――　カール大帝
- 　　　　　　　　　ピピン2世　　　　ルートヴィヒ1世
- 　　　　　　　　　カール・マルテル
- キルデリク3世　　ピピン3世　　　　ルートヴィヒ2世（東フランク）
- 　　　廃位　　　　　　　　　　　　ロタール1世（中部フランク）
- 　　　　　　　　　　　　　　　　　シャルル2世（西フランク）

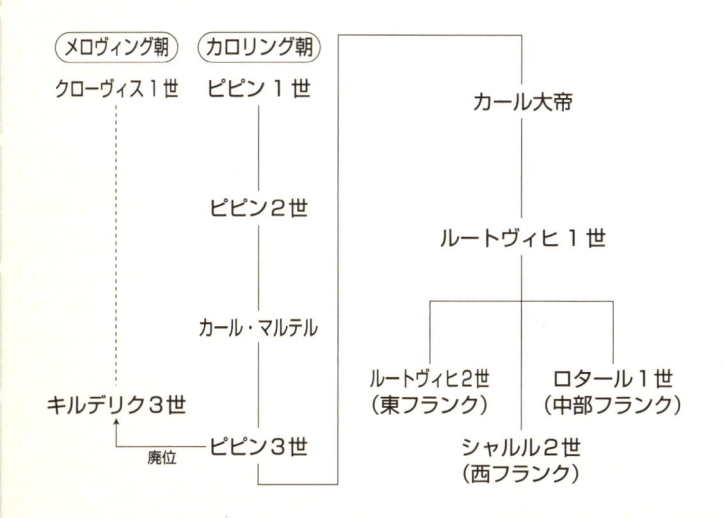

分割された。

西フランク王国が、後のフランスとなる。中部フランク王国は後のイタリアで、東フランク王国が現在のドイツにあたる地域である。

西フランク王国は、10世紀にカペー朝の時代に、「フランス」王国となる。中部フランクは、東西のフランクに併合される。

東フランク王国では「王位」は諸侯の選挙で選ばれるようになり、やがてはハプスブルク家が世襲するようになる。962年に、オットー1世がイタリア遠征をし、ローマ教皇から、皇帝の冠を授かった。西ローマ帝国が滅んで以来の皇帝の復活である。

やがて、かつての東フランク王国、いまのドイツ、オーストリア、オランダの一部にあたる地域は、神聖ローマ帝国と呼ばれるようになる。

スラヴ民族がつくったロシアの王国

大移動したのはゲルマン民族だけではなかった。東ヨーロッパに暮らしていたスラヴ民族は、1世紀にはドニエプル川上流に達し、黒海沿岸にまで勢力を広げていた。

だが、6世紀になると、東からアジア系の遊牧民が侵攻してきたため、ゲルマン民族のように大移動し、東ヨーロッパやバルカン半島にその勢力圏は広がった。

スラヴ民族は、さらに大きく三つに分かれる。いまのロシア人にあたる東スラヴ族、ポーランド人にあたる西スラヴ族、セルビアやクロアチア人にあたる南スラヴ族である。

862年に、スウェーデン・バイキングの

▶スラヴ民族がつくった国家

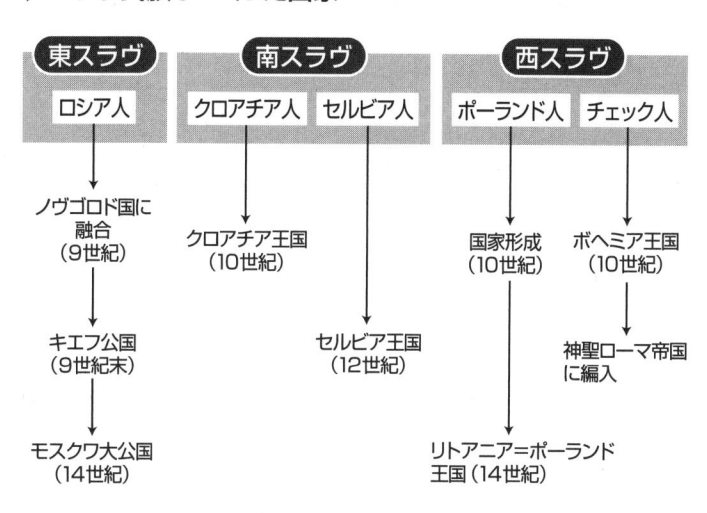

東スラヴ
- ロシア人
  - ノヴゴロド国に融合（9世紀）
  - ↓
  - キエフ公国（9世紀末）
  - ↓
  - モスクワ大公国（14世紀）

南スラヴ
- クロアチア人
  - クロアチア王国（10世紀）
- セルビア人
  - セルビア王国（12世紀）

西スラヴ
- ポーランド人
  - 国家形成（10世紀）
  - ↓
  - リトアニア＝ポーランド王国（14世紀）
- チェック人
  - ボヘミア王国（10世紀）
  - ↓
  - 神聖ローマ帝国に編入

首長、リューリクによって、現在のサンクトペテルブルクの近くに、ノヴゴロド王国が建てられた。これがロシア最古の国家とされている。

882年、そのリューリクの一族のオレーグが、ドニエプル川流域のキエフを占領し、キエフ公国を建てた。その後、周辺のスラヴ系民族を次々と征服していき、キエフ公国は大きくなっていった。さらに、南下を始め、ビザンツ帝国にまで侵攻し、何度か戦ったものの、これは撃退されてしまう。

しかし、ビザンツ帝国との戦いを通じて、さまざまな往来があり、キリスト教文化が伝わった。10世紀末には、ウラディミール1世により、ギリシア正教が国教になった。

10世紀には、他のスラブ系民族も、ポーランド王国、ボヘミア王国、セルビア王国、ク

ロアチア王国などを建国していった。

イスラム帝国の分裂と「その後」

イスラム帝国は、9世紀に入ると、独立の時代を迎える。

まず、821年に、東部イランでターヒルによるターヒル王朝が樹立された。しかし、これは873年までしか続かず、サッファール朝にとって代わられる。それを倒すのが、サーマーン朝で、875年に樹立され、東部イランを999年まで支配した。

エジプトでは、トゥールーン朝が868年から905年まであったが、シーア派のファーティマ朝がチュニジアから攻め入り、カイロを首都にした。このファーティマ朝は90

9年から1171年まで続く。969年、エジプトにあったファーティマ朝はカイロを首都とし、自らがカリフであると宣言した。イベリア半島には後ウマイヤ朝があり、その指導者も自らをカリフと称していたので、アッバース朝のカリフを含めて、3人のカリフが存在していたことになる。

イラン系シーア派の軍事政権が建てたのがブワイフ朝で、946年にバグダードに侵攻し、制圧した。アッバース朝カリフが支配するのは、イラクの一州のみとなった。

1038年、トルコにはセルジューク朝が建てられ、1055年にはバグダードに侵攻し、ブワイフ朝を倒した。この功績から、アッバース朝のカリフから、スルタン（支配者）の称号を与えられた。こうして、イスラム圏の実権はトルコ人が握るようになる。アッバ

ース朝は名目だけのもの、権力に正統性を与える象徴的存在になった。

セルジューク朝は、領土拡大路線をとり、ビザンツ帝国に侵攻し、小アジアを奪い取り、さらに聖地エルサレムを占領した。これが後の十字軍派遣の原因となる。

12世紀に入ると、セルジューク朝も分裂の時代を迎える。1194年をもって、その歴史を終えるのである。

イングランド統一とノルマンディ公国建国

ヨーロッパの北でも、動きがあった。いまの北欧三国、デンマーク、スウェーデン、ノルウェーに、ゲルマン民族のなかのノルマン人が住むようになるのは、9世紀から11世紀にかけてである。

このノルマン人の別名が、バイキング、つまり海賊である。彼らは航海術に秀でており、略奪によって、富を得ていった。コロンブスがアメリカ大陸に到達するよりも500年前の1000年前後にはバイキングがアメリカに到達していたという説もある。

8世紀にはデンマーク王国が建国され、現在のロシアで862年にはノヴゴロド国ができ、882年にはキエフ公国になる。さらに、900年頃にはノルウェー王国が、955年にはスウェーデン王国もできている。

911年、西フランク王国に攻め入ったノルマン人は、制圧した北フランスを領有することを認められ、ノルマンディ公国を建国した。

一方、現在のイギリス、つまりイングラン

ド島が歴史に登場するのは、449年、ゲルマンのアングロ部族・サクソン部族が侵攻する頃からである。先住民についてはよく分かっていない。アングロ・サクソン族はこの地に定着し、829年には、七つの小さな王国ができていた。

そこに、ノルマン人の一派、デーン人が来襲した。七王国はバラバラに戦ったのでは勝てないと、結束することになった。だが、デーン人は強く、ついに征服されてしまい、1016年、イングランドにはデーン王朝が建てられる。

さらに、1066年、フランスにできたノルマンディ公国のウィリアム1世は、イングランド島を攻め、征服した。

こうして、イングランドには、新たにフランスのノルマン朝が建国された。

イギリスとフランスとは、複雑な関係になっていくのである。

ローマ教会が東西に分かれるまで

ローマ帝国と同様、教会も東西に分裂し、やがて対立する。

対立の原因は、726年に東のビザンツ皇帝が聖像崇拝禁止令を出したことにあった。ローマ教会はゲルマン人に布教するにあたり、キリストや聖母マリアの像を用いていたのだが、これをビザンツ皇帝レオン3世が禁止したのである。

その背景には偶像崇拝を禁止するイスラム教の影響があった。

だが、ローマ教会はこれを拒絶。この事件

▶キリスト教の東西分裂までの経緯

30年頃	イエスが処刑される
64年頃	ネロ帝によるキリスト教徒迫害
303年	ディオクレティアヌス帝の大迫害
313年	ミラノ勅令によりキリスト教公認
325年	ニケーア公会議 キリストと神と聖霊を同質とするアタナシウス派が正統教義になる
392年	キリスト教が国教となる
395年	ローマ帝国の分裂
476年	西ローマ帝国の滅亡
726年	ビザンツ帝国レオン3世による聖像禁止令
800年	カールの戴冠
1054年	ローマ・カトリック教会とギリシア正教会に分裂

をきっかけに、ローマ教会は東西に分裂していく。

1054年に、コンスタンティノープルを総本山としていたビザンツ帝国の教会はギリシア正教会となった。

東方教会ともいうが、ビザンツ帝国皇帝の下に大司教が従属する体制が出来上がった。後にスラブ諸民族、ロシア人が信仰するようになっていく。

ビザンツ帝国では、帝国の皇帝と正教会のトップの教皇とは同じであり、これを皇帝教皇主義という。

一方、西のローマ・カトリック教会は、あくまで信仰上の最高権威であり、国王たちが「世俗権力」を持つという存在だった。権威と権力とが分離していたのである。その世俗権力のなかで最大の力をもつようになったの

が、神聖ローマ帝国(いまのドイツ)だった。
 ローマ・カトリック教会は、教皇(「法王」ともいう)をトップに、大司教、司教、司祭というピラミッド型の組織を築いていった。
 その教会と世俗権力が結びつくようになったのは、さかのぼれば、756年にフランク王国のピピンが教皇に土地を寄進してからだった。これを見て、他の王や諸侯たちも、教会に土地を寄進するようになり、各地に教皇領が生まれた。
 聖職者たちは地主にもなったわけで、当然、俗化する。そこに腐敗と堕落が生まれるのは時間の問題だった。聖職の座が売買されるようになっていった。
 こうした教会の堕落を糾弾する勢力が生まれた。修道院である。
 修道院とは、「祈れ、働け」の精神に基づ

いて集団生活を行なうための組織である。529年にベネディクトゥスが設立したのが最初だった。
 910年、フランスにクリュニュー修道院が設立された。ここを中心に、堕落した教会に対する粛清運動が起きた。聖職売買は禁止、聖職者には厳格な戒律が求められ、教会の世俗権力からの独立を訴えた。この運動は支持され、やがて、1073年にはクリュニュー修道院出身のグレゴリウス7世がローマ教皇になった。

カノッサの屈辱とは何か

ローマ教皇グレゴリウス7世は、世俗権力のトップに立つ神聖ローマ帝国のハインリヒ

4世と対立した。皇帝に、司教や修道院長の任命権があるのはおかしい、それらは教皇が持つべき権利であると主張し、皇帝ハインリヒ4世を破門にしてしまった。

これに、帝国内の反皇帝派が便乗し、ローマ教会から破門された者を皇帝のくわけにはいかない、1年以内に破門が解けなければ、皇帝を廃位すると決議した。

ハインリヒ4世は何とかして破門を解いてもらわなければならなくなった。1077年、追い詰められたハインリヒ4世は、教皇グレゴリウス7世がいる北部イタリアのカノッサ城に向かった。

季節は冬で雪が降っていた。皇帝が3日にわたり裸足になって謝罪すると、ようやく破門が解かれた。

これが、「カノッサの屈辱」と呼ばれる事件である。ローマ教皇が神聖ローマ帝国皇帝よりも権威を持っていることを見せつけた。

しかし、ハインリヒ4世も、このまま引き下がりはしなかった。屈辱を晴らすために、大軍を率いて、ローマに向かい、宿敵であるグレゴリウス7世を退位に追い込んだ。

聖職者の叙任権をめぐる、皇帝と教皇との対立はその後も続いた。教皇を支持するために、各地の教会は結束し、結果的にはローマ・カトリック教会の組織力を強くすることになった。

ヨーロッパとイスラム、対立の原点——十字軍

中世のヨーロッパ社会は農業生産力も高ま

り、人口も増え、それなりに安定した社会になっていった。生活にゆとりのできた人々は、神へ感謝しなければという思いもあり、信仰熱心になっていく。

そんな人々のあいだでは、ローマやイェルサレムに巡礼に行くのが、一種のブームになっていった。

その聖地、イェス・キリストが誕生した地であるイェルサレムが、イスラム教徒によって奪われてしまったのは、一〇七一年のことだった。

ローマ・カトリック教会が粛清運動で揺れているころである。

イェルサレムを占領したのは、セルジューク朝トルコだった。彼らは、キリスト教の巡礼団を妨害・迫害した。

ビザンツ帝国皇帝は、北イタリアで開かれていた公会議に使者を派遣し、イスラム教徒によって巡礼が妨害され、キリスト教徒は悲惨な目にあっていると報告した。これは嘘ではないが、かなり誇張した内容だった。

しかし、これを受けて、一〇九五年一一月、南フランスで開かれたクレルモン公会議で、教皇ウルバヌス二世は、聖地イェルサレム奪還を決議した。この戦いに参加すれば、俗世での罪は許されるとして、すべてのキリスト教徒に戦いへの参加を呼びかけたのである。

この呼びかけは当初の予想をこえて、多くの人々の支持を受け、六万人もの兵が集まった。一〇九六年八月、南フランスに結集した兵は出発した。

胸にキリスト教のシンボルである十字を刺繡していたことから、この軍は、十字軍とよばれるのである。

▶十字軍の遠征ルート

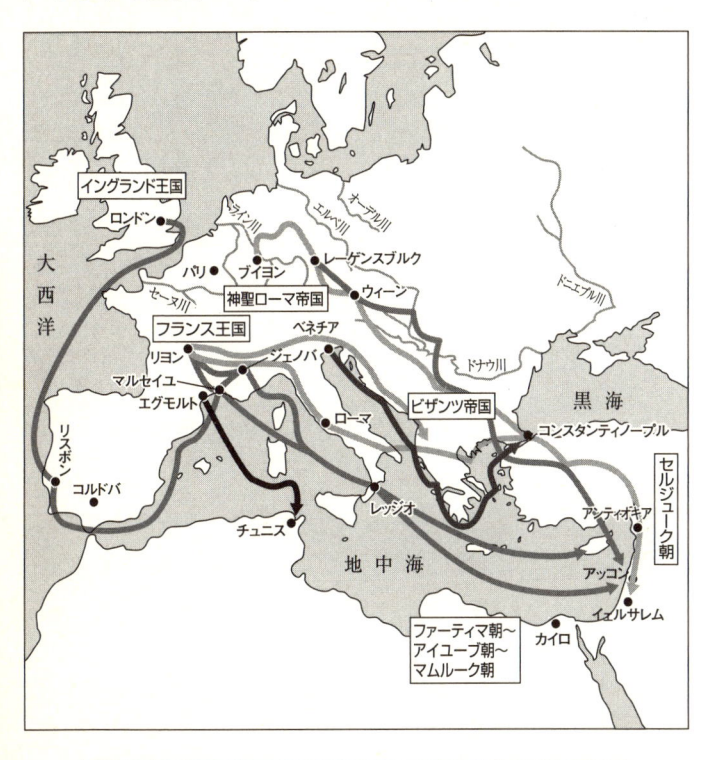

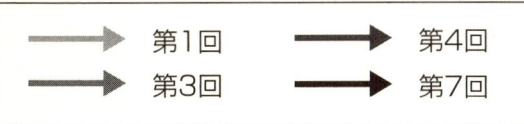

イングランド王国
ロンドン
ライン川
オーデル川
エルベ川
パリ
ブイヨン
レーゲンスブルク
神聖ローマ帝国
ウィーン
ドニエプル川
セーヌ川
フランス王国
ベネチア
ドナウ川
リヨン
ジェノバ
マルセイユ
エグモルト
ビザンツ帝国
黒海
大西洋
ローマ
コンスタンティノープル
リスボン
セルジューク朝
コルドバ
レッジオ
アンティオキア
チュニス
地中海
アッコン
イェルサレム
ファーティマ朝〜
アイユーブ朝〜
マムルーク朝
カイロ

→	第1回	→	第4回
→	第3回	→	第7回

第1回十字軍は、フランスの諸侯が中心だった。ドイツの諸侯は、カノッサの屈辱のわだかまりがあったので、あまり参加しなかったのだ。1098年に十字軍はイェルサレムに到着した。

イスラム教徒たちは、聖地巡礼団が来たのだと思い、道案内をしたり、食料までくれるなど、歓迎してくれた。

ビザンツ帝国皇帝の報告とは異なり、実際のイェルサレムでは、イスラム教徒、ユダヤ教徒、キリスト教徒が仲良く共存していたのである。

しかし、十字軍は、聖地に着くと、武力を行使し、イスラム教徒、ユダヤ教徒を虐殺しまくった。

1099年、第1回十字軍により、ここに聖地はイェルサレム王国が建国され、

キリスト教のものになったのである。

逆襲に転じた イスラム

十字軍は勝利したが、イスラム勢力はそのまま黙ってはいなかった。イェルサレムで大虐殺されたことにより、イスラム教徒にとっても、イェルサレムは重要な土地となったのである。

1178年、エジプトのスルタンであるサラディンは、イェルサレムに進軍し、十字軍が建てたイェルサレム王国を滅ぼした。

十字軍は、1096年の第1回から、数え方にもよるが、一般には、1270年の第七回まで遠征に出た。だが、当初の目的だったイェルサレム奪還は結果的には果たせず、失

敗に終わった。

そのなかでも、1212年の少年十字軍は最も悲惨な結果となった。すでに十字軍運動は行き詰っていたのだが、それは汚れた心の大人が行くからで、純真な少年たちが行けば成功するだろうとの考えで、少年たちによる十字軍が編成された。だが、イェルサレムに着く前に悪徳商人によって奴隷としてアフリカに売られてしまったのだ。

では、十字軍は歴史上、何も生まなかったのか。戦争という形ではあったが、ヨーロッパとイスラム圏が出会ったことは、東西文化の交流になった。西欧社会は、ビザンツ帝国とそのさらに東のイスラム都市文明の先進性を知り、よいところは取り入れようとした。商人の行き来が盛んになり、商品とともに、技術や文化も交換され

たのである。

商人は、交易の拠点としての都市を建設した。イスラム圏で見た、城壁のある町づくりから学び、農村地域とは区別する都市空間が作られた。

城壁のなかに数千人の商人と職人が暮らすようになり、彼らはやがて領主から自治権を獲得する。こうして、とくにイタリアで都市国家がいくつもできるようになった。これが、後のルネサンスを生む背景となる。

北のドイツでは、百近くの都市が連帯するようになり、ハンザ同盟が作られた。

議会制民主主義の第一歩
――マグナ・カルタ

こんにち、民主主義の元祖的存在として、

日本の政治・行政のお手本とされることの多いイギリスだが、その始まりは、1215年のマグナ・カルタ（大憲章）の制定にある。

イングランドに、南フランスの領主だったノルマンディ公ウィリアムが攻め入ったのは、1066年のことで、アングロ・サクソン連合軍を倒し、ノルマン朝を建国した。

これによって、イングランドとフランスは複雑な関係になった。ノルマンディ公はフランス王に臣従していた。その人物が、イングランド王になったので、イングランドの側から見ると、フランスのなかのノルマンディ公の領地が、イングランドのものになったことを意味していた。

1154年、事態はさらに複雑になった。フランスのアンジュー伯がイングランドに渡るのである。新たな王朝、プランタジネット朝を開くのである。アンジュー伯は王になりヘンリー2世と呼ばれるようになった。

ヘンリー2世は、フランスの西半分を支配する、フランス最大の貴族だったので、フランスにおけるイングランドの領土は拡大した。

当然、フランス王としてはおもしろくない。

1199年にプランタジネット朝三代目の王にジョンが就くと、フランスのカペー王朝のフィリップ2世は英領奪還に挑んだ。英仏は1203年には全面戦争に突入し、1214年まで戦った、多くの戦いはすべてフランスが勝った。

ジョン王は、英国史上、最悪の君主といわれており、さらに失政を続けた。課税をめぐり、イングランドの諸侯たちの反発を招いたのである。

貴族たちは、王権を制限しなければ、とんでもないことになると考え、一致団結し、ジョン王に迫り、大憲章（マグナ・カルタ）を認めさせた。これにより、新たに課税するときは、貴族の議会の承認を得なければならないことが定められた。王権はかなり制限されたといっていい。

こうして議会制民主主義への道を歩み始めたイングランドだが、そうすんなりとはいかない。

ジョン王の次のヘンリー3世がマグナ・カルタを無視したので、1258年、貴族のシモン・ド・モンフォールが叛乱を起こした。国王軍はこれを制圧できず、1265年、議会の設置を認めざるをえなくなった。聖職者と貴族だけでなく、各州から二名の騎士と、各自治都市からも二名ずつの代表者を加えて構成される議会が生まれた。これを、モンフ

▶イングランド王の系図

```
ノルマン朝
①ウィリアム1世
├─ ロベール2世
├─ ②ウィリアム2世
├─ ③ヘンリー1世 ─── マティルダ ═══ アンジュー伯
│                        │
│                   プランタジネット朝
│                   ①ヘンリー2世
│                        ├─ ②リチャード1世
│                        └─ ③ジョン王
│                              └─ ④ヘンリー3世
│                                    └─ ⑤エドワード1世
│                                          ├─ ⑥エドワード2世 ═══ イザベル（仏カペー家）
│                                          │        └─ ⑦エドワード3世
└─ アデラ ─── スティーブン
```

123

オール議会という。1295年には、さらに、議会のメンバーが拡大した。

1343年、議会は聖職者と貴族からなる上院と、州の騎士と都市代表からなる下院とに分かれることになり、いまも続く二院制の原型ができた。

教会の権威失墜がもたらした大きな波紋

十字軍の失敗によって、ローマ・カトリック教会の権威は失墜した。

それ以前から、腐敗と堕落を指摘されていたローマ・カトリック教会に疑問を感じる人々のなかで、清貧と戒律を重んじる教団を独自に起こす動きが出てきた。ワルド派、カタリ派などがそれで、13世紀に入り、ますますこうした教団が大きくなってくると、ローマ教会は厳しい弾圧に乗り出した。彼らを「異端」と決め付け、異端審問を始めたのである。

14世紀には、異端審問はさらに激しくなり、中世が暗黒時代と呼ばれるときの、代表的な出来事である「魔女狩り」に発展する。

教会の権威は異端派の出現によって足元から揺らいでいたが、さらに上のほうでは、教会の権威が失墜するのにあわせて、各地の王権が強くなっていった。

それを象徴するのが、1309年のアヴィニョン捕囚である。

教皇クレメンス5世とフランス王フィリップ4世は、聖職者への課税をめぐって対立した。

その結果、フィリップ4世が勝ち、教皇と

▶封建社会の変化

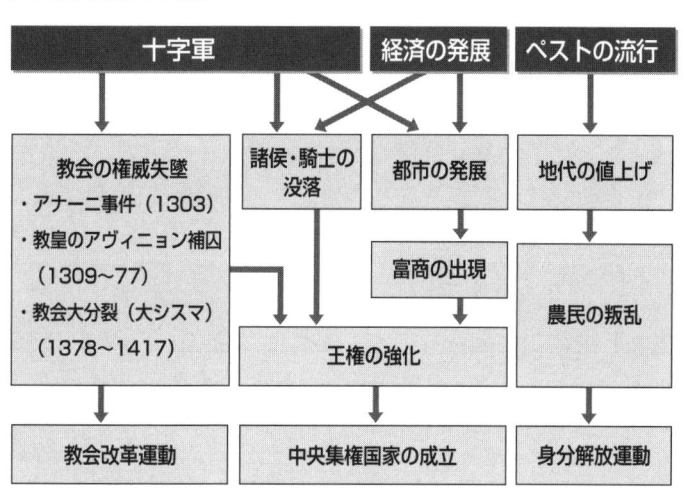

```
┌─────────────────┐ ┌─────────────┐ ┌─────────────┐
│     十字軍      │ │  経済の発展 │ │ペストの流行 │
└─────────────────┘ └─────────────┘ └─────────────┘
        │                 │               │
        ▼                 ▼               ▼
┌──────────────────┐ ┌──────────┐ ┌──────────┐ ┌──────────┐
│ 教会の権威失墜   │ │諸侯・騎士│ │都市の発展│ │地代の値上げ│
│・アナーニ事件(1303)│ │の没落    │ └──────────┘ └──────────┘
│・教皇のアヴィニョン補囚│ └──────────┘     │               │
│  (1309〜77)      │                   ▼               ▼
│・教会大分裂(大シスマ)│              ┌──────────┐ ┌──────────┐
│  (1378〜1417)    │                  │ 富商の出現│ │農民の叛乱│
└──────────────────┘                  └──────────┘ └──────────┘
        │                     │
        ▼                     ▼
                     ┌──────────────┐
                     │   王権の強化 │
                     └──────────────┘
        │                     │                       │
        ▼                     ▼                       ▼
┌──────────────┐ ┌────────────────────┐ ┌──────────────┐
│ 教会改革運動 │ │ 中央集権国家の成立 │ │ 身分解放運動 │
└──────────────┘ └────────────────────┘ └──────────────┘
```

教皇庁は南フランスのアヴィニョンに強制的に移転させられ、以後、フランス王の監視下に置かれることになったのである。

これを、紀元前6世紀にユダヤ人がバビロンに捕囚されたのになぞらえて、「教皇のバビロン捕囚」ともいう。

その前の1303年には、教皇ボニファティウス8世が、フィリップ4世に捕らえられ、憤死したという事件もあった。

教皇庁のアヴィニョン移転は、1377年まで続いた。

フィリップ4世は、ローマ教皇と争った際に、国民の支持を得ようとして、聖職者、貴族、平民の三つの階級の代表者からなる議会、三部会を招集した。

これが後のフランス革命への伏線となるのである。

ペスト大流行と教会大分裂

ローマ教皇がアヴィニョンに捕囚されているあいだの1348年頃から、ヨーロッパはペストに襲われ、4年から5年のあいだに、3分の1以上の人口が失われたという。

ペストがおさまると、領主たちは損害を補うために、農民の地代を値上げした。これに対して各地で農民叛乱が起きた。それは、身分解放運動へと発展していく。

この時代のヒーローとして知られるロビン・フッドの物語はフィクションではあるが、民衆の身分解放への願望がひとりの英雄に託された物語である。

1378年、グレゴリウス11世のときに、教皇はようやくローマに戻ったものの、神聖ローマ帝国皇帝やイングランド王によって、別の教皇がアヴィニョンに立てられた。

これを「教会大分裂（大シスマ）」という。1409年には第三の教皇まで生まれる混乱状態となった。

1417年、神聖ローマ帝国皇帝のハンガリー王ジギスムントが、コンスタンツ公会議で、教皇庁をローマに一本化した。カトリック教会は分裂状態を終えることができたが、皇帝のほうが力を持っていることを、まざまざと思い知らされることになった。

長期間繰り広げられた英仏の激闘
——百年戦争

フランスを支配していたのはカペー朝だっ

▶百年戦争の展開

1328年

1328年、フランスにおけるイングランド領は、ギュイエンヌ公国のみとなっていた。イングランド王エドワード3世はフランス王位継承権を主張し、1339年百年戦争が始まる。1346年、イングランド軍はノルマンディーに上陸。クレシーの戦いで勝利をおさめ、港町カレーも陥落させる。1356年ポワティエの戦い、1415年のアザンクールの戦いでもイングランドが勝利し、ノルマンディー地方を支配下に置いた。

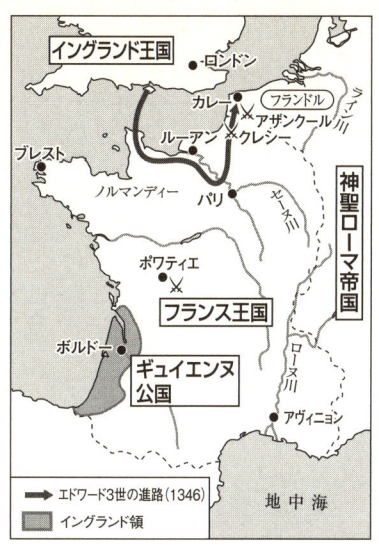

1429年

1429年、神託を受けたジャンヌ・ダルクは、前王の息子シャルルとシノンで対面し戦いに加わる。フランス軍はイングランド軍に包囲されていたオルレアンを解放する。さらに北へと進軍してランスに至り、シャルル7世は戴冠式を行った。ジャンヌの軍はパリ解放を目指したが果たせず、コンピエーニュの戦いでジャンヌは捕虜となり、火刑に処せられた。

たが、イングランド王であるプランタジネット朝がフランス西部を領有していた。フランスとしては、何とかしてこれを奪い取りたい。そうした敵対関係にある一方で、この二つの王朝は長い年月のあいだに、多くの姻戚関係を結んでいたので、かなり複雑な家系図になっている。

1328年、シャルル4世が亡くなると、カペー朝は後継者がいないため断絶し、かわって、その傍系だったヴァロア朝が建てられ、フィリップ6世が即位した。

ところが、イングランド王エドワード3世が、これに異議を申し立てた。エドワード3世の母親はカペー家出身だったので、自分にフランス王の資格があるというわけである。

その以前から、羊毛産業の中心となっていたフランスのフランドル地方の領有をめぐって両家は争っていたので、この王位継承問題を口実に、1339年、イングランドはフランスに攻め入った。

これが、以後1453年まで続く、百年戦争の始まりだった。常にイングランドがフランスに攻め入ったので、戦場になったのはフランスだけだった。1346年、1356年、1415年、1429年の戦いが有名で、1415年まではすべてイングランドが勝った。フランスの貴族たちが、イングランド国王を支持する派と、フランス国王派とに二分されたのも、イングランド優位に進んだ理由だった。

「戦争」とはいうものの、この時代の戦争は、いまのように、国家をあげて、国民総動員で戦われるわけではない。イギリスという国家と、フランスという国家の争いではないのだ。

128

▶イングランド王とフランス王の系図（百年戦争の頃）

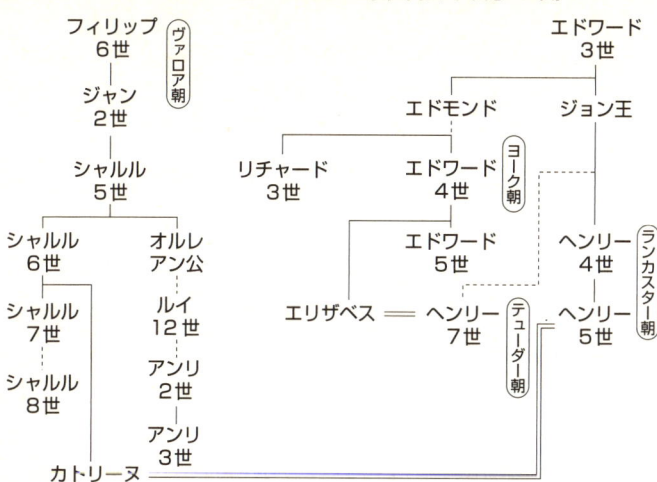

```
フィリップ6世（ヴァロア朝）
 │
ジャン2世
 │
シャルル5世
 ├─ シャルル6世
 │   │
 │   シャルル7世
 │   │
 │   シャルル8世
 │
 └─ オルレアン公
     │
     ルイ12世
     │
     アンリ2世
     │
     アンリ3世
     │
     カトリーヌ ═══════════════

エドワード3世
 ├─ エドモンド
 │   ├─ リチャード3世
 │   └─ エドワード4世（ヨーク朝）
 │       ├─ エドワード5世
 │       └─ エリザベス ═ ヘンリー7世（テューダー朝）
 └─ ジョン王
     └─ ヘンリー4世（ランカスター朝）
         └─ ヘンリー5世
```

　近代的な意味での「国家」という概念が生まれる前の出来事であり、貴族同士のケンカのようなものである。

　イングランドとフランスの王朝は、前述のように姻戚関係にあったので、一族内の争いといってもいいぐらいだ。

　とはいえ、戦争は戦争である。多くの戦死者が出たし、土地は荒らされた。終始、戦場になったのがフランスだったので、被害はフランスのほうが多い。

　いよいよ、イングランドが決定的な勝利を収めるかと思われたのが、1429年のことである。

　だが、ひとりの少女が登場し、フランスを勝利に導くのである。ジャンヌ・ダルクだった。

ジャンヌ・ダルクの登場が祖国の危機を救う

1412年、フランスのロレーヌ地方の農家にひとりの女の子が生まれた。それが、後に「オルレアンの少女」と呼ばれる、ジャンヌ・ダルクである。

1415年のアジャンクールの戦いでは、多くの犠牲を出したが、イングランドが勝ち、1420年に優位なかたちで条約を結ぶことができた。その結果、イングランド王ヘンリー5世が、フランス王シャルル6世の娘と結婚し、そのあいだに生まれた子が、シャルル6世の後を継いで、フランス王になることになった。つまり、その子は、フランスとイングランドの二つの王国を支配することになる。

1422年、フランスのシャルル6世が亡くなると、条約に従い、イングランド王ヘンリー6世が、フランス王になった。だが、ヘンリー6世はまだ生後9か月の幼児で、フランスに来て、正式な戴冠式に臨むことができなかった。そのため、フランスは王位空白の状態に陥った。

一方、亡くなったシャルル6世には息子のシャルルがいた。皇太子でありながら、条約があるため、父の死後、王位に就けないまま、オルレアンにいた。しかし、その地もイングランド軍に包囲され、敗北は間近と思われていた。

そんな背景のもと、1425年、ジャンヌは大天使ミカエルの「声」を聞く。「フランスを救え」と神託を受けたのである。

ジャンヌは義勇軍を組織すると、自らも甲

冑に身を包み、白馬にまたがって戦った。シャルルやその軍勢は、この戦う少女の姿に感動し士気が高まり、しだいに形勢はフランス優位になっていく。シャルルはランスで戴冠式をあげ、正式にフランス王に即位した。

しかし、1431年、ジャンヌはイングランド軍に捕らえられ、宗教裁判の末、異端者であるとして火刑に処されてしまった。彼女が大天使ミカエルの声を聞いたと言ったことが、異端だとされたのだ。わずか19年の生涯だった。

しかし、彼女の死を乗り越え、フランス人はその後も果敢(かかん)に戦いつづけた。

1453年、イングランド軍は、ドーバー海峡に面したカレーだけを残し、ついにフランスから撤退した。ここに、百年戦争は終結したのである。

ジャンヌが、異端者ではないとされるのは、1456年のことだった。シャルル7世が宗教裁判がどのように行なわれたか調査させ、ローマ教皇は裁判のやり直しを命じた。その結果、異端者ではないとされたのだ。そして20世紀になってからの1920年には、ローマ教皇から「聖人」であると認められる。

王位継承をめぐる貴族たちの対立
——バラ戦争

百年戦争によって、イングランドはフランスにあった領地のほとんどを失った。

百年戦争を通して、最も弱体化したのが、騎士という存在だった。この戦争ではイスラム社会からもたらされた火薬と鉄砲が主流となり、昔ながらの騎士は、時代遅れの存在に

なっていたのだ。さらに、農民たちも、自立意識が高まってきたので、領主である騎士に解放を求めた。こうして、騎士階級は没落した。

勝ったフランスでも、事情は似ていた。官僚制と常備軍の整備が進んで、中世社会の基本的な統治形態だった封建社会は崩壊していく。

それに代わり、それまで諸侯のなかの盟主的存在だった国王の力が強まっていった。王の下で中央集権が進んだ。絶対王政の始まりである。

百年戦争が終わると、イギリスは、1455年から85年までの30年間にわたる長い王位継承争いの時代となった。赤いバラを紋章とするランカスター家と、白いバラを紋章とするヨーク家の間での争いだったので、「バラ戦争」と呼ばれている。

最後に勝ったのは、ランカスター派のデューク家のヘンリー七世だった。ここに新たにテューダー朝が建てられ、イングランドでもフランス同様に王権が強化されていく。

神聖ローマ帝国の世襲化とハプスブルク家

神聖ローマ帝国の皇帝の座は、当初は選挙で選ばれていた。といっても、帝国内のすべての人々が投票する、いまのような選挙ではない。

帝国というと、強権的な中央集権国家のようだが、神聖ローマ帝国は、300近い小さな国に分かれていて、それぞれに領主がいた。公、地方伯、辺境伯などを諸侯といい、それ

らの領地を諸侯領といった。そのほかに、ボヘミア、イタリアなどの王国も、帝国の一部だった。

それぞれの王位や諸侯の地位は世襲だったが、その諸侯の有力者のなかから、まず「ドイツ国王」が選ばれる。その選挙権を持つ諸侯のことを「選帝侯」といい、7人いた。

選帝侯たちによって選ばれたドイツ国王が、ローマ教皇から帝冠を授けられ、皇帝になるというシステムだった。

このドイツ国王にして神聖ローマ帝国皇帝の座を、ハプスブルク家が事実上世襲していくようになる。

ハプスブルク家のルーツは、ライン川上流にある。1273年にルドルフ1世がドイツ国王に選出されてから、歴史の表舞台に登場する。

1278年、ルドルフ1世はボヘミア王オットカール2世をマルヒフェルトで倒し、その領地だったオーストリアを息子アルブレヒト1世に与えた。だが、このアルブレヒト1世は1308年に暗殺されてしまう。

こうしてせっかく得た皇帝の座を失うが、その後オーストリア公（後に大公、さらに国王、皇帝となる）として、帝国内で勢力を広げていった。

1438年、アルブレヒト2世がドイツ国王になると、その座は、事実上、ハプスブルク家の世襲となった。

地中海の新しい覇者——オスマン帝国

1299年、小アジア北部にトルコ民族の

▶スレイマン1世の時代のオスマン帝国

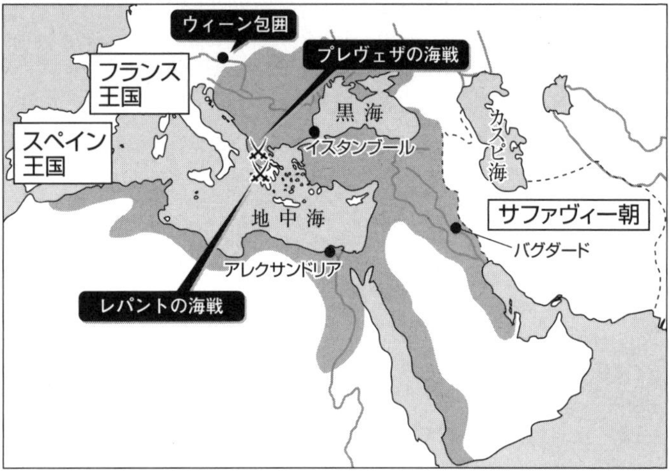
ウィーン包囲
プレヴェザの海戦
フランス王国
スペイン王国
黒海
カスピ海
イスタンブール
地中海
サファヴィー朝
バグダード
アレクサンドリア
レパントの海戦

国家、オスマン帝国（オスマン・トルコ帝国ともいう）が誕生した。

1453年、大国となったオスマン帝国は小アジアで勢力を伸ばし、ついにビザンツ帝国を攻めた。コンスタンティノープルは陥落し、ビザンツ帝国は滅びた。首都はイスタンブールと名を変えられ、現在にいたる。

オスマン帝国の最盛期は、スレイマン1世の時代で、イラク南部、北アフリカにまで領土は広がり、さらに、ヨーロッパに侵攻し、ハンガリーも手に入れた。

1529年、神聖ローマ帝国の首都であるウィーンにまでオスマン帝国軍が攻め、包囲した。さらに、1538年にはスペインとヴェネツィアの連合艦隊を破り、地中海も手に入れた。だが、17世紀になると、衰退しはじめた。

5
日本と中国Ⅱ

乱世の末に登場した新たな支配者
——隋

　北魏が東西に分裂した際に、西魏の十二大将軍のひとりだった軍人の孫にあたるのが、後の隋の初代皇帝、楊堅である。

　578年、北周の武帝が急死し、宇文贇が皇帝となった（宣帝）。その后が楊堅の娘だったので、彼は外戚となった。若い皇帝は政務にまったく関心を寄せず、翌年、七歳の子に帝位を譲った。楊堅は皇帝の後見人となり、権力を掌握した。

　581年、孫にあたる静帝から譲り受けるかたちで、楊堅は皇帝に即位した（文帝）。それとともに、国名を隋とし、ここに、隋王朝が建国された。「遣隋使」で、日本人にもなじみのある王朝である。

　隋は、華北を統一していた北周を乗っ取り、その版図をそのまま引き継いだ。だが、南にはまだ陳があった。

　589年、隋は南征に出た。陳はあっけなく倒れ、ここに三百年に及ぶ南北分裂の時代は終わった。

　中国に久しぶりの統一帝国が出現した。文帝は、荒廃した国土の再建に全力を注いだ。各地に創設されていた私設軍隊に武装解除させ、兵士を自作農として定着させた。一方で、北方の備えの万里の長城の修復を始め、また、運河の拡張による交通・流通網の整備に着手した。

　これまで官僚に起用されていたのは、皇帝と同姓の一族や貴族だったが、それを廃し、公平な学力試験によって有能な人材を登用す

▶隋・唐王朝系図

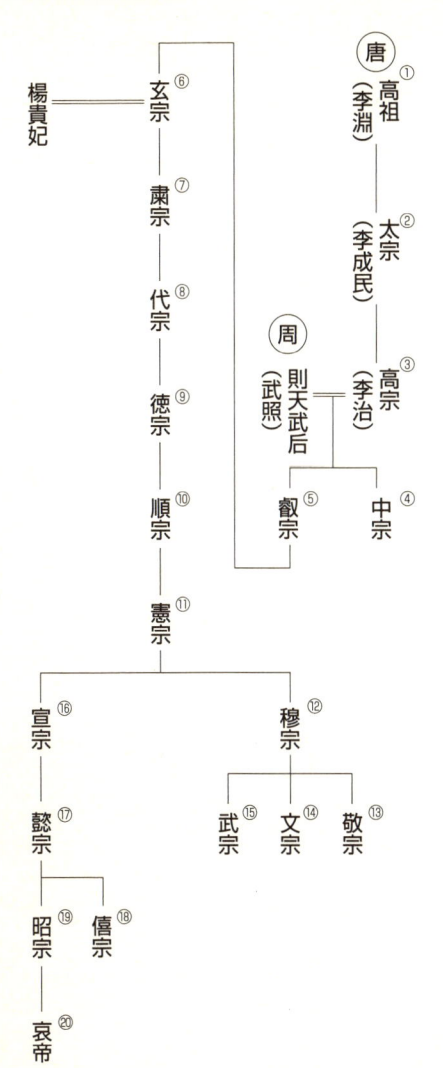

隋
- ❶ 文帝（楊堅）
- ❷ 煬帝
  - 昭
    - ❸ 恭帝（侑）
    - ❹ 恭帝（侗）

唐
- ① 高祖（李淵）
- ② 太宗（李成民）
- ③ 高宗（李治）== 則天武后（武照）【周】
  - ④ 中宗
  - ⑤ 睿宗
- ⑥ 玄宗 == 楊貴妃
- ⑦ 粛宗
- ⑧ 代宗
- ⑨ 徳宗
- ⑩ 順宗
- ⑪ 憲宗
  - ⑫ 穆宗
    - ⑬ 敬宗
    - ⑭ 文宗
    - ⑮ 武宗
  - ⑯ 宣宗
    - ⑰ 懿宗
      - ⑱ 僖宗
      - ⑲ 昭宗
        - ⑳ 哀帝

ることにし、科挙制度が創設された。これにより、旧南出身者にも庶民にも出世の道が開いたが、同時に、いわゆる「受験戦争」を生んだ。

なぜ隋は三代で滅亡したのか
——唐

604年、隋の文帝が亡くなった。後継者候補の息子は二人いたが、弟が謀略によって兄を廃嫡に追い込み、皇帝の座を継いだ。煬帝と呼ばれる、中国史上最大の暴君である。

暴君とされたのは、あまりに大規模な公共事業をやりすぎ、国家財政が破綻し、重税をかけたからである。

もっとも、このときに作られた全長2000キロに及ぶ大運河のおかげで、中国の交通・流通は飛躍的に便利になった。だが、そうし

た評価は後の世でのことで、奴隷同然の労働条件で働かされた庶民には恨まれた。女性、子どもも含む500万の人々が駆り出された戦争も多かった。高句麗に3度にわたり侵攻しながらも、失敗した。

このように民の暮らしを圧迫しながらも、自分は豪奢な生活を送っていたことも、反感を買った。

617年、黄河氾濫をきっかけに、農民動乱が勃発。北方に拠点をもつ軍閥・李淵が叛乱軍を指揮し、長安を占拠すると、煬帝は退位して南に逃げた。ちなみに、日本の聖徳太子が「日出ずる処の天子…」という手紙を送った中国の皇帝は、この煬帝である。

煬帝が帝位を捨てて逃げると、孫にあたる恭帝が6歳で皇帝になった。叛乱軍のリーダーの李淵が摂政となり、帝位を譲るよう迫り、

▶唐の最大領域

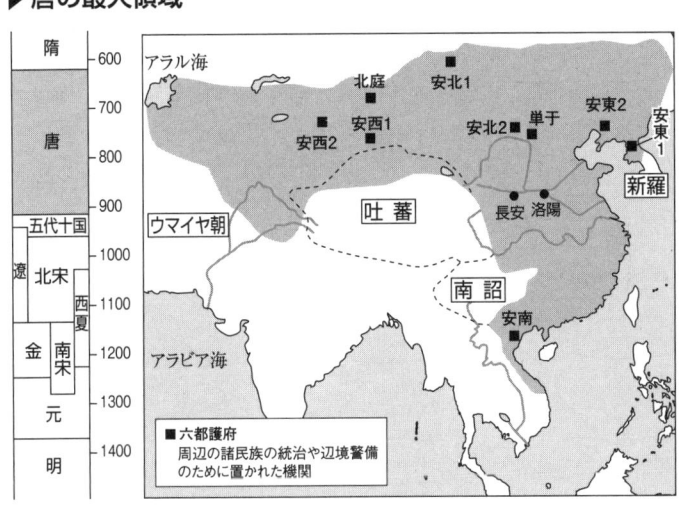

(年表: 隋 600 / 唐 700, 800 / 五代十国 900 / 遼・北宋・西夏 1000, 1100 / 金・南宋 1200 / 元 1300 / 明 1400)

地図内注記：
- アラル海、北庭、安北1、単于、安東2、安東1、安西2、安西1、安北2、新羅
- ウマイヤ朝、吐蕃、長安、洛陽、南詔、安南、アラビア海
- ■六都護府　周辺の諸民族の統治や辺境警備のために置かれた機関

ここに隋王朝は文帝から数えて三代、38年で終わった。

新たに唐帝国が生まれ、李淵は皇帝（高祖）になった。しかし、内乱は続いていた。唐による中国全土の鎮圧がなされたのは623年である。

英雄色を好むという言葉があるが、唐の高祖となった李淵も例外ではない。確実に分かっているだけで、男22人、女19人も子がいたという。当然のように、兄弟間で後継者争いが起こり、長男と次男とが骨肉の争いをした。

仏教の伝来が大和朝廷に与えた影響とは

中国から日本には、さまざまな文化が伝えられたが、そのなかでも最も大きな影響を与

えたのが、仏教の伝来だった。欽明天皇の時代、538年というのが公式な仏教伝来の年だが、それ以前から、渡来人のあいだでは信仰されていたらしい。

日本古来の宗教は、神道である。これは、氏神信仰で、それぞれの祖先を祀るものだった。一方、仏教は仏を祀るわけで、それぞれの祖先を祀るものではない。

ちょうどローマでキリスト教が国教化されていくのと同じように、中央集権国家をつくるには、それぞれの部族、家族ごとに神様がいるよりも、絶対的な神がいたほうが都合がいい。

そう考えて、仏教を積極的に導入しようとしたのが、蘇我氏だった。

一方、大和朝廷を、あくまで豪族の連合体でいくべきと考える物部氏は、仏教反対の立場をとった。

こうして、仏教伝来を契機に、大和朝廷内部での対立が生じたのである。

その対立は、587年に蘇我氏が物部氏を武力で滅ぼしたことで、一応の決着をえた。

聖徳太子の本当の業績とは

聖徳太子は推古天皇の甥にあたり、摂政として、実質的な国政の責任を担っていた。妻が蘇我馬子の娘で、蘇我氏とのつながりが深かった。この時代を飛鳥時代という。

聖徳太子の業績として有名なのが、603年の冠位十二階の制定。それまで世襲だった、朝廷での役職や地位を、功績と能力に応じて個人に与えるものだった。

140

▶蘇我氏と聖徳太子の関係

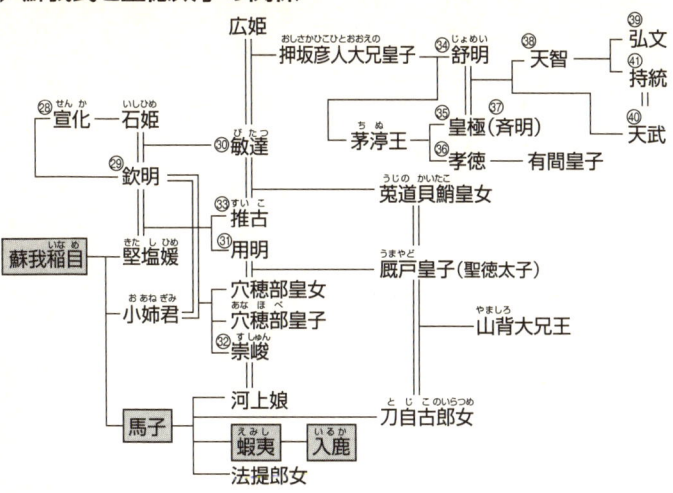

（系図省略）

もう一つが、604年に制定された十七条憲法である。「和を以って尊しと成す」などが有名だ。日本最古の成文法として知られている。

中国との関係では、前述のように、小野妹子を遣隋使として送り、そのときに「日出ずる処の天子、書を日没するところの天子に致す」という文面の手紙を書き、中国の隋の皇帝、煬帝を激怒させた。

大化の改新は日本をどう変えたか

621年に聖徳太子が亡くなったので、推古天皇も次の天皇を決めずに亡くなった。朝廷内で強い勢力をほこっていた蘇我氏一族が、舒明天皇を推して即位させた。聖徳太子と蘇

我氏とは関係が深かったが、聖徳太子が亡くなり、蘇我氏も蝦夷から入鹿の代になると、聖徳太子の一族と対立するようになっていった。

舒明天皇が亡くなるとその妃が即位し、皇極天皇となった。

なお、日本の歴代天皇の名は、中国の皇帝にならい、死後におくられるもので、生前にそう呼ばれたわけではない。

643年、蘇我氏は、聖徳太子の子にあたる山背大兄王を殺した。権力基盤の強化を狙ったのである。

だが、皇族や豪族から反感を買うことになり、反蘇我氏の気運が高まっていった。

645年、舒明天皇と皇極天皇の子である中大兄皇子は、これ以上蘇我氏の力が強まることを恐れ、中臣鎌足と手を組み、蘇我氏一族の長である蘇我入鹿を暗殺、入鹿の父の蝦夷を自殺に追い込んだ。このクーデターにはじまる一連の改革を「大化の改新」という。

これにより、蘇我氏一族の勢力は朝廷から一掃された。この年、日本で最初の元号が制定され、大化元年となった。

大化の改新の直後、皇極天皇は退位し、弟の孝徳天皇に譲位した。中大兄皇子は皇太子となり、実権を握るのである。

646年に出された「改新の詔」では、土地と人民は、豪族に帰属するのではなく、天皇に帰属するという、「公地公民の制」が導入され、「租庸調」からなる税制も完備された。徴税のために、戸籍、耕地の調査、地方の行政区画の整備といった、中央集権化のための政策が打ち出された。これらは中国の

体制を真似したものだった。
また「日本」という国名も、このころから使われていたらしい。

古代日本を揺るがした二つの大事件

653年、孝徳天皇と中大兄皇子の関係は悪化し、皇子は天皇を無視して難波にあった都を飛鳥に移した。天皇はその翌年に崩御した。一説によれば、中大兄皇子は、天皇に即位すると自由がきかないと考え、皇太子の地位にとどまるため、母である皇極天皇を再び天皇に即位させたという。斉明(さいめい)天皇である。

658年、中大兄皇子は、孝徳天皇の子で、皇位継承権を持つ有馬皇子を罠にかけ、謀反の疑いがあるとして処刑してしまった。こうして、中大兄皇子の権力基盤は強固になった。

一方、660年に朝鮮半島では、唐と新羅の連合軍の前に百済が滅亡した。百済と関係の深い大和朝廷は、百済再興のために出兵したが、663年の白村江(はくすきのえ)の戦いで大敗した。

その間に、斉明天皇が病死した。

667年、都を近江に移し、その地に大津宮を造営し、中大兄皇子はようやく天皇に即位した。天智天皇である。弟の大海人(おおあまの)皇子を皇太弟とした。

671年の終わり、天智天皇は病死した。その息子の大友(おおとものおうじ)皇子と、弟の大海人皇子は対立を深めていった。

大海人皇子は672年になると、吉野を出て挙兵した。この年が「壬申(じんしん)」の年にあたることから、これを壬申の乱という。

一か月あまりの戦闘のすえ、叔父と甥の戦

▶壬申の乱の経緯

③672年7月、大海人皇子は軍勢を二手に分け、大和と近江に進軍。飛鳥古京の戦いと、瀬田の戦いで勝利し、近江朝廷軍は敗走する。

①671年12月、天智天皇が大津宮で没し、大友皇子が後継者となる。

②672年6月、皇位継承をめぐる対立から、出家して吉野宮に下っていた大海人皇子は、伊賀、伊勢を経て美濃国に入り、挙兵。不破関を封鎖する。

④瀬田の闘いの翌日、大友皇子が自決し、壬申の乱は終結する。

地図中の地名：愛発関、美濃、若狭、不破関、三尾城、息長横河、野上、尾張、近江、丹波、安河、桑名評家、三重評家、大津宮、瀬田、鈴鹿関、山背、鈴鹿評家、摂津、山前、積殖山口、伊勢、難波、乃楽山、伊賀、河内、大和、和泉、飛鳥京、吉野宮

← 大海人皇子の動き
← 大友皇子の動き

▶大海人皇子と大友皇子の関係

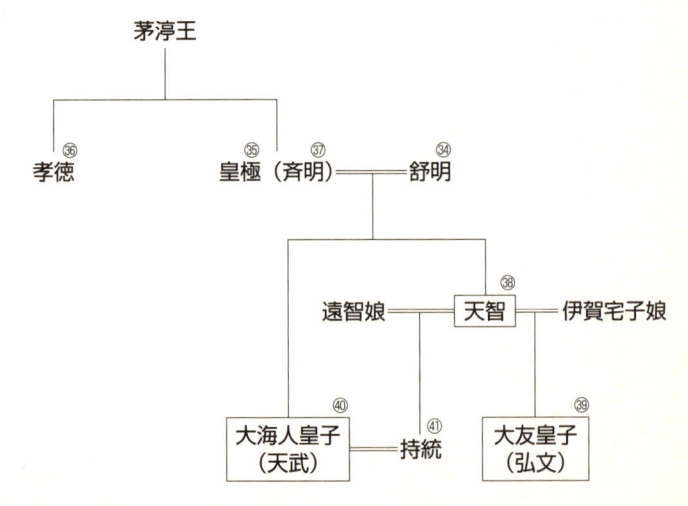

```
          茅渟王
    ┌───────┼───────┐
   孝徳     皇極(斉明)═舒明
   ㊱       ㉟    ㊲   ㉞
              ┌────┴────┐
          遠智娘═══天智═══伊賀宅子娘
                    ㊳
              ┌──────┴──────┐
          大海人皇子═持統   大友皇子
           (天武)   ㊶    (弘文)
             ㊵            ㊴
```

144

いは大海人皇子が勝利し、大海人皇子は天武天皇となった。

この天武天皇の時代から律令制国家となる。天皇の力は強化され、かつて豪族の連合体として始まった大和朝廷は、この時代になって、変質したのである。

豪族たちは官僚として、天皇に仕える身分となった。

『古事記』『日本書紀』の編纂が始まるのも、天武天皇の時代である。中国を真似して、法律にあたる「律令」も制定された。

平城京への遷都がなされるまでの経緯

686年に天武天皇は亡くなり、その皇后が、持統天皇として即位したのは、690年だった。694年に、奈良に藤原京を建設し、遷都した。

694年に、孫にあたる文武天皇が即位すると、持統天皇は上皇となった。

701年には大宝律令が制定され、律令国家が確立された。全国が、五畿七道に区分された。このときの「道」は、東海道、山陰道、山陽道など、いまも残っている。これらの道はさらに、国・郡・里に細分化され、地方行政官が置かれた。

文武天皇は707年に若くして亡くなり、その母が元明天皇として即位した。この時代は女帝が多いのである。

こうして、天武天皇以降、強い天皇がいなくなるあいだに力をつけてきたのが、藤原氏だった。中臣鎌足が亡くなる前日に「藤原」の姓を賜っていた。その鎌足の子の藤原不比

等は右大臣になり、政治の実権を握った。
710年、藤原京が人口増加のために狭くなったので、新しい都、平城京に遷都した。
712年、天武天皇の時代から着手されていた『古事記』が完成。さらに、720年には『日本書紀』も完成した。

権力をめぐる謀略、叛乱事件の数々

藤原不比等は娘を皇后にし、天皇の外戚になることで、権力を掌握した。不比等の死後は、4人の息子が後を継いだ。
724年、聖武天皇が即位した。その妃は不比等の娘の光明子だったが、彼女は皇族出身ではないため、皇后にはなれなかった。藤原四兄弟が強引に光明子を皇后にしようと

すると、皇族のひとり長屋王が反対した。そこで、藤原一族は長屋王を謀略にはめ、謀反の疑いがあるとして自殺に追い込んだ。その半年後に光明子は皇后となった。
こうして敵のいなくなった藤原氏だったが、737年に、当時流行した天然痘で、4人とも死んでしまったのだ。
藤原氏に代わって実権を握ったのが、橘諸兄だった。唐から帰国した吉備真備ら学者をブレーンとして、政権を運営した。
740年、大宰府で藤原広嗣が乱を起こした。さらに、天候不順で各地に飢饉が発生した。疫病も流行した。こうした世の乱れをおさめてもらおうと、聖武天皇は、国分寺の建立、そして大仏の造営など、仏教への傾斜を深めた。

▶奈良時代の「権力者」

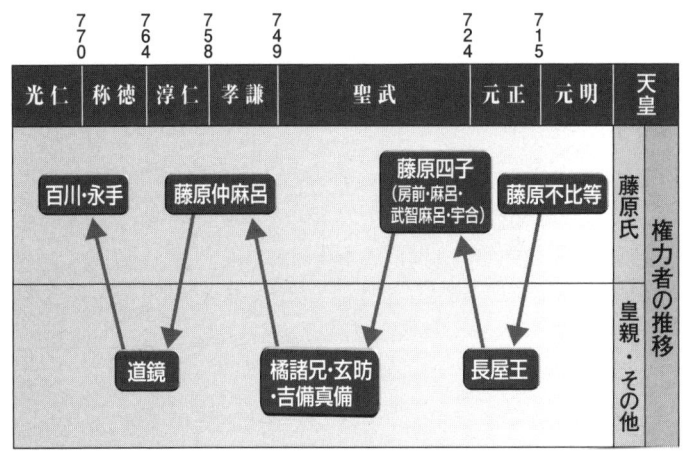

光仁	称徳	淳仁	孝謙	聖武	元正	元明	天皇	
770	764	758	749		724	715		
百川・永手	藤原仲麻呂			藤原四子（房前・麻呂・武智麻呂・宇合）		藤原不比等	藤原氏	権力者の推移
		道鏡	橘諸兄・玄昉・吉備真備		長屋王		皇親・その他	

参考資料：『古代史の舞台裏』（青春出版社）

▶藤原氏と対立した長屋王、橘諸兄

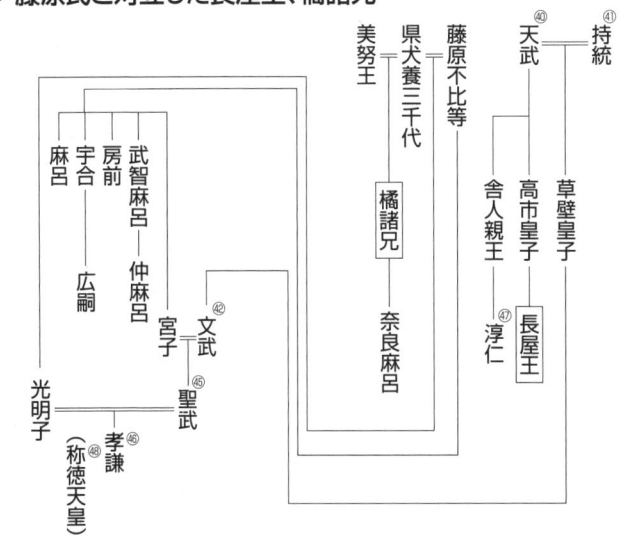

（系図）
- 天武㊵ ＝ 持統㊶
  - 草壁皇子 — 文武㊷ ＝ 宮子 — 聖武㊺ ＝ 光明子 — 孝謙㊻（称徳天皇）
  - 高市皇子 — 長屋王
  - 舎人親王 — 淳仁㊼
- 藤原不比等 ＝ 県犬養三千代 ＝ 美努王
  - 武智麻呂 — 仲麻呂
  - 房前
  - 宇合 — 広嗣
  - 麻呂
  - 宮子
  - 光明子
  - 橘諸兄 — 奈良麻呂

大仏の建立は、莫大な資金が必要とされ、朝廷の財政は一気に悪化し、橘諸兄の力は弱くなっていった。

752年、聖武天皇の念願の大仏は完成した。その四年後に天皇は亡くなった。

橘諸兄にかわって権力を握ったのは、藤原一族のひとり、藤原仲麻呂だった。不比等の子の四兄弟の一人の子である。これに反発して、橘諸兄の子の橘奈良麻呂がクーデター計画を練るが、途中で発覚して処刑されてしまった。

聖武天皇の死後、天皇となったのは、光明皇后の娘の孝謙天皇だった。またも女帝である。その後、孝謙天皇は淳仁天皇に譲位している。

退位した孝謙上皇は僧の道鏡を寵愛し、それを諫めた淳仁天皇との関係が悪化した。

恵美押勝の名を賜っていた藤原仲麻呂は、764年に孝謙上皇と道鏡に対し叛乱を起こすが鎮圧されてしまう。

こうして道鏡は、朝廷内での実権を握った765年には、僧でありながら太政大臣になった。

だが、道鏡の天下も、孝謙上皇が亡くなると、終わった。藤原氏の藤原百川、永手が道鏡を追放してしまう。これまで、天武系の天皇が女帝を出しながらも続いていたが、藤原百川の考えにより、770年、天智天皇の系列の光仁天皇が即位した。

その子が、781年に即位する桓武天皇である。

この時代の社会における最大の変化は、743年の墾田永年私財法によって、土地の私有が認められたことである。

▶平安京のつくり

794年、桓武天皇は都を平安京に遷した。平安京は、隋・唐の都・長安をモデルに造られ、大内裏から伸びる朱雀大路によって分けられ、右京と左京が設けられた。大内裏は、政事や公事の行われる場所で、南北約1.4キロ、東西約1.2キロの広さであった。現在の京都御所は南北朝時代に定められたもので、平安京の内裏とは違う場所にある。平安京では、藤原氏をはじめとする貴族階級が、政治や文化の担い手となった。鎌倉幕府、江戸幕府の時代には、行政の中心は関東に置かれたが、明治維新を迎えるまで千年以上にわたり、都であり続けることとなる。

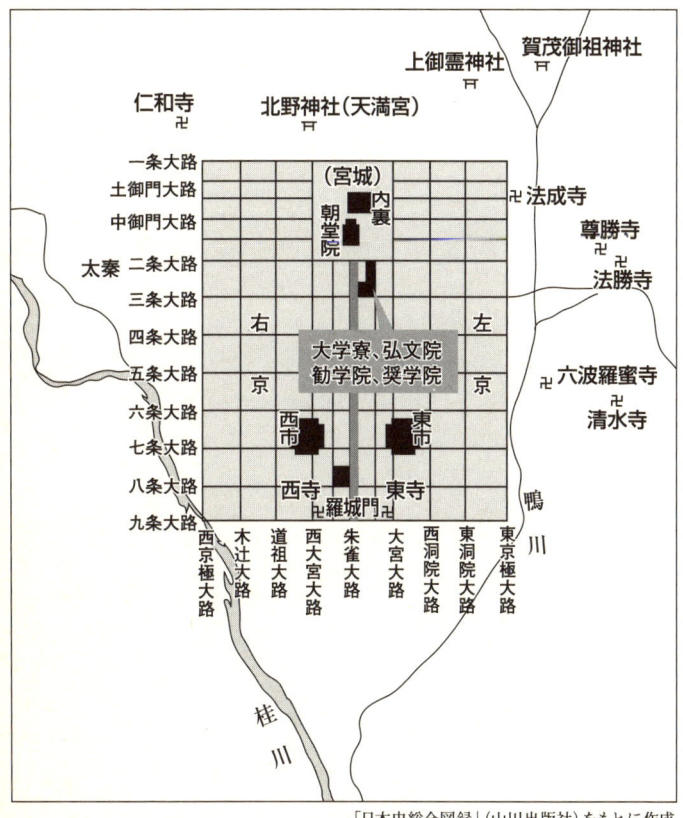

「日本史総合図録」(山川出版社)をもとに作成

長安を手本につくられた平安京

784年、即位して間もない桓武天皇は、政治に僧侶が介入することを危惧し、藤原種継を責任者に任じ、長岡京への遷都を決定した。しかし、その種継は反対派によって暗殺されてしまった。その事件に、天皇の弟の早良親王（さわらしんのう）が関与している疑いがもたれた。親王は潔白を主張し、断食し、死んでしまった。

その直後に、母と后が相次いで死んだため、これは弟のたたりに違いないとして、桓武天皇は再び遷都を決断、794年、平安京に遷都した。「京都」の誕生である。

平安京は、唐の長安を手本に、東西4・5キロ、南北5・2キロを、碁盤の目のように区切ったものだった（149頁）。

美女楊貴妃の登場と唐帝国の転落

中国の多くの王朝が「女」が原因で滅びるように、唐もひとりの絶世の美女のせいで滅亡に向かう。世界三大美女のひとり、楊貴妃（ようきひ）である。

735年、楊貴妃は最初は玄宗皇帝（げんそう）の息子の后として後宮に入った。美貌なだけでなく、聡明（そうめい）で、音楽の才能もあった。彼女の存在を知った玄宗皇帝は息子から奪い取ってしまう。

744年、楊貴妃は玄宗皇帝の后となった。楊貴妃26歳、玄宗皇帝61歳である。

ここから転落が始まる。玄宗皇帝は楊貴妃のために700人の織工（しょくこう）を雇い、極上の絹（きぬ）

を織らせるなど、湯水の如く金を使い出した。

さらに、楊貴妃の一族を高官に登用するようになり、そのひとり、楊貴妃のいとこにあたる楊国忠は、宰相と肩を並べるほどの権力を握った。

楊貴妃の寵臣で、男女関係が噂されたこともある安禄山は体重200キロの巨漢だった。玄宗皇帝も彼を気に入っていた。おもしろくないのが、楊国忠である。2人は対立するようになった。

755年、安禄山は先手を打って、叛乱を起こした（安史の乱）。スローガンに掲げたのは、「君側の奸（君主のそばにいる邪悪な臣下）を除く」だった。その「君側の奸」とは楊国忠のことである。

安禄山の軍勢は一気に進撃し、洛陽を落とし、玄宗皇帝のいる長安も陥落した。皇帝は楊貴妃と逃げようとしたが、そのとき、護衛兵たちが、叛乱を起こした。兵たちは、玄宗皇帝に、楊貴妃と楊国忠を殺すよう求めた。安禄山の軍勢も迫るので、玄宗皇帝はやむなく、宦官に命じて楊貴妃を殺させた。

失意の玄宗皇帝はまもなく退位し、その後は抜け殻のようになって762年に亡くなった。

290年の歴史に幕を閉じた唐帝国

唐帝国は、建国から150年が過ぎ、地方では節度使（軍の総司令官）が力をつけ独立の気運を見せ、中央の朝廷内部では宦官が力をつけだし皇帝権力は無力化していた。

875年、塩の密貿易で儲けた商人の黄巣

が、私費で軍隊を結成し、叛乱を起こした。庶民は重税にあえいでいたし、地方での叛乱も頻発していたので、混乱に乗じて、国を乗っ取ろうとしたのである。皇帝軍は弱体化していたので、880年には、ついに都の長安は陥落、皇帝は逃亡した。黄巣は自ら皇帝であると名乗った。だが、その天下は2年で終った。黄巣の乱に参加していた朱全忠が黄巣を見限り、唐帝国に寝返ったのである。
 黄巣を討伐し、力をつけた朱全忠は、宦官をことごとく殺し、さらに宰相も殺し、ときの皇帝も殺した。そして13歳の少年を即位させると、その数年後に退位させ、自ら皇帝となった。
 907年、国号は後梁となり、ここに唐帝国は290年の歴史を閉じた。
 だが、ほどなく中国は動乱の時代に突入した。「五代十国時代」である。

いくつもの国の栄枯盛衰
——五代十国、宋

 五代十国は、春秋・戦国、三国、南北朝につぐ、四つ目の戦乱の時代である。しかし、過去の戦乱の時代が数百年にわたったのに対し、半世紀ほどと短い。小さな国がいくつも興っては滅びた。
 960年、五代十国時代を終息させた宋が建国された。創始者の趙匡胤（太祖）は中国統一へ向けて動き出した。しかし、江南の呉越と北漢は征服できないまま、976年に亡くなった。後を継いだ弟の代の979年にその二国も宋の支配下に入り、ようやく中国の平定は終わる。だが、北の遼は健在だった。

モンゴル系の契丹族は、五代十国時代に、後晋が後唐を滅ぼすときに協力し、その見返りとしていまの北京一帯の16州を割譲された。ここからさらに領土を広げていき、946年には国号を遼とした。以後、遼は隙をうかがっては、中国皇帝の座を狙っていた。

これまでの中国の王朝は、ほとんどが内部崩壊による自滅だった。だが、いよいよ、中国は外敵の侵略の危機を迎える。

頂点を極めた菅原道真を陥れた陰謀

藤原氏は、不比等の4人の子の代に、四つに分かれ、それぞれ、南家、北家、式家、京家といった。そのなかで、北家が勢力を伸ばし、摂政・関白となって、政権を握っていった。

藤原北家の冬嗣と、その子の良房は、それぞれ娘を天皇に嫁がせ、外戚となった。本来の皇太子の部下が謀反を企んだとして捕まり、皇太子も廃嫡となり、冬嗣の娘が産んだ子が、文徳天皇として即位したのが、850年のことだった。857年に良房は太政大臣となった。

858年に文徳天皇が亡くなると、良房の娘が産んだ清和天皇がわずか9歳で即位。良房が実権を握り、866年には、皇族以外で初の摂政の地位に就いた。摂政は天皇が幼少の場合に、それを補佐する役割で、事実上、天皇と同じ権限を持つ。

藤原良房の養子、基経は、さらに出世した。良房が生きているあいだに右大臣にまでなっていたが、清和天皇が、まだ9歳の陽成天皇に譲位すると、摂政になった。さらに、88

4年に陽成天皇が光孝天皇に譲位すると、実質的に、成人した天皇の補佐役である関白になった。正式に関白となるのは、887年、宇多天皇が即位してからである。

このように、天皇は8人も交代した。それも、自分の意思によってではなく、藤原氏の意向によっての譲位であった。

こうして、藤原氏による摂関政治が確立された。その犠牲となったのが、菅原道真だった。基経の死後、宇多天皇は関白をおかず、久し振りの天皇親政を試み、菅原道真を右大臣に登用した。これに、基経の子の藤原時平が反発し、道真を陰謀にかけた。901年、九州の大宰府に左遷してしまった。その後、都ではその地で道真は亡くなった。903年、都では不吉な事件が続発したため、道真の祟りとされ、道真を神として祀ることで、その怨念を鎮めようとした。

武士の台頭を告げる二つの叛乱

桓武天皇と清和天皇には、子どもが多く、そのすべてを宮家とするわけにもいかなくなり、平氏、源氏の姓を与え、臣下とした。これが、それぞれ桓武平氏、清和源氏となる。つまり、平氏と源氏は、もとをたどれば天皇家の子孫なのである。

その1人に、現在の茨城県で勢力を伸ばしていた平将門がいた。

領地をめぐって桓武平氏の内部で抗争があり、それに勝利した将門は、その地の地方行政官である国司が、非道なことをしていたの

▶源氏と平氏の系図

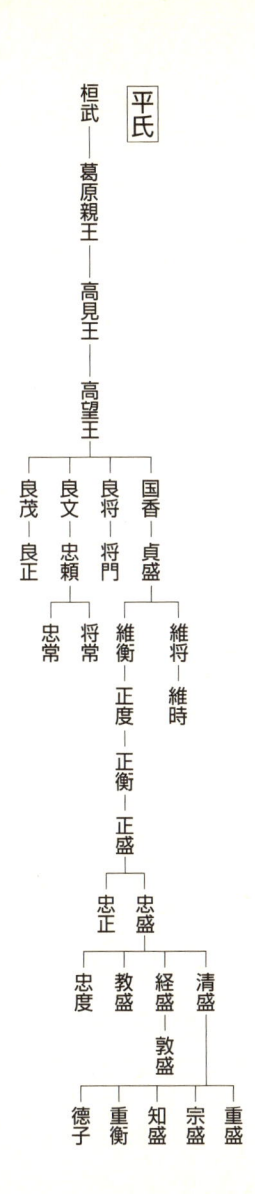

源氏

清和 ― 貞純親王 ― 経基 ― 満仲
├ 頼光 ― 頼国 ― 頼綱 ― 仲政 ― 頼政
└ 頼信 ― 頼義
　　├ 義家 ― 義親 ― 為義
　　│　　　　　　　├ 義朝 ― 頼朝
　　│　　　　　　　├ 義賢 ― 義仲
　　│　　　　　　　├ 為朝
　　│　　　　　　　└ 行家
　　├ 義綱
　　│　└ 義国
　　└ 義光

平氏

桓武 ― 葛原親王 ― 高見王 ― 高望王
├ 国香 ― 貞盛 ― 維将 ― 維時
│　　　　　　　└ 維衡 ― 正度 ― 正衡 ― 正盛 ― 忠盛
│　　　　　　　　　　　　　　　　　　　　　　├ 忠正
│　　　　　　　　　　　　　　　　　　　　　　└ 清盛
│　　　　　　　　　　　　　　　　　　　　　　　├ 重盛
│　　　　　　　　　　　　　　　　　　　　　　　├ 宗盛
│　　　　　　　　　　　　　　　　　　　　　　　├ 知盛
│　　　　　　　　　　　　　　　　　　　　　　　├ 重衡
│　　　　　　　　　　　　　　　　　　　　　　　└ 徳子
│　　　　　　　　　　　　　　　　　　　　　├ 経盛 ― 敦盛
│　　　　　　　　　　　　　　　　　　　　　├ 教盛
│　　　　　　　　　　　　　　　　　　　　　└ 忠度
├ 良将 ― 将門
│　　　└ 将常 ― 忠常
├ 良文 ― 忠頼 ― 忠常
└ 良茂 ― 良正

155

で、それを倒すために地方豪族と連帯し、叛乱を起こした。

939年、将門は、常陸国の国府を襲撃、つづいて関東一円の国府を次々と襲い、自ら、「新皇」を名乗った。

関東は、ほんの一瞬ではあったが、将門が支配する独立国となったのである。

同じ年、まるで打ち合わせをしていたかのように、西日本では、瀬戸内海の海賊のリーダーとなっていた藤原純友も叛乱を起こした。

だが、940年には将門が、同じ平氏一門の平貞盛(さだもり)らに討たれ、941年には純友も源経基(つねもと)に討たれたことで、二つの乱(承平天慶(じょうへいてんぎょう)の乱)は平定された。

この乱は、叛乱を起こすのも鎮圧するのも武士であった。

藤原氏の栄華はいかに築かれたか

969年、醍醐(だいご)天皇の皇子で左大臣をしていた源高明(みなもとのたかあきら)が、藤原一族の陰謀によって失脚してしまい、かわって、藤原師尹(もろただ)が左大臣になった。

これにより、藤原氏の権力は磐石なものとなった。

そうなると、今度は藤原氏一族間での権力闘争が始まった。それに勝利したのが、藤原道長(みちなが)である。

1011年、藤原道長は関白に次ぐ内覧という地位に就き、その次女を三条(さんじょう)天皇(六十七代)に嫁がせた。1016年に三条天皇が退位すると、長女と一条(いちじょう)天皇(六十六代)

▶藤原氏系図

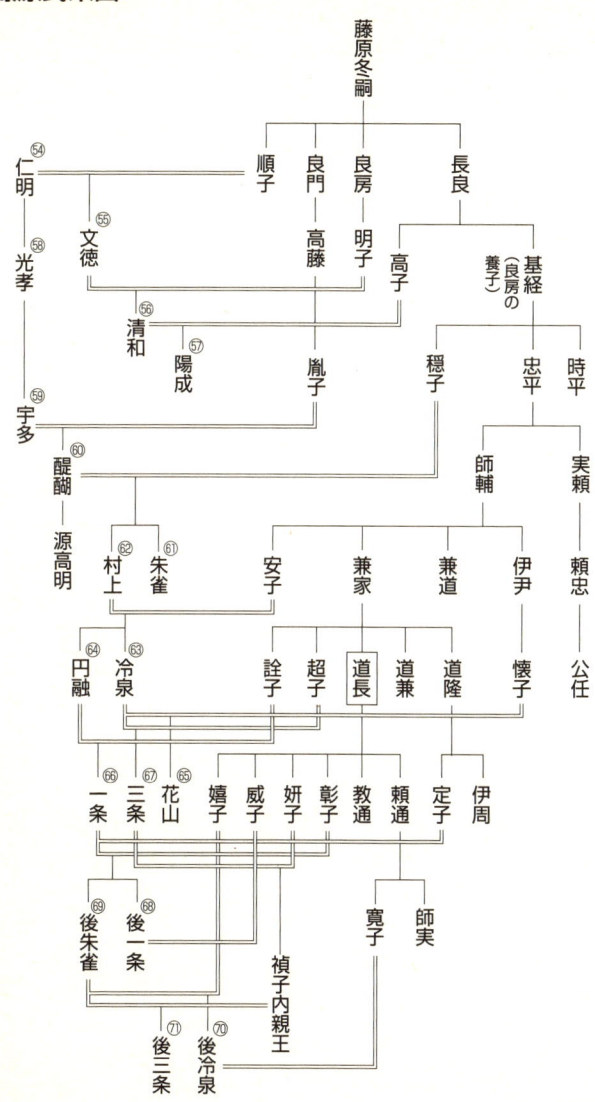

```
藤原冬嗣
├─順子─┐
├─良門─高藤─胤子┐
├─良房─明子      │
│      高子──┐  │
└─長良─┐    │  │
       ├─基経(良房の養子)
       ├─忠平─┬─師輔
       │      └─実頼─頼忠─公任
       └─時平

仁明─㊾文徳─㊿清和─㊼陽成
     │      │
     └─光孝─㊾宇多─㊻醍醐─源高明
                            ├─㊽村上
                            └─㊼朱雀

村上─┬─安子─┐
     │      ├─兼家─┬─超子
     │      │      ├─詮子
     │      │      ├─道隆─┬─伊周
     │      │      │      └─定子
     │      │      ├─道兼
     │      │      └─道長─┬─頼通─師実─寛子
     │      │              ├─教通
     │      │              ├─彰子
     │      │              ├─妍子
     │      │              ├─威子
     │      │              └─嬉子
     │      └─兼道
     └─伊尹─懐子

冷泉─┬─㊻花山
     └─㊼三条
円融─㊻一条
㊼後一条
㊽後朱雀─┬─㊾後冷泉
         ├─禎子内親王
         └─㊿後三条
```

157

とのあいだの子を、後一条天皇（六十八代）として即位させたうえで、三女を嫁がせた。さらに、その次の後朱雀天皇（六十九代）には四女が嫁いだ。こうして、何重にも天皇家との姻戚関係を結び、権力を強固なものとしたのである。

前九年の役と後三年の役が持つ意味

中央から遠く離れた東北の地では、太平洋側の陸奥は安倍氏、日本海側の出羽は清原氏が支配するようになっていた。

その安倍氏が、1051年に叛乱を起こしたため、源氏の源頼義とその子の源義家が鎮圧のために、出兵した。頼義と義家は、清原氏の助けを借りて、安倍氏を倒した。これを

「前九年の役」という。「前」というのは、その後に起きる「後三年の役」に対して「前」という意味で、実際の戦闘期間は、1051年から1062年までの足かけ12年にわたるが、休戦期間もあったので、実質的には「九年」だったらしい。この役により、安倍氏が倒されたことで、結果的に、清原氏が東北全域を手にした。

その清原氏が滅びるのが、約20年後の後三年の役である。1083年から87年まで戦闘が続いた。安倍氏一族の女性を母とする藤原清衡は、母が清原氏と再婚したため養子となっていた。しかし、清原氏に内紛が起きると、陸奥守となっていた源義家の力を借りて、清原氏を倒した。

奥州は藤原清衡のものとなった。以後、奥州藤原氏として、百年にわたり栄華を極める

▶前九年の役と後三年の役

- 厨川柵
- 金沢柵
- 沼柵
- 雄勝城
- 陸奥
- 出羽
- 源頼義の進路（前九年の役）
- 胆沢城
- 衣川柵
- 源義家の進路（後三年の役）
- 鬼切部
- 黄海
- 北上川
- 多賀城
- 国府

▶武士団による事件

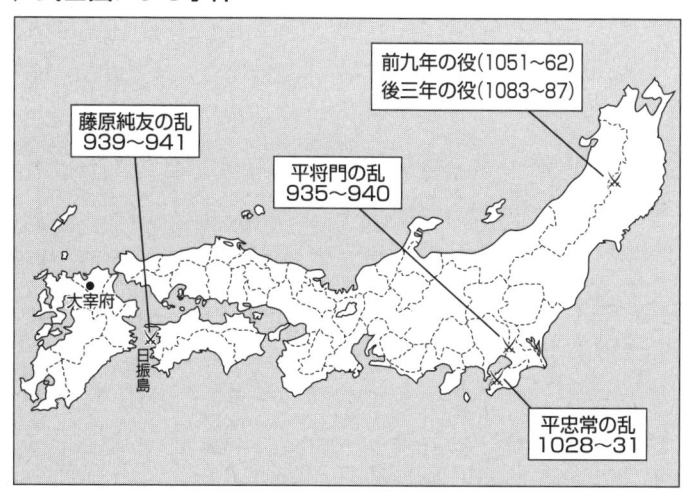

- 藤原純友の乱 939〜941
- 平将門の乱 935〜940
- 前九年の役(1051〜62) 後三年の役(1083〜87)
- 大宰府
- 日振島
- 平忠常の乱 1028〜31

保元の乱と平治の乱が持つ意味

　源氏と平氏が歴史の表舞台に躍り出るのが、この保元の乱である。
　鳥羽上皇は、長男の崇徳天皇が自分の子ではなく、祖父の白河上皇の子ではないかと疑い、嫌っていた。そこで、いやがる崇徳天皇を退位させ、その弟の後白河天皇を即位させた。崇徳は上皇となったが、父の鳥羽上皇に不満を抱いていた。
　1156年、鳥羽上皇がなくなると、崇徳上皇は、ようやく自分の出番がきたと、後白河天皇を退位させようと画策した。
　こうして、天皇家の兄弟の対立が起き、藤原家と平氏と源氏もそれぞれ、一族内で対立していたため、敵味方に分かれた。
　後白河天皇には、藤原忠通、源義朝、平清盛がつき、崇徳上皇側には、藤原頼長、源為義と為朝、平忠正がついた。
　鳥羽上皇が亡くなって9日後、源義朝と平清盛は崇徳上皇の陣営を攻撃し、その日のうちに勝利した。崇徳上皇は讃岐へ流刑となり、藤原頼長は戦死、源為義と平忠正は処刑された。後白河天皇は、三年後に二条天皇に譲位し、院政を始めた。
　保元の乱では共闘した源義朝と平清盛だったが、3年後には敵となっていた。
　1159年、後白河上皇が清盛ばかり重用することに不満を抱く藤原信頼と源義朝がクーデターを起こした。上皇は幽閉され、天皇も叛乱軍におさえられた。

▶保元の乱関係図

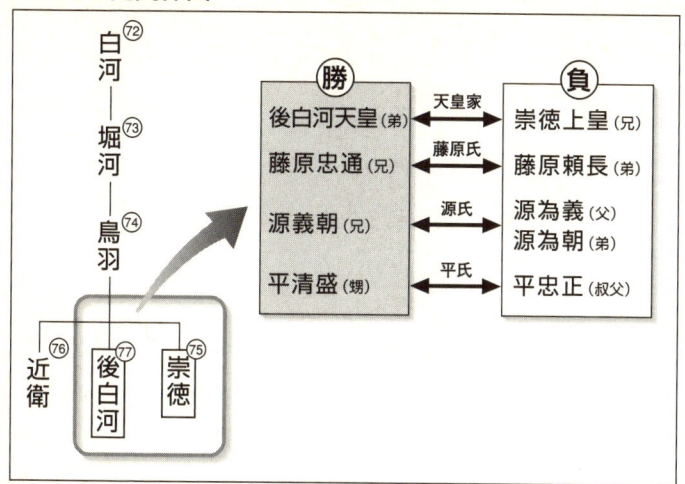

白河⁷²
 ｜
堀河⁷³
 ｜
鳥羽⁷⁴
 ｜
近衛⁷⁶ ・ 後白河⁷⁷ ・ 崇徳⁷⁵

勝
- 後白河天皇(弟)
- 藤原忠通(兄)
- 源義朝(兄)
- 平清盛(甥)

負
- 崇徳上皇(兄)
- 藤原頼長(弟)
- 源為義(父)
- 源為朝(弟)
- 平忠正(叔父)

天皇家 / 藤原氏 / 源氏 / 平氏

▶平清盛と皇室の関係

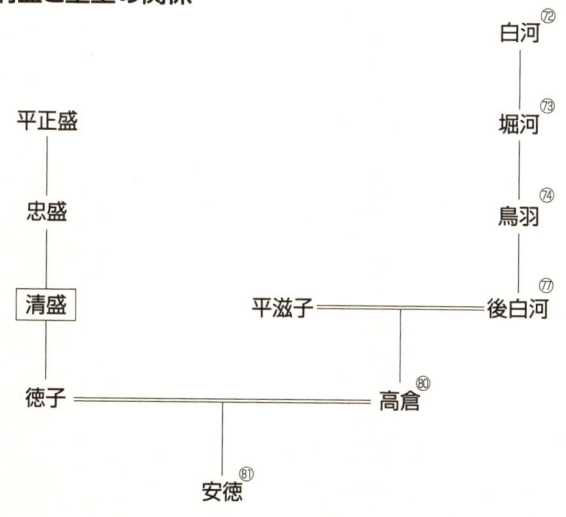

平正盛
 ｜
忠盛
 ｜
清盛
 ｜
徳子 ＝ 高倉⁸⁰
     ｜
    安徳⁸¹

白河⁷²
 ｜
堀河⁷³
 ｜
鳥羽⁷⁴
 ｜
後白河⁷⁷ ＝ 平滋子
     ｜
    高倉⁸⁰

だが、すぐに平清盛が上皇と天皇を救出した。後白河上皇は、信頼の追討令を清盛に出した。義朝は都から逃げる途中で殺されてしまった。その三男の頼朝は、伊豆へ流罪となった。このとき、頼朝と、その異母弟である義経を殺さなかったことが、平氏の命取りとなるのである。

保元の乱と平治の乱によって、後白河上皇と平清盛の関係は強化され、2人が国政の実権を握るようになった。

院政とはなんだったのか

藤原氏の摂関政治は、娘が天皇の子を生み、その子が天皇となることで、維持されてきた。

ところが、後冷泉（ごれいぜい）天皇と藤原氏の娘のあいだには、子が生まれなかったため、1068年に即位した後三条（ごさんじょう）天皇は親政を始めた。藤原氏が外戚とならないのは、実に170年ぶりのことだった。

後三条天皇の後を継いだのは、その子、白河（しらかわ）天皇である。天皇は1086年にわずか8歳の堀河（ほりかわ）天皇に譲位し、自らは上皇となり、院政を始めた。「院」とは、上皇の住居の意味である。

白河上皇は、1096年には出家し、法皇となった。

この院政は、鳥羽（とば）上皇、後白河（ごしらかわ）上皇もおこない、約100年にわたりつづくことになる。

白河上皇のいる院を警護していたのが「北面の武士」だった。この時代、寺院は広大な荘園を手に入れ、僧兵を従えて、勢力を強めていた。その寺院に対抗するために、朝廷も

162

武装する必要があったのである。こうして、源氏と平氏といった武士たちはかつての藤原氏のように、娘を天皇に嫁がせ、朝廷との関係を強めていく。

源平合戦の知られざる顛末

平清盛は武士でありながら、実権を握ると、かつての藤原氏のように、娘を天皇に嫁がせ、外戚としてさらなる権力を目指した。武士として初の太政大臣にまで出世したのである。

政策としては、中国（南宋）との貿易を本格的に始めたのが、特筆すべきことである。これまでの貴族政治にはない、大胆な政策で、この日宋貿易により、平家は莫大な富を得た。

こうして、平家は、政治的にも経済的にも繁栄した。当然、それを快く思わない人々が増えてくる。最初は蜜月状態だった後白河法

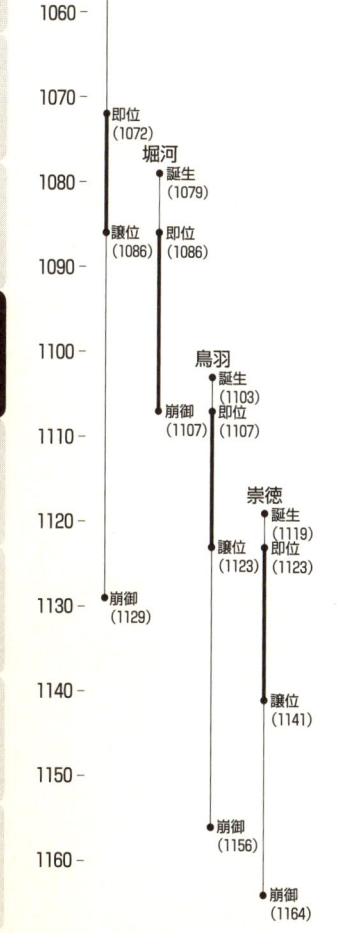

▶院政の時代

```
1050 ─ 白河
       ●誕生
        (1053)
1060 ─
        
1070 ─  ●即位
        │(1072)
        │    堀河
1080 ─  │    ●誕生
        │    │(1079)
        │譲位│即位
1090 ─  ●(1086)●(1086)
             │
             │
1100 ─       │   鳥羽
             │   ●誕生
             │   │(1103)
             │崩御│即位
1110 ─       ●(1107)●(1107)
                  │
                  │   崇徳
1120 ─            │   ●誕生
                  │   │(1119)
                  │譲位│即位
                  ●(1123)●(1123)
1130 ─ ●崩御
        (1129)    │
                  │
1140 ─            │譲位
                  ●(1141)
                  
1150 ─            
                  
                  ●崩御
1160 ─             (1156)
                      ●崩御
                       (1164)
```

163

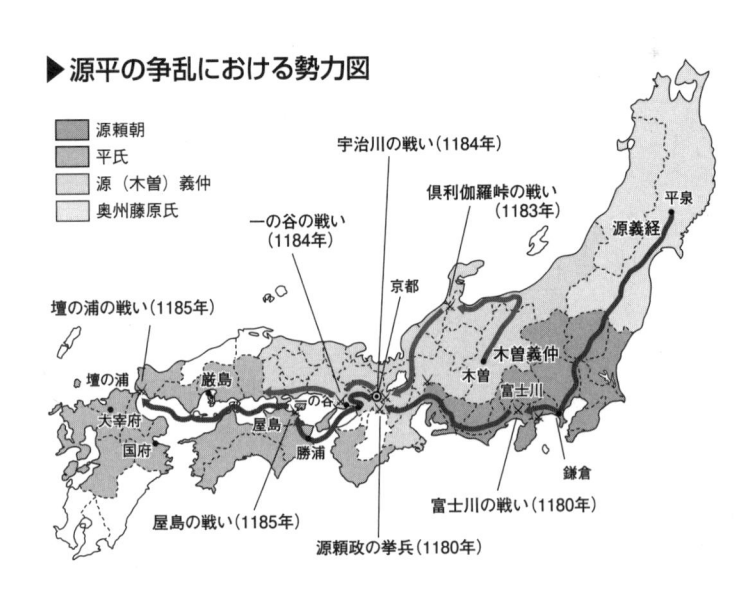

皇も、平家が自分よりも強くなると、不快感を示すようになった。1177年、後白河法皇はついに、クーデターを起こした。だが、すぐに平家によって鎮圧されてしまい、法皇は幽閉された。結果的に、法皇の失脚、清盛の独裁体制の確立を招いた。

だが、後白河法皇も諦めなかった。1180年、法皇は息子の以仁王(もちひとおう)に命じ、源氏に平家打倒を呼びかけた。各地にいた源氏が、次々とそれに応じて挙兵した。

源氏との戦いが始まったが、1181年、清盛は病死し、リーダーを失った平家は、それからの戦いで次々と敗北していく。

1183年、木曾の源義仲(よしなか)は北陸から京を目指し、ついに、平家を京から追い払うことができた。後白河法皇は最初は義仲を歓迎したが、乱暴者の義仲を疎んじるようになり、

▶源平の争乱における勢力図

■ 源頼朝
■ 平氏
■ 源(木曽)義仲
■ 奥州藤原氏

宇治川の戦い(1184年)
倶利伽羅峠の戦い(1183年)
一の谷の戦い(1184年)
壇の浦の戦い(1185年)
屋島の戦い(1185年)
富士川の戦い(1180年)
源頼政の挙兵(1180年)

平泉
源義経
京都
木曽義仲
木曽
富士川
鎌倉
壇の浦
厳島
大宰府
一の谷
屋島
国府
勝浦

164

日本初の武家政権・鎌倉幕府の成立

源頼朝に義仲を倒せと命じた。1184年1月、頼朝の命を受けた源義経は義仲を倒し、さらに、西へ逃げていた平家を追い詰め、一の谷の戦い、屋島の戦いで勝利し、1185年3月、ついに壇の浦で平家を滅亡させた。水没する平家の船のなかには、8歳の安徳天皇もいた。

平家を倒すと、源頼朝は後白河法皇に東海道と東山道の支配権を認めさせた。この時点で、実質的に日本には東西二つの政権があったことになる。

後白河法皇は、このままでは朝廷の権力が失われると危機感を抱き、1185年、京に

▶源氏と北条氏の関係

○ 数字…将軍の就任順
□ 数字…執権の就任順

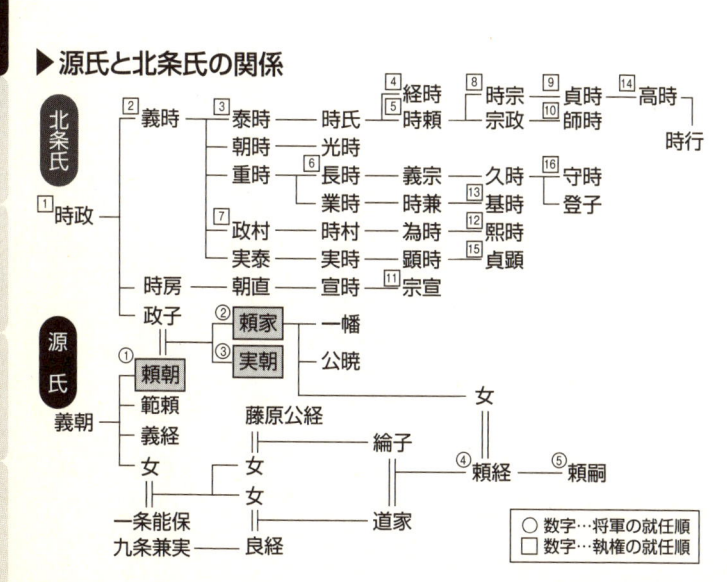

いた義経に頼朝追討を命じた。頼朝と義経の兄弟仲を引き裂いたのである。

だが、頼朝が法皇に抗議すると、あっさりと義経を見捨て、今度は頼朝に義経追討を命じた。義経は逃亡生活を送り、1187年に少年期を過ごした奥州の藤原氏のもとに辿り着いた。藤原秀衡（ひでひら）は快く義経を迎えたが、間もなくして急死してしまった。後を継いだ泰衡は、義経を守り切れず裏切る。1189年、義経は、義経を差し出したので奥州は安泰かと思われたが、頼朝は甘くなかった。奥州藤原氏は、源氏によって滅亡させられた。

1192年、この数十年にわたる戦乱の原因の生みの親ともいえる後白河法皇が亡くなった。法皇は頼朝からの征夷大将軍にしろという要求を頑なに拒んできた。後白河法皇が亡くなったので、朝廷には頼朝の要求を拒めるような、強い存在はいなくなった。1192年、源頼朝は征夷大将軍（せいいたいしょうぐん）に任じられた。

朝廷対幕府の対立が頂点に
——承久の乱

1199年、源頼朝が亡くなると、1202年にその子の源頼家が後を継いで将軍となった。だが、頼家が若かったため、母親の政子の実家、北条家が実権を握り、政子の父、北条時政（ときまさ）が執権となり、実権を握った。

1203年、頼家は暗殺され、その弟の源実朝が三代将軍となる。だが、実朝も1219年には暗殺されてしまい、源氏の正統は断絶する。

▶宋王朝の系図

一方、朝廷では後鳥羽上皇が院政を始めており、幕府と緊張関係が生じていた。1221年、上皇は北条征伐を決断した。承久の乱である。だが、幕府軍は強く、京は制圧され、上皇は流罪となった。

こうして、鎌倉幕府の力は、ゆるぎないものとなったのである。京都には六波羅探題が置かれ、朝廷は幕府の監視下に置かれた。

鎌倉幕府の将軍には、皇室や貴族から擁立されるようになり、名目だけのものとなった。実権を握ったのは、北条氏で、執権の座を世襲していった。

二つの王朝が共存した時代
——宋、金

一方、中国では、1004年、宋の三代皇

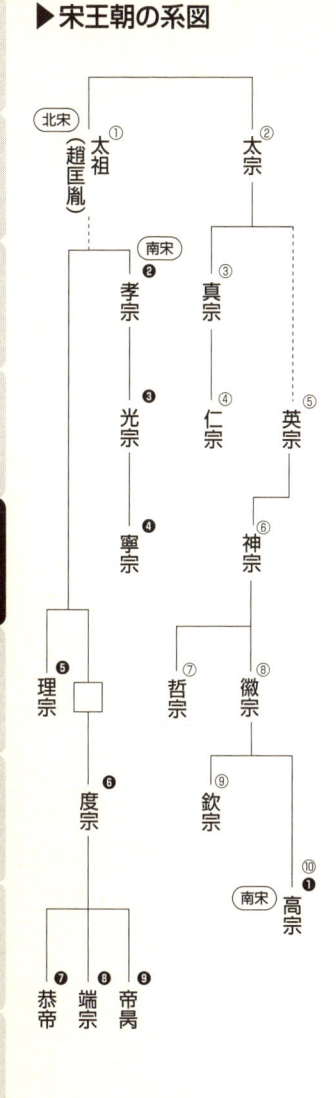

系図:
北宋
①太祖(趙匡胤) — ②太宗 — ③真宗 — ④仁宗 — ⑤英宗 — ⑥神宗 — ⑦哲宗 / ⑧徽宗 — ⑨欽宗

南宋
❶高宗 — ❷孝宗 — ❸光宗 — ❹寧宗 — ❺理宗 — ❻度宗 — ❼恭帝 / ❽端宗 / ❾帝昺

帝・真宗の時代に、遼がついに中国本土に侵攻し、皇帝は都を追われた。遼との間で講和条約が結ばれ、領土の割譲は免れたものの、宋は毎年、遼に対し大量の絹や銀を貢がなければならなくなった。

北が落ち着いたと思ったら、1038年には北西のチベット系タングート族の西夏が攻めてきた。

結局、宋帝国は、この西夏とも、遼と同様に絹や銀を貢ぐ条約を結ぶはめになってしまった。

1100年、ときの皇帝・徽宗は政治能力のない文化人だったため、財政が悪化した。遼や西夏に備えるため軍事費は増大し、なんと国庫収入の75パーセントが軍のために使われた。

財政悪化の解決策として紙幣を刷りまくったので、大インフレとなった。当然、民衆の不満は鬱積し、爆発した。

この宋の混乱を遼が黙って見ているはずはない。

だが、遼にも大きな変動が起きていた。1115年に、遼から女真族が分離・独立し金を建国した。

宋帝国は「敵（遼）の敵（金）は味方」という戦略を思いつき、金と同盟を結んだ。遼を挟み撃ちにしようというのである。

ところが江南で大規模な叛乱が起きたので、宋軍は南下し、叛乱の鎮圧に向かった。

一方、金は宋の力を借りずに遼を倒してしまい、その勢いで、華北に侵入した。皇帝は南に逃げ、1126年、宋はいったん滅びてしまう。

だが、1127年、皇帝一族のひとりがま

だ生きており、自ら帝位につくと宣言した。高宗である。

以後の宋を南宋といい、それに伴い、それ以前を北宋と呼ぶようになる。

華北一帯はすでに金が占領していたので、1141年、南宋と金の間で和議が結ばれ、中国は北の金、南の宋と、分裂の時代を迎えた。

宋としては、当然、いつの日か華北を異民族の手から奪還するのが悲願となったが、国力をつけるほうが優先された。

宋の時代は文化も花開いた。大陸を金に抑えられたことから、南宋は交易の場を海に求め、東南アジア一帯に交易拠点が展開し、インド、ペルシャ湾、紅海にまで、宋の船は航行したのである。

1215年、北方の金が滅亡したとの知ら

▶ 12世紀のアジア

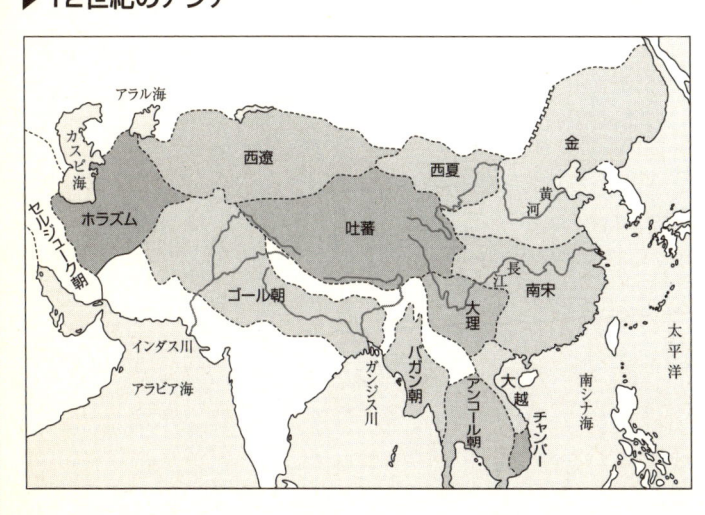

せが宋に届いた。それは、宋にとって、より巨大な敵が出現したことを意味していた。モンゴルである。

巨大帝国・モンゴルの出現
── 元

モンゴル族は遊牧民族なので移動ばかりしていた。したがって、一つ一つの部族の規模は割合と小さい。その小さな部族同士がお互いに領土を奪い合う、弱肉強食の世界だった。

1162年、チンギス・ハンは小さな部族の長の息子として生まれた（生年については諸説ある）。本名はテムジン。しかし、少年のころに父が殺されるという悲劇に見舞われ、自らの命も風前の灯という状況から立ち上がった。

やがて、父の死とともに奪われていた部族の長の座に復権し、つづいて他の部族を滅ぼしていった。

チンギス・ハンは軍団の組織者としてはきわめて有能だった。兵が勝手に戦うのではなく、組織的に戦えたのが、チンギス・ハンが勝利した理由でもあった。それまでの遊牧民族は、組織というものを意識しないで戦っていたのである。

1206年、チンギス・ハンは、ついにモンゴルを統一し、皇帝になった。「チンギス」は「絶大なる力」を意味し、「ハン」は皇帝という意味である。

チンギス・ハンのもとで統一されたモンゴルは、怒濤のごとく周辺を侵略し、征服していった。

1205年から数次にわたり西夏を侵攻、

▶モンゴル帝国の領土

▨ モンゴル帝国最大領域

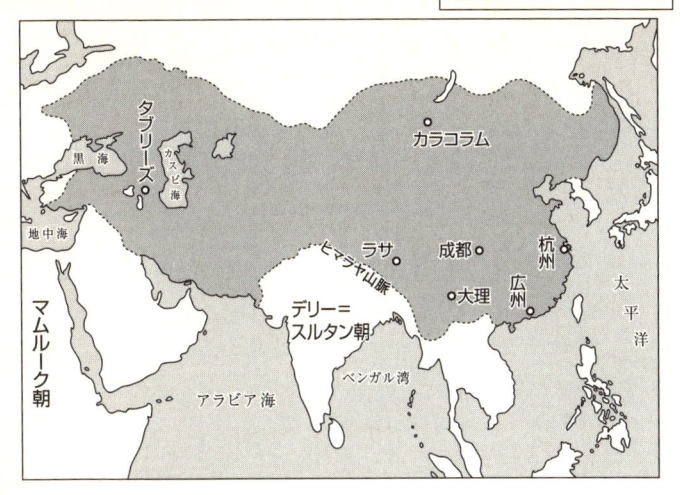

地名: カラコラム、タブリーズ、ラサ、成都、大理、杭州、広州、マムルーク朝、デリー＝スルタン朝、黒海、カスピ海、地中海、ヒマラヤ山脈、アラビア海、ベンガル湾、太平洋

▶モンゴル帝国皇帝の系図

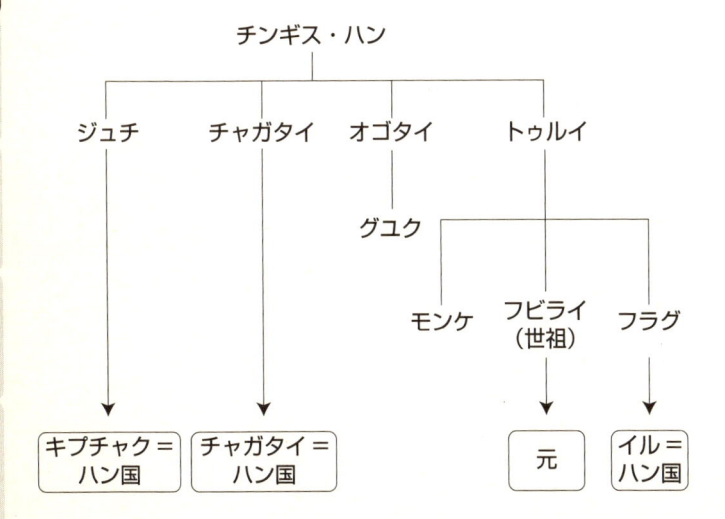

```
           チンギス・ハン
    ┌────┬────┬────┬────┐
  ジュチ チャガタイ オゴタイ トゥルイ
                    │      │
                  グユク    │
                       ┌───┼───┐
                     モンケ フビライ フラグ
                          （世祖）
    ↓      ↓              ↓      ↓
 キプチャク＝ チャガタイ＝    元   イル＝
  ハン国     ハン国               ハン国
```

171

西夏は金に助けを求めたが、金は動かなかった。それどころか、金のほうが先に1215年に首都・燕京（いまの北京）が陥落してしまう。

この記念すべき年に生まれたのが、チンギス・ハンの孫、フビライである。

1227年、ついに西夏も滅びたが、チンギス・ハンも波乱の生涯を終えた。

1234年、モンゴルは金を完全に滅亡させ、いよいよ、南宋に矛先を向けた。

チンギス・ハンの孫にあたるフビライは、王位継承順位は低かったが、一族内での戦いに勝利し、1260年にハン（皇帝）の地位を得た。

1271年、フビライは勝手に、「中国の皇帝」であると宣言し、国号を元とした。

1276年、モンゴル軍がついに南宋の首都・杭州に侵攻した。南宋王朝にとって陸地に安全なところはなく、宮廷は船の上に置かれた。

海戦となり、南宋軍はベトナムあたりまで逃げたが、その途上で皇帝が亡くなり、その6歳の弟が即位した。

1279年、広州湾の戦いが南宋の最後となった。3週間にわたる激戦で、10万人以上の死者が出た。

そのなかに、幼い皇帝もいた。こうして、南宋は最期を迎えた。

元はモンゴル族の政権だったが、漢民族の文化を取り入れる政策をとった。侵略者のほうが、侵略された側の文化や習慣に従ったのである。

宋までの歴史を持つ漢民族の帝国の組織を利用しなければ、広大な中国を統治できない

172

元の襲来が幕府に与えた影響とは

源平の争乱と、鎌倉幕府成立、その後の北条氏による執権政治の確立といった、動乱の時代が終わり50年ほどたった頃、日本を未曾有の危機が襲った。

中国大陸を支配した元帝国が、日本にも侵攻してきたのである。

元も、いきなり攻めてきたわけではない。高麗を通じて、日本に元の支配下に入るように、何度も求めてきたが、執権の北条時宗がこれを無視したため、ついに武力行使に出たのである。

と判断したからだった。それには漢民族の協力が不可欠であった。

▶文永の役と弘安の役

弘安の役（1281年）

合浦／高麗／東路軍(元・宋・高麗)の進路／巨済島／対馬／小茂田／国府／玄界灘／江南軍(南宋)先発隊／江南軍／勝本／壱岐／鷹島／平戸／長門／五島／唐津／今津／博多

文永の役（1274年）

合浦／高麗／元軍の進路／巨済島／対馬／小茂田／国府／玄界灘／勝本／壱岐／鷹島／平戸／長門／五島／唐津／今津／博多

1274年、900隻の船に4万人を乗せた元の大軍が、博多湾に上陸した。戦いが始まると、日本軍は苦戦した。だが、暴風雨が起き、元の船は沈んでしまい、日本は助かった。

態勢を立て直して、元が再び来襲したのは、1281年だった。その間に、2度、元からの使者が来たが、幕府は殺してしまっていた。元は、今度は4400隻の船に14万人といる、前回の3倍以上の大軍で攻めてきた。ところが、またしても暴風雨が吹き、退却してしまう。日本はこれを「神風」と呼んだ。

もともと元は草原の遊牧民だったため、海戦にはなれていなかった。さらに、14万人の軍勢の多くは、高麗や南宋といった元が征服した地域の人々だったので、元への忠誠心は薄い。そんなこともあって、元は弱かったのである。

元を追いつめ、中国統一を果たす
――明

元帝国は、フビライの死後、漢民族の文化を尊重するフビライの路線を継承する派と、モンゴルの伝統を守るべきと主張するモンゴル原理主義派との対立が激化した。

それは皇帝の座をめぐる後継者争いの形で表れ、以後の74年間に10人の皇帝が即位するという短命時代を迎えた。当然、帝国は弱体化した。

いくら漢民族を尊重していたとはいえ、異民族に征服されていることへの漢人の不満は鬱積していた。

元末期、もはや元に叛乱を抑える力などな

いと知った各地の豪族たちが、同時多発的に蜂起した。

彼らは紅の頭巾をかぶっていたので、「紅巾の乱」と呼ばれた。

紅巾軍に参加していた豪族のひとりに、濠州の郭子興のもとで頭角を表した青年がいた。後の明帝国皇帝となる朱元璋だった。

人を惹きつける力があり、軍事的才能もある朱元璋を見込み、郭子興は自分の娘と結婚させた。

朱元璋は貧しい農民の子として生まれ、両親も兄弟も死に、飢えて死ぬ寸前だったところに、紅巾の乱が起き、これに加わったのである。

1356年に郭子興が亡くなると、朱元璋はその一族を粛清し地盤と軍を手に入れた。

1359年、南京を攻略すると、呉国王と

▶明時代のアジアの国々

（地図：キプチャク＝ハン国、オスマン帝国、マムルーク朝、ティムール朝、デリー＝スルタン朝、タタール、チベット、明、北京、朝鮮、漢城、タイ、チャンパー、カンボジア、マラッカ）

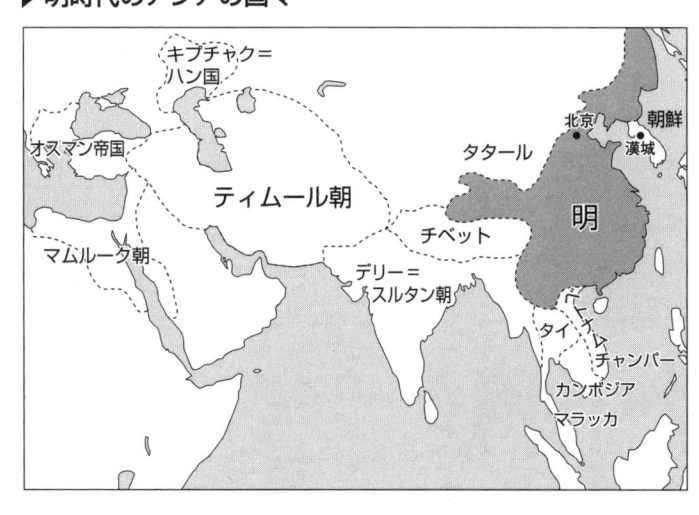

175

名乗り、その地、呉を独立国とした。軍事的手腕に加え、行政能力もあった朱元璋は、民衆の支持を集め、江南の地を平定していった。

1368年、中国中南部の平定を終え、自ら皇帝を名乗り、国号を明とした。同時に年号を洪武と定め、一世一元と定めた。これは1人の皇帝の代は元号はずっと同じにすることで、皇帝の名と元号は同じになった。日本の明治以降がこれと同じである。こうして、朱元璋は洪武帝となった（257頁）。

洪武帝最大の課題は、元を倒し、漢民族による帝国を完成させることだった。

1368年、北京を陥落させ、1370年にはモンゴルをかなり北方にまで追い詰めた。そして、1382年、ついに元の残存勢力を一掃し、中国統一を果たした。

洪武帝の死後、後継者争いから内乱となったが、それも落ち着くと、永楽帝の時代には、明帝国は中国史上最も輝いていた時代とまでいわれる黄金時代を迎えた。

経済は発展し、文化も栄えた。その豊富な財源をもとに軍備拡張が可能となり、五度にわたりモンゴルに侵攻した。強大な軍事力を背景に、外交を優位に進め、朝鮮半島やベトナムまでを併合、明帝国の領土は拡大した。大型艦船がインド洋をこえ、ペルシャ湾からアフリカにまで達し、中国も大航海時代を迎えた。

鎌倉から室町へ…
武家政権の展開

1246年に後嵯峨天皇が亡くなると、後

▶南北朝時代の皇室系図

● 天皇即位順　● 北朝即位順
● 南朝即位順
※ 鎌倉時代に即位。北朝で院政を開始

❽❽ 後嵯峨
├─ ❽❾ 後深草（持明院統）─ ❾❷ 伏見 ─┬─ ❾❸ 後伏見 ─┬─ ❶※ 光厳 ─ ❸ 崇光
│   │   └─ ❷ 光明 ─ ❹─❺─ ❻❿ 後小松
│   └─ ❾❺ 花園
│ **北朝**
│
└─ ❾⓪ 亀山（大覚寺統）─ ❾❶ 後宇多 ─┬─ ❾❹ 後二条 ──────────── ❾❽ ❸ 長慶
                                    └─ ❾❻ ❶ 後醍醐 ─ ❾❼ ❷ 後村上 ─ ❾❾ ❹ 後亀山
   南朝

継者をめぐって、朝廷内で争いが生じることになり、以後、朝廷は持明院統と大覚寺統に分裂した。

1317年に幕府の仲裁により、これ以後は、二つの系統が交互に即位することでまとまった。

一方、近畿地方には、武士の中に新興勢力が生まれ、「悪党」と呼ばれていた。

1318年、後醍醐天皇が即位すると、院政を廃し、天皇自らが政治を執り行う、天皇親政を目指し、倒幕計画を立てた。

1324年の正中の変と1331年の元弘の変はともに失敗、後醍醐天皇は隠岐へ流罪となった。

だが、後醍醐天皇は諦めなかった。皇子の護良親王が、倒幕を呼びかけていた。近畿の悪党たちも倒幕を目指し、楠木正成が兵を

挙げた。

情勢を見極め、後醍醐天皇は隠岐から脱出した。倒幕勢力は活気づいた。

鎌倉幕府は、足利尊氏を叛乱の鎮圧のために派遣したが、尊氏は天皇側に寝返った。さらに、新田義貞が鎌倉を攻め、執権の北条高時を自殺に追い込み、1333年、鎌倉幕府はその歴史を閉じた。

1334年、後醍醐天皇は、「建武の新政」と呼ばれる、政治・行政改革を断行した。天皇中心に戻そうとしたのである。だが、武士たちは、これに不満を抱いた。

とくに足利尊氏は、高い地位に就けなかったので不満が強く、大覚寺統の後醍醐天皇とは別の、持明院統の光明天皇を即位させた。これを北朝という。

後醍醐天皇は京から逃れ、吉野に朝廷をつくった。これを南朝という。

それまでは二つの系統が天皇の座を争ってはいたが、同時に2人の天皇が立つことはなかった。

それが、ついに2人の天皇が立つという事態になった。

1338年、足利尊氏は光明天皇から征夷大将軍に任じられた。

室町幕府の誕生である。

南北に分かれた朝廷が統一されるのは、それから約60年後、三代将軍、足利義満の時代の1392年のことだった。

義満は当時の中国、明との貿易を始め、巨額の利益を得た。また、明の皇帝から「日本国王」の称号をもらった。さらに、天皇家に近づき、息子を天皇の養子にさせたうえで、天皇に譲位させ、自分が上皇になるという計

画を描いた。天皇家の乗っ取りを図った、という説もある。

だが、1408年、突然の病死で義満の野望は潰えた。

応仁の乱からはじまった激動の時代

1441年、室町幕府六代将軍足利義教（よしのり）は、幕府権力強化を狙い、独裁政治を行なおうとしたところ、これに反感をいだいた播磨の守護、赤松満祐（あかまつみつすけ）によって暗殺されてしまった。

この事件をきっかけに、ただでさえ弱っていた幕府の権力と権威は地に落ちた。各地の守護大名たちは独自の軍を組織し、それぞれ独立国めいてくるのである。

八代将軍足利義政（よしまさ）の時代の1467年、将軍家に、後継者を巡り内紛が起きた。管領家（かんれい）である畠山氏、斯波氏（しば）にも家督問題があった。

これらをきっかけにして、全国的な内乱となったのである。

東軍は細川勝元、西軍は山名宗全（そうぜん）がリーダーとなり、これに諸大名が参戦し、京都を主戦場として1477年まで断続的に11年も続いた。

京都は荒廃し、幕府は山城一国しか支配できなくなり、中央政府としての機能を果たせなくなった。

この応仁の乱以後、各地の守護大名が、その家臣にとってかわられるという下克上の世の中が到来した。

戦国時代である。

▶応仁の乱の対立の構図

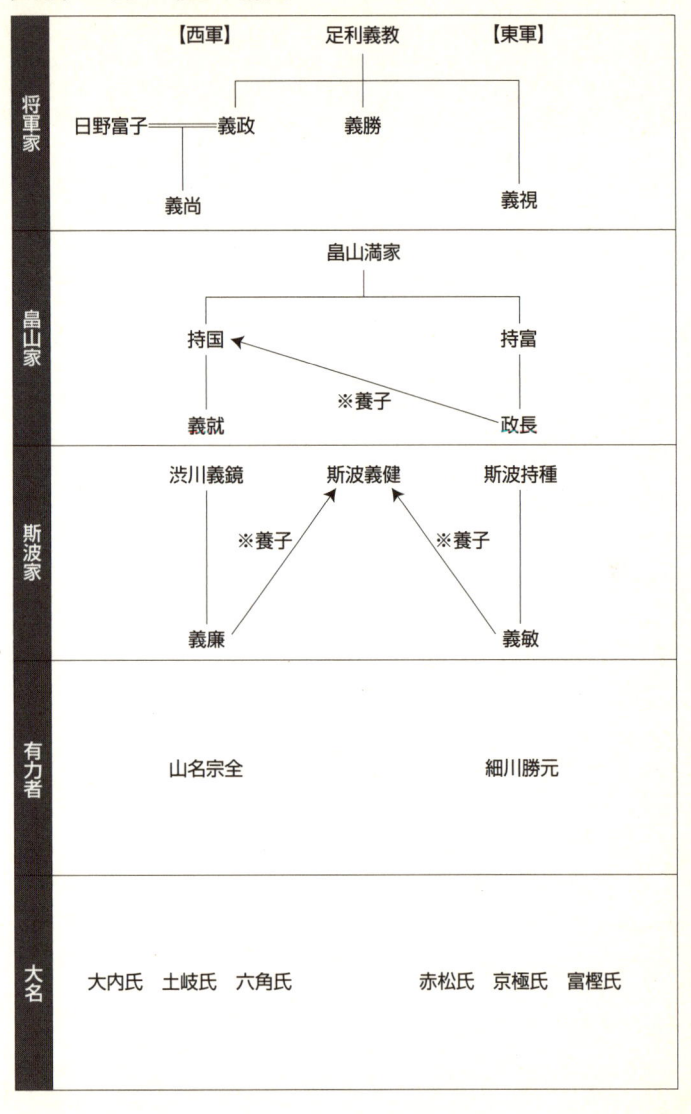

	【西軍】		【東軍】
将軍家	日野富子＝＝義政　義勝　　　　　　　　足利義教　　　　　　　　　　　　　　　　　　　　義尚　　　　　　　　　　　　　義視		
畠山家	畠山満家　　　　　持国 ←　　　　　　　持富　　　　　　　　　※養子　　　　　義就　　　　　　　　　　政長		
斯波家	渋川義鏡　　斯波義健　　斯波持種　　　　※養子　　　※養子　　　　義廉　　　　　　　　義敏		
有力者	山名宗全		細川勝元
大名	大内氏　土岐氏　六角氏		赤松氏　京極氏　富樫氏

■世界史・日本史年表Ⅱ

■ヨーロッパ・アメリカ	■アジア・中東・アフリカ	■日本
481 メロヴィング朝（フランク王国）	581 隋建国	538 仏教伝来
493 東ゴート王国建国	604 煬帝が即位	587 蘇我氏が物部氏を滅ぼす
496 フランク王国カトリック改宗	610頃 イスラム教成立	645 大化の改新
527 ユスティニアヌス帝即位	618 隋滅亡／唐建国	663 白村江の戦い
534 ヴァンダル王国滅亡	622 ヒジュラ（聖遷）	672 壬申の乱
555 東ゴート王国滅亡	626 貞観の治（〜649）	710 平城京に遷都
568 ロンバルド王国建国	632 ムハンマド死去	729 長屋王の変
636 ヤルムークの戦い	651 ササン朝ペルシャ滅亡	794 平安京へ遷都
711 西ゴート王国滅亡	661 ウマイヤ朝成立	842 承和の変
726 聖像禁止令（ビザンツ帝国）	676 新羅が朝鮮半島を統一	866 応天門の変
732 トゥール・ポワティエ間の戦い	713 開元の治（〜741）	894 遣唐使廃止
751 カロリング朝（フランク王国）	732 トゥール・ポワティエ間の戦い	939 将門の乱・純友の乱
756 ピピンの寄進	750 アッバース朝成立	1051 前九年の役（〜1062）
756 後ウマイヤ朝	755 安史の乱（〜763）	1083 後三年の役（〜1087）
800 カールの戴冠	875 黄巣の乱（〜884）	1156 保元の乱
829 イングランド統一	907 唐滅亡。五代十国時代へ	1159 平治の乱
843 ヴェルダン条約		1180 石橋山の戦い／富士川の戦い
870 メルセン条約		
882 キエフ公国建国		
911 ノルマンディ公国		

年	出来事	年	出来事	年	出来事
962	神聖ローマ帝国建国	909	ファーティマ朝成立	1184	一の谷の戦い
987	カペー朝成立（西フランク）	916	遼建国	1185	屋島の戦い／壇の浦の戦い
1054	東西教会分裂	932	ブワイフ朝成立	1192	鎌倉幕府成立
1066	ノルマン朝（英）	960	宋建国	1219	源実朝が公暁に殺害される
1077	カノッサの屈辱	962	カズナ朝成立	1221	承久の乱
1095	クレルモン宗教会議	1038	セルジューク朝成立	1224	北条泰時が執権となる
1096	十字軍（～1270　7回まで）	1115	金建国	1232	御成敗式目制定
1204	コンスタンティノープルを十字軍占領	1127	南宋建国	1274	文永の役
1215	マグナ・カルタ（英）	1169	アイユーブ朝成立	1281	弘安の役
1241	ワールシュタットの戦い	1206	チンギス・ハン、モンゴル統一	1297	永仁の徳政令
1261	ビザンツ帝国再興	1234	金滅亡	1324	正中の変
1265	シモン・ド・モンフォールの乱	1258	アッバース朝滅亡	1331	元弘の乱
1295	模範議会（英）	1271	モンゴル、国号を元とする	1332	後醍醐天皇、隠岐へ配流
1303	アナーニ事件	1279	南宋滅亡	1333	鎌倉幕府滅亡／建武の新政
1309	教皇のバビロン捕囚	1299	オスマン帝国成立	1336	室町幕府成立／南北朝
1339	百年戦争（～1453）	1351	紅巾の乱（～1366）	1338	足利尊氏が征夷大将軍となる
1347	黒死病拡がる（～1349）	1368	明建国	1350	観応の擾乱
1378	教会分裂（～1417）	1392	李氏朝鮮建国	1391	明徳の乱
1381	ワット・タイラーの乱（英）	1402	永楽帝の即位（明）	1392	南北朝の統一
1438	ハプスブルク朝（神聖ローマ帝国）	1453	ビザンツ帝国滅亡	1399	応永の乱
1453	ビザンツ帝国滅亡			1401	第1回遣明使
1455	ばら戦争（～1485）			1404	勘合貿易の開始
1479	スペイン王国			1441	嘉吉の乱
1485	チューダー朝（英）			1467	応仁の乱（～1477）

6
ヨーロッパの展開

ルネサンスと
ヨーロッパ社会の大変化

14世紀、ヨーロッパ社会は戦乱と、ペストなどの流行病で、多くの犠牲者が出て、社会は疲弊していた。

こうしたことから「暗黒の中世」と呼ばれるが、そのなかで、イタリアにおいて、新しい世の中が到来しつつあった。

それが、ルネサンスである。

ルネサンスとは、「再生、復興」という意味だが、いったい、何が再生・復興されたのか。それは、はるか昔のギリシア・ローマの古典芸術なのである。ルネサンスは芸術運動として始まったのだ。

キリスト教は、人間よりも神が主体であり、現世では苦しいがよい行いをすれば死後救われるとする考え方が基本となっている。そのため、暗い社会になってしまった。

しかし、昔は人間はもっと生き生きとし、明るく暮らしていたではないか、というわけで、人間と現世を中心にしようという思想が生まれた。これが現代に続くヒューマニズムの原点ともなるのである。

ルネサンスといえば、最近もベストセラー小説で話題になっているレオナルド・ダ・ヴィンチが代表的人物である。画家にとどまらず、医学、建築、土木、物理、軍事にまで関心を持ち、また才能を発揮した。

ミケランジェロ、ラファエロも、この時代の芸術家で、みなイタリアで活躍した。

芸術というものは、衣食住に直接関係がない、いわば贅沢なものである。芸術家が生き

184

▶ルネサンスの拡がり

十字軍 → 地中海貿易の発展 → イタリア諸都市の経済的発展 → **ルネサンス**

ルネサンス → イタリア戦争 / インド航路の発見 / 都市間の対立 → イタリアの没落 → ヨーロッパにルネサンス広がる

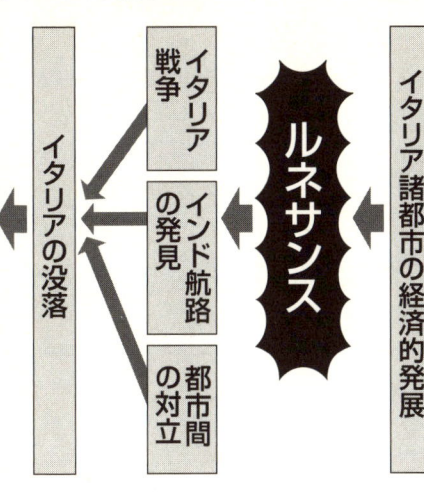

　ていくには、その作品を評価して買ってくれるパトロンがいなければならない。十字軍遠征により、イタリアの諸都市は経済的に発展し、メディチ家のような大富豪となる商人も現れ、芸術に理解を示すようになった。

　さらに、もともと古代のギリシア、ローマの文明の舞台となった地域なので、遺跡もたくさんあるし、文化遺産が豊富に残っていた。ローマ教皇レオ10世は、メディチ家出身だったので、これとカトリック信仰を結合させ、そこで、ルネサンス精神を理解していた。サン・ピエトロ大聖堂を壮麗なものへと改築した。

　ミケランジェロとラファエロは、この大事業に携わったのである。

　こうしてイタリアの、とくにフィレンツェに生まれたルネサンス文化は、ヨーロッパ全

域に広がっていき、多くの作品を生むのである。

芸術以外にも、科学技術の面でも飛躍的な発明がこの時代に生まれた。三大発明とされているのが、火薬、羅針盤、印刷である。

純粋にこの時代にヨーロッパで発明されたのは、活版印刷だけで、羅針盤は中国で生まれイスラムを経てイタリアに伝わり、火薬は中国で最初に発明されたものだが、それらが改良されたのはヨーロッパだった。

活版印刷は、やがて宗教改革を生み、羅針盤は大航海時代をもたらす。

「世界」をめざした冒険者たち

ルネサンスによる科学技術の飛躍的発展は、大型の帆船を生み、羅針盤により長距離航海が可能となった。

大航海時代の到来である。

その先陣を切ったのは、ポルトガルとスペインだった。ともに長期にわたり、イベリア半島でイスラム教徒と戦ったことがその原因だった。

戦う過程で、イスラム教徒とそれなりの交流もでき、ヨーロッパにはなかった、天文や地理の知識、造船、羅針盤といった技術を吸収したのである。

技術的背景があったとはいえ、なぜ、大型帆船をつくり、海を渡らなければならなかったのか。冒険心もあったかもしれないが、直接には、貿易が目的である。アジアで産出されるものは、それまでは陸路、ヨーロッパにもたらされていた。なかでも人気があったの

▶大航海時代の航路

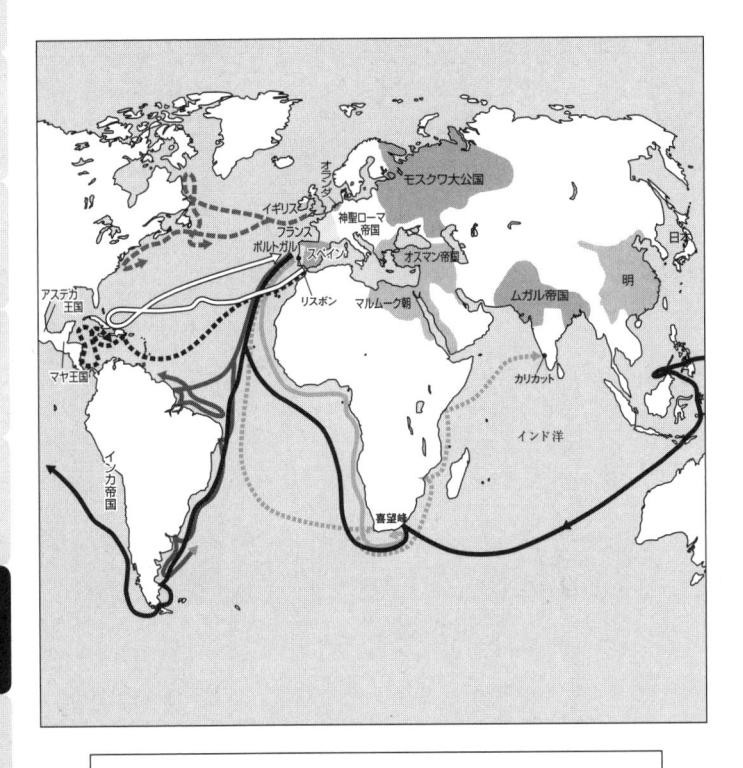

地図凡例:
- → バルトロメウ・ディアス
- ┈┈▶ ヴァスコ・ダ・ガマ
- ⇒ コロンブス（1492年）
- ┈┈▶ コロンブス（1502年）
- ┈┈▶ カボット
- → アメリゴ・ヴェスプッチ
- → マゼラン

地図内の地名・国名：
モスクワ大公国、オランダ、イギリス、フランス、神聖ローマ帝国、ポルトガル、スペイン、リスボン、オスマン帝国、マルムーク朝、ムガル帝国、明、日本、アステカ王国、マヤ王国、インカ帝国、カリカット、インド洋、喜望峰

は、胡椒などの香辛料だった。

しかし、東南アジアとヨーロッパの間にはイスラム圏がある。直接、アジアに行くには海を渡るしかなかった。さらに、大型船であれば、一度に大量のものを運べる。

もうひとつは、キリスト教の布教という目的だった。

ポルトガルの王子、エンリケは、航海を支援したことで、「航海王子」と呼ばれる。研究所をつくり、遠洋航海の人材を育成した。そのかいがあって、1488年には、ポルトガルのバルトロメウ・ディアスはアフリカ最南端の喜望峰に到達した。

これにより、インドへの航路が開けたのである。1498年、同じくポルトガルのヴァスコ・ダ・ガマが、喜望峰からさらにインドにまで到達した。

一方、スペインは、コロンブスがインドを目指したが、何を間違ったのか、アメリカ大陸に到達した。

1492年のことで、カリブ海バハマ諸島、いまのサンサルバドルに着いた。新大陸「発見」である。

だが、この時点ではコロンブスはそこをインドだと思っていたので、先住民族は、その後、20世紀半ばまで、インディアンと呼ばれることになる。

「新しい」領土をめぐる対立

コロンブスが「発見」したのがインドではないことを実証したのが、イタリアのアメリゴ・ヴェスプッチである。

4回にわたる航海によって、アジアではなく、まったく別の新大陸であると確認した。その彼の名をとって、アメリカ大陸となるのであった。

その後も、ポルトガル人とスペイン人によって、「世界」が次々と発見、確認されていくことになる。

1519年、ポルトガル人のマゼランは、スペイン王の命を受け、西まわりの航海に出た。

南米大陸東海岸に到達し、その後は南下し、ついに太平洋に出た。マゼランの艦隊は太平洋を横断し、フィリピンに到達。マゼランは原住民に殺されてしまうが、艦隊はさらに航海を続け、インド洋を通り、アフリカの喜望峰をまわり、1522年にスペインに着いた。

これによって、地球が丸いことが実証されるのである。艦隊は5隻の船に280人の乗組員で出発したが、帰国できたのは、1隻の船の19人だけだった。

こうして、「世界」に進出したポルトガルとスペインだったが、当然のように、どこを自分たちの領土にするかでの争いが起きた。アジアへの進出は、ポルトガルが主導権を握った。

1511年にマラッカを占領。1517年には明との間に通商を開き、貿易を始めた。明にも利益をもたらし、繁栄した。

1543年、ついにポルトガル人は日本にもやってきた。種子島に漂着し、鉄砲を伝えた。

これが、日本の戦国時代を終息に向かわせるのである。

【経済史のポイント1】
「世界経済」の最初の覇者 スペイン・ポルトガル

■スペイン・ポルトガルの時代

アメリカ大陸には、金・銀といった貴金属が豊富にあることが分かると、スペイン人が移住して原住民を奴隷にして銀鉱山開発を始めるようになった。

こうして大量の銀をはじめとする貴金属がアメリカからスペインに流入した。その一方、アメリカへは毛織物が輸出された。これにより、毛織物を生産できる国であることが世界経済の覇者としての条件となった。

毛織物工業が発展したのは、牧羊に適していた地理的条件を持つネーデルラント地域だった。毛織物で富を得たこの地域はスペインの植民地支配から脱するため、1581年に独立宣言をし、これをイギリスが支持し、1609年までに事実上オランダが独立した。

イギリスはスペインと対立していたので、敵の敵は味方という図式で、オランダを支持したのだった。この独立戦争の過程で、1588年にスペインの無敵艦隊がイギリス海軍に壊滅させられ、これがスペイン凋落のきっかけとなった。

ヨーロッパとアジアの間での交易は、新大陸アメリカの発見と、それまでは陸路だけだったアジアとヨーロッパが海路でも結ばれたことにより飛躍的に拡大した。最初、新大陸（アメリカ）貿易はスペイン、東方（アジア）貿易はポルトガルが覇権を握った。世界市場はこの二国によって分割

された。

■オランダの台頭

次いで、16世紀後半には、スペインに代わってオランダが台頭する。

オランダでは現在の株式会社の原型というべき制度が生まれた。それが1602年の東インド会社である。

東インド会社においては、出資者に対して株式を発行し、その株式は第三者に売却してもいいという、現在の株式会社のシステムが導入され、成功した。

かくして、オランダ東インド会社は、歴史において、世界最古の株式会社となる。

株式会社が生まれれば、その株を売買する取引所も必要となる。1613年、オランダのアムステルダムに世界最初の証券取引所が設立された。

さらに、1609年にはアムステルダムにも銀行が設立された。イタリア同様に、為替の決済を主たる業務としていたが、貸付業務も行なった点で、イタリアとは異なっていた。

イタリアは銀行発祥の地であったが、カトリックでは金を貸して利子を受け取ることが教義に反しているとされ、禁止されていたのである。しかしオランダはプロテスタントであり、利子をとることは禁止されていなかった。そこでアムステルダム銀行は、貸付業務も堂々とできたのである。

こうしてオランダの商人は、金融という新しい産業を生み出した。富が富を生む構造が生まれたのである。

インカ帝国が滅亡した本当の理由

　コロンブスのアメリカの「発見」は、ヨーロッパからの視点にすぎないことから、こんにちでは「到達」というようになったが、いずれにしろ、最大の被害者は先住民だった。
　火薬、鉄砲といった武器をもたなかった先住民族は、またたくまに虐殺され、彼らの国家、文化は滅亡に追い込まれた。
　アメリカ大陸を領有したスペインが、本格的な植民を開始するのは16世紀に入ってからである。
　1519年、コルテス率いる征服部隊が、11隻の艦隊に508人の兵を乗せて、メキシコ、ユカタン半島に着いた。当時、そこを支配していたのはアステカ帝国だった。
　コルテスは反アステカの先住民たちをそそのかして叛乱させ、それに乗じて首都を制圧した。1521年には3万人を虐殺し、アステカ帝国を完全に滅亡させた。
　1531年、スペイン王室の支援を得たピサロが180人の兵で南米に向かった。その地で繁栄していたインカ帝国が、兄弟間の帝位争いをしていたので、それに乗じて帝国を滅ぼしてしまった。1533年のことである。
　征服者たちは、先住民を奴隷にして働かせた。南米で産出される金、銀、タバコ、とうもろこし、じゃがいもなどが、本国スペインに送られた。年間100隻の船が、スペインと新大陸の間を往復したという。
　先住民族の工芸品には、金銀が豊富にちりばめられていたので、それらは、潰され、単

192

なる金塊、銀塊になってしまい、多くの文化遺産が失われた。もっとも、この時代には「文化遺産」という考えそのものがなかった。

16世紀初頭には9000万人がいたと推定されるアメリカ先住民は、奴隷としての過酷な強制労働や伝染病で激減し、17世紀には350万人になっていたという。

こうして安い、ただ同然の労働力が不足すると、今度はアフリカから黒人が強制的にアメリカへ連れてこられ、奴隷となった。

宗教改革が後世に与えた影響とは

ローマ教皇レオ10世によるサン・ピエトロ大聖堂の大改築は、莫大な経費がかかった。その費用を集めるために、ローマ・カトリック教会は、免罪符を発行して売ることにした。

それまでは信仰によってしか救われないとされていたのだが、免罪符を買えば「教会に対する善行」として認められ、死後、天国に行けることになったのである。

多くの人がこれを買って救われようとし、一種の税金のようなものになった。ローマ教会は多大な利益を得た。

実は、この教会の免罪符商法は、フランス、スペイン、ポルトガルといった、中央集権が進み王権が教会よりも強くなった国ではうまくいかなかった。

だが、神聖ローマ帝国（ドイツ）では、皇帝権力が弱かった。皇帝とはいうものの、諸侯のなかの盟主でしかなく、その諸侯は300以上もいて皇帝と対立し、国家としては分裂状態にあった。

ローマ教会の悪税に対して、まとまって抵抗できる状態になかったのだ。

ローマ教会はドイツでの免罪符商法がうまくいったので、莫大な利益を得た。だが、儲けすぎたことで、思わぬ事態を招いてしまう。

そもそも、免罪符を買えば救われるなどとは、聖書のどこにも書いていないのである。つまり、イエス・キリストはそんなことを言っていない。これに疑問を抱く者が出ても不思議ではない。

1517年、ドイツの修道士ルターは、信仰によってのみ救われるはずだ、という内容の「95か条の論題」を発表した。ローマ教皇に異議を唱えたのである。少し前ならば、宗教裁判にかけられ、異端者として火刑になるところだった。

だが、ルネサンス精神が、ルターを強くさせた。ルターの主張はエスカレートしていき、ついには教皇権そのものまで否定してしまう。こうなれば、教皇としてはルターを破門せざるを得ない。だが、教皇権を否定しているのだから、ルターは破門になっても恐くはなかった。

そんなルターを支持する人々が増えていった。ルターは、それまでラテン語のものしかなかった聖書を、誰もが読めるようにドイツ語に翻訳し、これを印刷した。神父などの聖職者がなぜ尊敬されていたかというと、普通の人々はラテン語が理解できないので、聖書が読めなかったからである。

聖職者は聖書を独占することで、権威を高めていたのだ。ルターはその聖書を一般に普及させた。

こうしたルターの動きを、ドイツ（神聖ロ

▶宗教改革のころのヨーロッパの国々

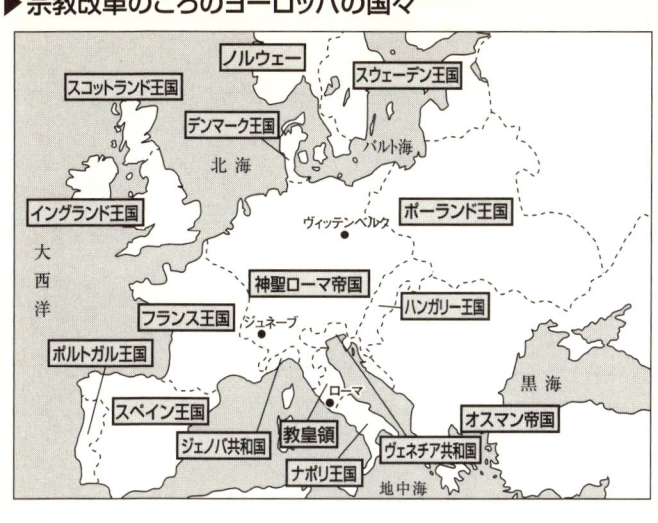

ーマ帝国)皇帝カール5世は、当初は黙認していた。しかし、反ローマ教皇の運動が、やがて反皇帝派の諸侯や都市住民、そして農民のあいだに広がっていくと、弾圧政策に切り替えた。ルター派はこれに抗議（プロテスタント）した。

ここに、カトリックに対するプロテスタントが誕生した。カトリックを旧教、プロテスタントを新教ともいう。

ルター派となった諸侯は、カトリック支持の皇帝と対立した。

1555年、神聖ローマ帝国皇帝カール5世は、ついにそれぞれの諸侯・自由都市が、カトリックとプロテスタントの好きなほうを選んでいいことを認めた。

ただし、諸侯や都市がどちらかに決めたら、住民はそれに従わなければならない、「1人

キリスト教の新たなる展開

宗教改革の波は、フランスにも波及した。ルターに共鳴したカルヴァンが、改革運動を始めた。迫害されたのでスイスに亡命し、ジュネーヴを拠点として、聖書中心主義の「予定説」を説いた。

カルヴァンは、救いを確信するためには、自分の職業に専念すればよいと説いた。利潤追求を認めたことで、商工業者からの圧倒的な信仰を集めるようになった。

イギリスでは、ドイツやフランスとはまったく違う理由から、イギリス国教会がカトリック教会から分離した。ときのイングランド王ヘンリー8世には、スペイン出身の王妃がいたのだが、離婚したがっていた。しかし、カトリックでは離婚は禁止されている。

ヘンリー8世は、カトリック信者としての信仰は篤かった。だが、ローマ教皇がどうしても離婚を認めないため、1534年にカトリックから分離して、イギリス国教会を作ったのである。

その次のエドワード6世が、プロテスタントの教義の一部を取り入れるようになった。しかし、その後、プロテスタントは弾圧された。

このイギリスのプロテスタントのことをピューリタンという。

1559年、エリザベス1世の時代になる

の支配者のいるところ、一つの宗教」という原則が決められ、住民それぞれには宗教を選ぶ自由はなかった。

と、統一法が出され、イギリス国教会が改めて確立された。

イギリス国教会は、トップは国王。その下に、大主教がいて、以下、主教、司祭・執事、そして信者、というピラミッド型組織である。儀式はカトリックの様式なのだが、教義にはルターやカルヴァンの考え方を取り入れている。

カトリック内部でも、プロテスタントを生んでしまった反省から、改革の動きが始まった。しかし、それは、教会と教皇の権威をより強めるという方向での改革だった。

1534年、イエズス会が設立され、積極的な布教活動が始まった。

大航海時代となり、スペイン、ポルトガルが海外に植民地を求めて出かけるのに便乗し、中国、そして日本への布教も行なわれるのである。

1545年から1563年までに三回開かれたトレント公会議では、教皇の権威と正統性が確認され、宗教裁判が強化され、焚書目録が制定され、プロテスタントとの対立を激化させていく。

ユグノー戦争の発火点になった宗教対立

1562年、カトリックとプロテスタントとの対立が激化し、戦争にまで発展した。フランスのカルヴァン派はユグノーと呼ばれ、この頃10万人とも30万人ともいわれる信徒数になっていた。

このユグノーたちが礼拝していたところを

襲われた。その後もユグノーへの攻撃は続き、1572年にはサンバルテルミで3000人が虐殺された。

ドイツのプロテスタント派の諸侯、イギリス、オランダがプロテスタント側に、ローマ教皇とスペイン王がカトリック側につき、国際紛争にまで発展し戦争は長期化した。

1589年、フランスにブルボン朝を建てたアンリ4世はユグノー教徒だったが、王位に就くとカトリックに改宗し、ナントの勅令を出した。

カトリックを保護しつつ、プロテスタントの権利も認めるという内容で、異教徒同士が共存していく道が開けたのである。こうして、フランスの内戦にまで発展したユグノー戦争は終結した。

だが、ドイツでの新教と旧教の対立はまだ

▶フランスとドイツの宗教戦争

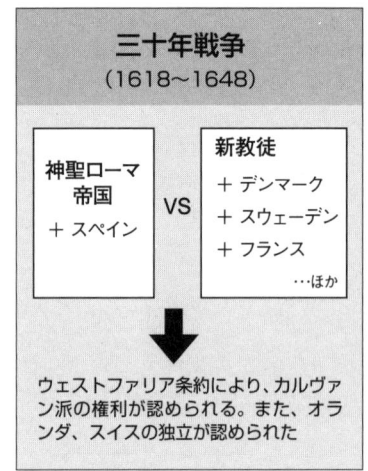

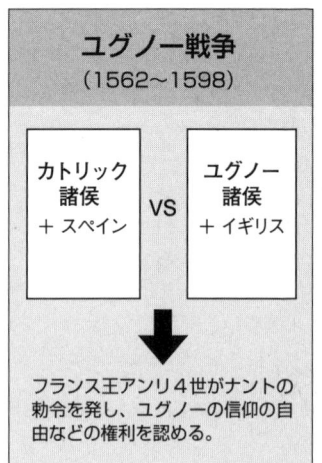

三十年戦争
(1618〜1648)

| 神聖ローマ帝国 +スペイン | VS | 新教徒 +デンマーク +スウェーデン +フランス …ほか |

↓

ウェストファリア条約により、カルヴァン派の権利が認められる。また、オランダ、スイスの独立が認められた

ユグノー戦争
(1562〜1598)

| カトリック諸侯 +スペイン | VS | ユグノー諸侯 +イギリス |

↓

フランス王アンリ4世がナントの勅令を発し、ユグノーの信仰の自由などの権利を認める。

終わっていなかった。

「日の沈まぬ帝国」となったスペイン

スペインは、前述のように新大陸からの簒奪と搾取で巨額の利益を得て、それを海軍力の強化のために投入したので、「無敵艦隊」と呼ばれる、強大な海軍を持つようになった。

1571年、それまでイスラム勢力に握られていた地中海の制海権を、レパント海戦でオスマン軍を撃破することで奪還した。

だが、スペインとポルトガルの栄光の時代は、意外なかたちで終わりに向かう。

1580年、ポルトガルの王統が途切れてしまった。

スペイン王フェリペ2世は母后がポルトガルの王女だったので、自分に王位継承権があると主張し、ポルトガルの状況はというと、スペイン王国の創始者であるフェルナンド王とイサベル女王が死ぬと、スペイン王位には、遠縁のハプスブルク家のカルロス1世が即位した。カルロス1世はフェリペ2世の父で、後に神聖ローマ帝国皇帝になり、カール5世ともいう。

この結果、ハプスブルク家は、もともとの領地であるオーストリアのほかに、ネーデルラント、ナポリ、シチリア、サルディニア、スペインと、その海外植民地、つまり、アメリカやアジアを領有することになったのである。

それによって、スペインの領土は常にどこかが昼となったので、「日の沈まぬ帝国」と

呼ばれる。

だが、1568年から、ネーデルラントで独立戦争が勃発した。戦争はキリスト教のカトリックとプロテスタントの宗教戦争の側面ももっていた。

長期化し、1581年、新教のカルヴァン派による北部7州が、ネーデルラント連邦共和国の独立宣言をし、1609年に、スペインもそれを認めた。

1588年、スペイン無敵艦隊は、イギリス本土を征服しようとしたが、イギリス艦隊に迎撃され、壊滅したというのはすでに触れた通りである。

こうして、スペインの没落が始まった。1598年、フェリペ2世が亡くなったときには、国家財政は破綻状態にあった。

▶16世紀後半のハプスブルク家の領土

スペイン王フェリペ2世の領土

オーストリア＝ハプスブルク家の領土

イングランド王国
神聖ローマ帝国
ネーデルラント
ポーランド王国
フランス王国
ハンガリー王国
ポルトガル王国
教皇領
スペイン王国
ナポリ王国
オスマン帝国
サルディーニャ王国
シチリア王国

【経済史のポイント2】
世界経済の覇権をイギリスがオランダから奪い取れた理由

■ オランダが衰退した本当の原因

イギリスの経済成長と表裏をなすオランダ衰退の理由は、「ものづくり」を忘れたからだった。

オランダ経済は、当初は毛織物工業を発展させることで富を蓄え、世界経済の覇権を握り、その富を生む金融産業を確立させた。そうなると、毛織物を生産してそれを海外に売り、利潤を得るという地道な商売よりも、アジアとヨーロッパの香辛料の価格差でその差益を得る貿易や、さらには資金を出資して配当を得ることや、他人に貸し付けて利子を得る金融ビジネスのほうに重点が置かれるようになる。

それでも金融大国として揺るぎない地位を維持しているうちはよかったが、やがてイギリスが金融面でもオランダを追い抜こうとする。ここにいたり、オランダは覇者の座を奪われてしまうのである。

■ イギリスの政治改革

こうしてイギリスは、オランダから世界経済の覇者としての地位を奪い取ったわけだが、その背景にあったのが、さまざまな政治改革だった。

やがてイギリスが成功する産業革命は、さまざまな「革命」が集積した結果である。まず政治体制としての「市民革命」が必要だった。

西欧には16世紀から「絶対王政」と呼ばれる強い王権が誕生した。

その代表がスペインであり、イギリス、オーストリア（神聖ローマ帝国）、フランス、ロシアなどである。これらの国では国王の権限が強く、相対的に貴族の力が弱くなっていった。

西欧での封建制度とは、単純に言えば、国王が貴族（諸侯）に領地を与え、その代償として貴族は国王に忠誠を誓い、外敵が攻めてきた場合は戦うことを契約する社会である。完全な縦型の主従関係ではなく、ある程度対等な契約関係にあった。そのため、西欧では国王と貴族が対立するという事態が起きるのである。

国王と、台頭してきた富裕な商人とは、貴族を排除する点で利害が一致した。国王は商人に商業活動を自由にさせることで経済を拡大し、王室の財政をそこからの利益で賄うようになる。将来的には、こうして力を得た商人が市民階級として成長し王制そのものを倒すわけだが、当初は国王と商人とは利害が一致していたのである。

なかでもイギリスは王権が強く、貴族＝封建領主の力が弱かったので、農民の土地保有権の確立が早かった。

イギリスの絶対王政はエリザベス1世の時代にピークを迎える。この時代にイギリスはスペインを海戦で壊滅させ、1600年には東インド会社を設立し、アジア貿易、さらにはアメリカ新大陸へも進出した。

その結果、ジェントリと呼ばれる商人と富農が台頭し、その逆に貴族階級は没落していくのである。

ドイツ三十年戦争とプロイセン王国の誕生

フランスで新旧のキリスト教同士の争いが落ち着くと、その次は、ドイツでも宗教戦争が始まった。

1555年に諸侯と自由都市単位の信仰の自由が認められたものの、住民1人ずつは、その領主や都市が決めた宗教を信仰しなければならなかった。さらに、プロテスタントのなかでも、カルヴァン派の信仰は認められなかった。これに市民たちは不満を抱いていたので、新旧の対立がくすぶっていた。

そんなところに、神聖ローマ帝国皇帝フェルディナント2世はボヘミア王（今のチェコ）を兼ねることになった。皇帝はカトリックである。

皇帝がボヘミアのプロテスタント（新教）を弾圧し始めたので、1618年、ボヘミア神教同盟が組織され、皇帝との対立が激化しだした。

スペインは皇帝を支持、デンマークは新教を助けるためにドイツに侵攻し、イギリスとオランダ、そしてスウェーデンがそれを支援した。戦争の舞台はドイツだった。30年にわたり戦われ、1648年、皇帝、つまりドイツの事実上の敗北で終わった。

終戦にあたって締結されたウェストファリア条約によって、カルヴァン派の信教の自由が認められ、さらに、ドイツの諸侯と都市の自治権も認められた。スイス、オランダの帝国からの独立も承認され、フランスとスウェーデンの領土も拡大した。

1701年、ドイツのなかで、この三十年戦争の被害が少なかったのが、バルト海沿岸の地域で、そこにあったプロイセン公国は、ブランデンブルク選帝侯国と合併し、プロイセン王国になった。このプロイセンが後にドイツ全体を支配するようになっていくのである。

民主主義の新しい段階——ピューリタン革命

イギリスの民主主義への道が、新たな展開を迎えたのが、ピューリタン革命である。

エリザベス1世は、国王直属の枢密院を中心に政治をおこない、議会無視の傾向を強めた。その治世44年間のうち、議会を開いたのは、わずか11回だった。

この時代のイギリスは、当時無敵艦隊を誇っていたスペインを海戦で破り、七つの海を支配する足がかりとした。1600年には東インド会社が設立され、アジア貿易、さらにはアメリカ新大陸へも進出していった。

エリザベス1世が亡くなると、スコットランド王ジェームズ1世がイングランド王も兼ねることになった。こうして、イングランドとスコットランドは、共通の国王をもつが、異なる政府・議会という「同君連合」という体制になった。両国がひとつになるのは、1707年である。

ジェームズ1世は王権神授説を唱え、専制政治を断行した。商業の発達で新たな階層が力をつけてきたところに、上からの強権政治を行なったので、新興勢力が集まる議会と、国王との対立は激化した。

▶イギリス革命の流れ

期間	年	出来事
ジェームズ1世 1603–1625	1603	ステュアート朝成立 （スコットランドと同君連合） 王権神授説を唱え専制政治を行う
	1621	議会による「大抗議」
チャールズ1世 1625–1649	1628	「権利の請願」を王に認めさせる
	1629	議会の解散
	1641	「大諫奏」（国王に対する抗議書）を提出
	1642	内乱始まる
ピューリタン革命（〜1649）		
	1643	クロムウェルが鉄騎隊を組織
	1646	国王降伏
	1649	国王処刑
共和政 1649–1660	1649	共和政を宣言
	1651	ホッブズ『リヴァイアサン』執筆
	1653	クロムウェル、護国卿に就任
	1658	クロムウェル死去
チャールズ2世 1660–1685	1660	亡命先のフランスより帰国（王政復古） カトリック化をはかる 議会の復活
ジェームズ2世 1685–1688	1688	オラニエ公ウィリアムと妻メアリを国王として招く ジェームズ2世、フランスに亡命
名誉革命		
ウィリアム3世 （〜1702） メアリ2世 （〜1694） 1689–	1689	**「権利の章典」発布　立憲君主政の確立** ロック『市民政府二論』執筆
アン 1702–1714	1707	大ブリテン王国成立
ジョージ1世 1714–	1721	責任内閣制が始まる **「君臨すれども統治せず」の原則**

新興の商工業者や豊かな農民、さらには貴族の一部のあいだに、新教のピューリタニズム（清教徒）の信仰が広がり、ピューリタン（清教徒）は議会の大半を占めるようになった。

ジェームズ1世はピューリタンの弾圧に乗り出した。こうして、「信教の自由」を求めて1620年、102名のピューリタンがメイフラワー号に乗り、アメリカにわたった。

1625年、ジェームズ1世が亡くなると、チャールズ1世が即位した。新王は父にならい、ピューリタンへの弾圧を続けた。議会は強く反発し、1628年、「権利の請願」を、王に認めさせた。これは、議会の同意なしに課税することを禁じ、さらに不当逮捕も禁じるものだった。

国王と議会との対立はいったん内乱鎮圧に必要な戦費調達を目論む国王と、それに反対する議会も一枚岩ではなかったが、実権を握ったのは、ピューリタンのクロムウェルだった。彼はピューリタンを組織して「鉄騎隊」をつくり、軍も掌握した。クロムウェル率いる軍は、1645年についに王党軍を破った。

1649年、ついに国王チャールズ1世は処刑され、共和政が樹立された。ピューリタン革命である。

だが、クロムウェルの天下は短かった。ピューリタンは質素で禁欲的な生活を旨としていたので、クロムウェルは国民にもそれを強制した。その結果、ピューリタン以外の国民に不満が鬱積し、議会では穏健派が力をつけていった。そんななか、1658年にクロムウェルは病死した。

が、スコットランドで起きた内乱鎮圧に必要

▶イングランド王の系図

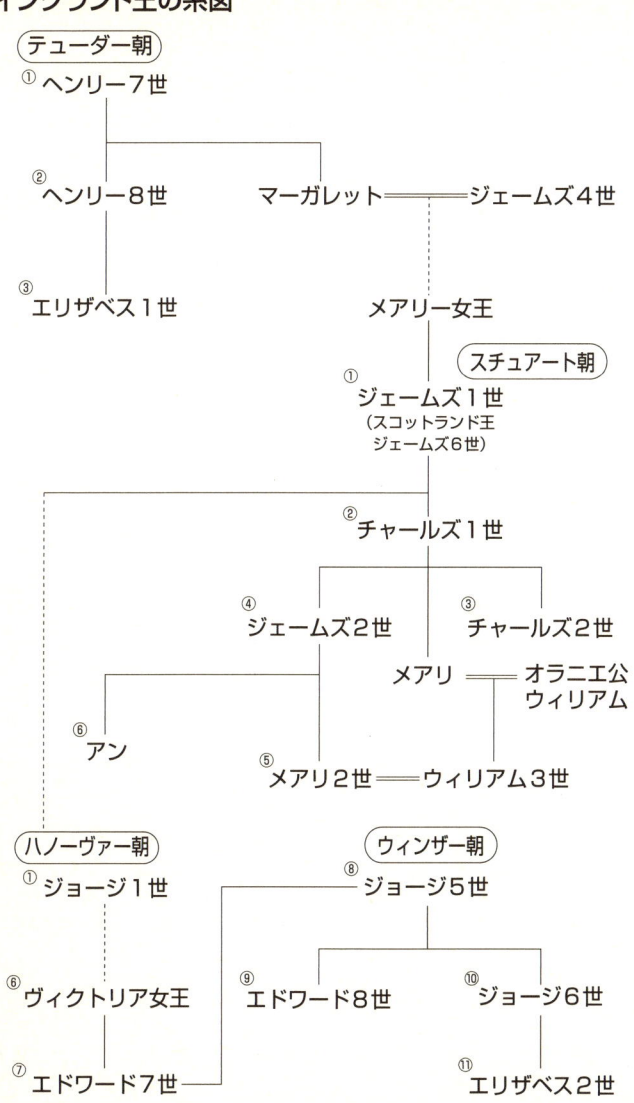

(テューダー朝)
① ヘンリー7世
├── ② ヘンリー8世
│   └── ③ エリザベス1世
└── マーガレット ══ ジェームズ4世
    └── メアリー女王

(スチュアート朝)
① ジェームズ1世（スコットランド王ジェームズ6世）
└── ② チャールズ1世
    ├── ④ ジェームズ2世
    │   ├── ⑥ アン
    │   └── ⑤ メアリ2世 ══ ウィリアム3世
    └── ③ チャールズ2世
        └── メアリ ══ オラニエ公ウィリアム

(ハノーヴァー朝)
① ジョージ1世
⋮
⑥ ヴィクトリア女王
└── ⑦ エドワード7世
    └── ⑧ ジョージ5世

(ウィンザー朝)
⑧ ジョージ5世
├── ⑨ エドワード8世
└── ⑩ ジョージ6世
    └── ⑪ エリザベス2世

1660年、議会穏健派はフランスに亡命していた国王一族を呼び戻し、チャールズ2世が王位に就いた。王政復古である。

チャールズ2世はカトリックに改宗した。その死後は弟のジェームズ2世が継ぎ、彼もカトリック側に立ち、以前のような絶対王政を目指した。だが、歴史はもとには戻らない。新教徒の多い議会は強く反発し、対立が深まった。

1688年、議会は国王を廃位に追い込み、新たに、新教徒のオランダ総督に嫁いでいた王の娘メアリを国王にした。新王夫妻がイギリスに上陸すると、ジェームズ2世は、抵抗せずにフランスに亡命した。こうして、一滴の血も流さずに、政権交代が行なわれた。これを「名誉革命」という。

新王は「権利の章典」を発布し、議会中心の立憲王政が確立された。ここに、国王より議会が優位に立つことが決まったのである。

1714年、女王アンが亡くなると、直系の子がなく、弟はカトリックだったため、議会はプロテスタントの親戚をさがし、ドイツのハノーヴァー選帝侯ジョージ1世がイギリス国王として迎えられた。

しかし、すでに50歳をこえていた新王は、イギリスについて何の関心も示さず、また英語もほとんど理解しなかった。閣議にも出席せず、大臣のひとりが内閣総理大臣となって、王の代理の実務を担うことになった。これを「責任内閣制」といい、イギリス国王の「君臨すれども統治せず」の原則の始まりとなった。

こうして、議会と、内閣という2本の柱が確立されたのである。両者がさらに融合し、

議院内閣制になる。

フランス絶対王政の光と影

「ナントの勅令」によって、新教徒にも信仰の自由が認められたフランスは、ブルボン王朝のもと、絶対王政の体制になった。

ブルボン王朝の初代はアンリ4世で、絶対王政の基礎を築いたとされている。ユグノー戦争で分裂した国内をまとめ、対立していたスペインとも和解した。

パリの再開発にも着手し、セーヌ川にまたがるポンヌフ橋の建造を中心に、大規模な工事が行なわれた。パレ・ロワイヤルやルーブル宮殿の大ギャラリーの建造もアンリ4世の功績のひとつである。

▶ルイ14世が関わった主な戦争

ファルツ継承戦争（1688〜97）

| フランス | VS | ドイツ
+イギリス
+オランダ
+スペイン
+スウェーデン | → | ウィリアム3世をイギリス王として認める |

南ネーデルラント継承戦争（1667〜68）

| フランス | VS | スペイン
+イギリス
+オランダ
+スウェーデン | → | 領土拡大 |

スペイン継承戦争（1701〜13）

| フランス
+スペイン | VS | オーストリア
+イギリス
+オランダ
+プロイセン | → | 衰勢のきっかけとなる |

オランダ侵略戦争（1672〜78）

| フランス
+イギリス
+スウェーデン | VS | オランダ
+イギリス
+スペイン
+ドイツ諸侯 | → | 領土拡大 |

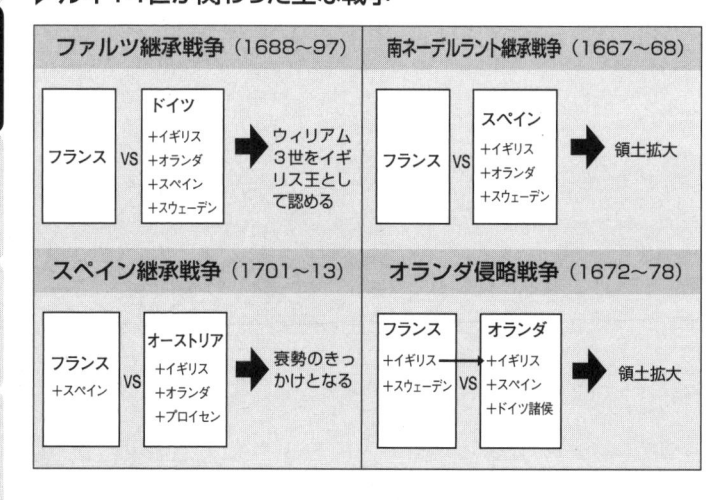

だが、1610年、アンリ4世は暗殺されてしまった。

その後を継いだのが、まだ9歳のルイ13世だった。少年期には、母が摂政となり、成人後は宰相リシュリューが実権を握った。リシュリューはドイツの三十年戦争に加わり、ハプスブルク家を苦しめた。フランスの議会である三部会は、ルイ13世の治世には一度も開かれることがなく、王権が強化されていった。

「太陽王」と呼ばれ、フランス絶対王政を象徴するのが、ルイ14世である。

1643年、宰相リシュリューの後を追うようにして国王ルイ13世は亡くなり、その子の14世がまたも幼くして新国王になった。そのとき、ルイ14世はまだ4歳だった。

14世を補佐し、実権を握ったのが、宰相マザランで、ドイツ三十年戦争をフランスの有利になるように終わらせた。一方、フランス国内でも貴族の一部が、国王による絶対王政に反発し叛乱したので、それを鎮圧し、国内秩序安定にも努めた。財政面でも、国庫の建て直しをはかった。

1661年、宰相マザランが死ぬと、すでに成人していたルイ14世の親政が始まった。国王はコルベールを財務総監に起用し、重商主義政策を推し進めた。

フランスの東インド会社が再興され、ヴェルサイユ宮殿が建てられ、栄華を極め、太陽王と称されたのである。

だが、磐石かと思われたフランス絶対王政は、徐々に崩壊へと向かっていく。

1685年、ナントの勅令を廃止したことで、国内の新教徒十万人が亡命した。彼らは裕福な商工業者が多かったので、フランスの国内

▶ブルボン王朝の系図

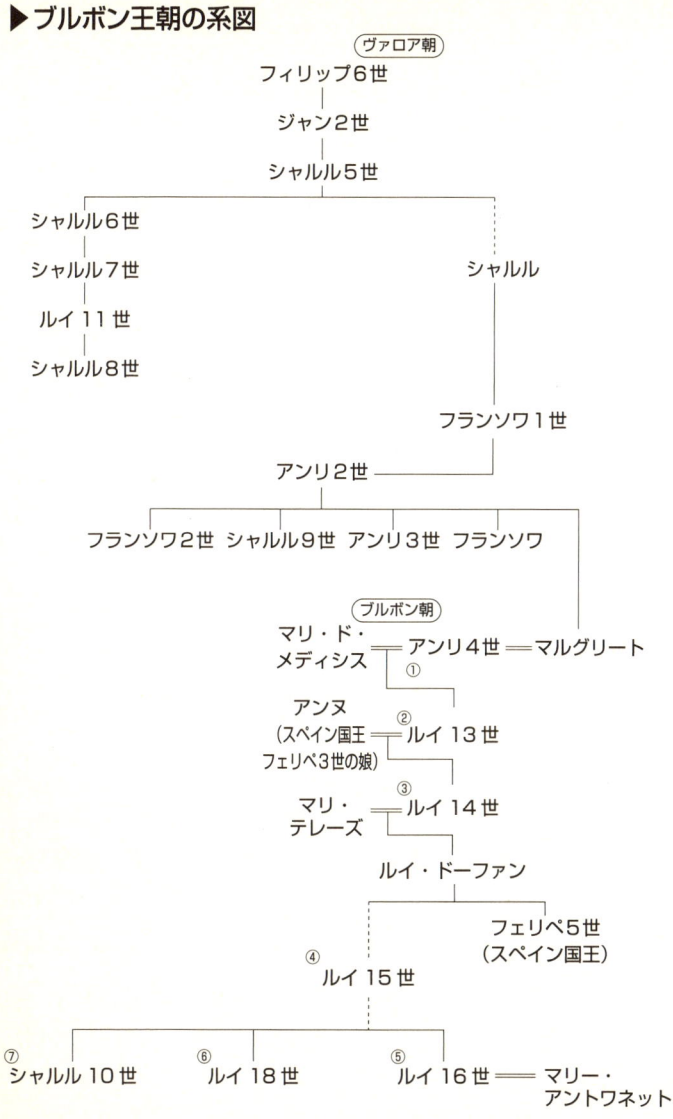

```
(ヴァロア朝)
フィリップ6世
  │
ジャン2世
  │
シャルル5世
  ├──────────────────┐
シャルル6世          シャルル
シャルル7世              ┊
ルイ11世
シャルル8世
                    フランソワ1世
                        │
                    アンリ2世
  ┌────────┬────────┬────────┐
フランソワ2世 シャルル9世 アンリ3世 フランソワ

(ブルボン朝)
マリ・ド・ ═ アンリ4世 ═ マルグリート
メディシス     ①
    アンヌ        ②
(スペイン国王 ═ ルイ13世
フェリペ3世の娘)
                ③
    マリ・  ═ ルイ14世
    テレーズ
            │
        ルイ・ドーファン
            ┊
                    フェリペ5世
                  (スペイン国王)
        ④
        ルイ15世
  ┌──────┬──────┐
 ⑦       ⑥       ⑤
シャルル10世 ルイ18世 ルイ16世 ═ マリー・
                              アントワネット
```

経済は大打撃を受けた。

領土を広げようと、ルイ14世は、1667年には南ネーデルラント継承戦争、1672年にはオランダ侵略戦争、1688年にはファルツ継承戦争、1701年にはスペイン継承戦争と、侵略戦争を繰り返した。このための戦費と、ヴェルサイユ宮殿の巨額の建設費などで、財政は逼迫していった。

ルイ14世が1715年に亡くなると、その曾孫(ひまご)のルイ15世が国王になった。15世は積極政策を継承し、ポーランド継承戦争、オーストリア継承戦争に参加した。だが、これが、ますます国家財政を圧迫させた。七年戦争ではアメリカ大陸の権益を失い、これがフランスの衰退につながった。

国王は政治への関心を失い、宮殿で愛人との愛欲生活におぼれるようになった。

このころに登場したのが、啓蒙思想家と呼ばれる、ヴォルテール、モンテスキュー、ルソーなどだった。

1770年、ハプスブルク家との和議のために、同家の王女マリー・アントワネットとルイ15世の孫で王位継承者の16世が結婚した。

こうして、長年にわたり敵対してきた両王家、すなわちオーストリアとフランスの和解は成立した。

それを見届けた後、1774年、ルイ15世は天然痘で崩御した。後を継ぐのは、その孫のルイ16世だった。

オーストリア継承戦争の裏側

ハプスブルク家は、各国の王家や公家との

▶ハプスブルク家の系図

```
③ マクシミリアン1世            スペイン王      カスティーリャ女王
                              フェルナンド5世 = イサベル
   フィリップ ═══════════════════════════ ファナ
        │
   ┌────┴────┐
オーストリア系            スペイン系
⑤                      ④
フェルディナント1世      カール5世（スペイン王カルロス1世）
   │                      │
⑥                      フェリペ2世
マクシミリアン2世  ⑨       │
   │       フェルディナント2世   フェリペ3世
⑦           │
ルドルフ2世  ～
            ⑬
         カール6世
            │
       マリア・テレジア
```

　　　は神聖ローマ皇帝

政略結婚を繰り返し、ブルゴーニュ公国領ネーデルラント（オランダ）や、スペイン王国とナポリ王国も手にし、ヨーロッパの大領主となった。

1521年、ハプスブルク家はスペイン系ハプスブルク家とオーストリア系ハプスブルク家に分かれた。スペイン系はカール5世、その弟のフェルディナント1世がオーストリアを継いだ。

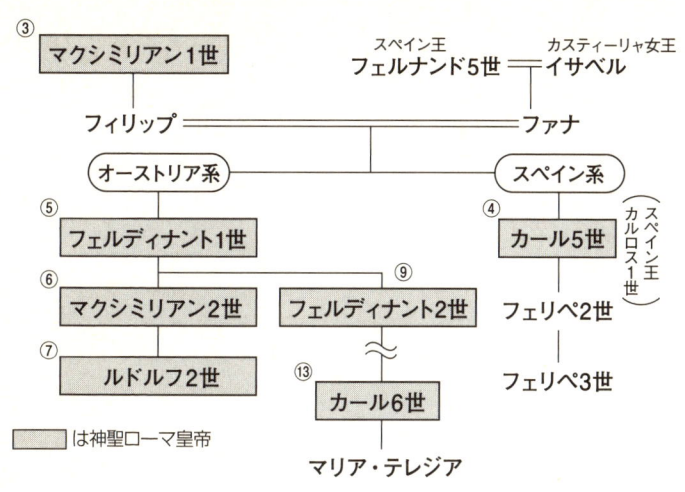

1526年、ボヘミアとハンガリーの王の座が空位になると、フェルディナント1世が、それを継承した。これにより、オーストリアのハプスブルク家は東欧にまで勢力を伸ばすことになった。

1531年、カール5世が皇帝の座にあったが、フェルディナント1世はドイツ国王になり、1556年に兄のカール5世が退位す

ると、皇帝になった。

実は、この兄弟のあいだでは、フェルディナントの次はカールの息子が帝位を継承し、以後、二つの系統が交互に継いでいこうと取り決めてあった。

しかし、フェルディナントはこれをなかったにし、次の皇帝には息子のマクシミリアン2世を即位させた。

以後、フェルディナント系のオーストリア・ハプスブルク家が、神聖ローマ皇帝の帝位を世襲していった。

1740年、神聖ローマ帝国皇帝カール6世が亡くなった。しかし、彼には男子継承者がなく、長女のマリア・テレジアが後を継ぐことになった。

だが、男性でなければならないとして、ザクセン公とバイエルン公が、自分こそが継承者であると主張、これにスペインとフランスが味方した。

さらに、プロイセンがシュレジエン地方の領有を認めてオーストリアに侵攻した。

こうして起きたのが、オーストリア継承戦争である。

1748年に終戦にあたって結ばれた条約により、マリア・テレジアの夫のフランツ1世が皇帝になることと、プロイセンがシュレジエン地方を領有することが決まった。

自分は帝位には就かなかったが、実質的な皇帝はマリア・テレジアだったので、彼女は「女帝」と呼ばれるようになる。彼女の娘のひとりが、フランス王妃となるマリー・アントワネットである。

【経済史のポイント3】
産業革命
「世界の工場」になったイギリス

■資本主義の前提条件

こんにちでは、「工業」というと、自動車やエレクトロニクス製品の製造を思い浮かべるが、産業革命によって誕生した新しい産業、すなわち工業は、当時は毛織物工業だった。

イギリスはオランダにならい、羊毛と毛織物工業を発展させていった。この産業に参入したのは、下層貴族と豊かな商人であった。一方、農業でも生産性が高まり、大量生産のために土地の囲い込み（エンクロージャー）がなされたことで、多くの農民が土地を失い、毛織物工業の労働者として働くようになる。

こうして、工場で人を働かせるという、工場制手工業＝マニュファクチュアが誕生した。

工場制手工業の発展により、効率よく大量にモノが生産できるようになると、価格も下げることができ、たくさん売れるようになる。

すると、それまで家族だけでやっていたような零細手工業者は没落し、工場を所有している人は、ますます儲かるようになり、工場を大きくでき、さらに儲かる。資本が蓄積されていき、資本主義の前提条件がここに整うのである。

こうして、「産業資本家」が生まれた。資本家は工場を所有し労働者を雇って生産するわけだが、自分では働かない。もちろん、「経営」という仕事はしているのだが、労働はしなくなり、ここに資本家と労働者という二つの階級が生まれた。

■産業革命は何をもたらしたか

機械の導入によって生産量は飛躍的に伸びたわけだが、いったいどんな機械の発明が産業革命を可能にしたのであろうか。

新発明・新技術は紡績の分野で起きた。先駆的なものとして、1733年の「飛び杼」の発明がある。それ以降も、紡績機の発明・改良が続く。これらを「技術革命」という。

一方、すでに1712年に実用化されていた蒸気機関は、1769年にジェイムズ・ワットが改良し、熱効率が2倍以上になった。これを「動力革命」といい、1814年にはスティーヴンソンにより蒸気機関車が開発され、1830年に、ついにリヴァプールとマンチェスター間に鉄道が開通する。「交通革命」である。

紡績分野が機械化されると、その機械を作るために鉄の需要が増え、製鉄業も栄えるようになる。製鉄のためのエネルギーとして炭が利用されたので、炭鉱業も発展する。こうして、さまざまな分野に影響を与え、イギリスの産業は大発展を遂げたのである。

最初に「商業革命」があり、富裕な商人が誕生し、そこにさまざまな「革命」が加わり、社会構造の大転換が起きた。

さらに、18世紀に入る頃には、運搬や保管に不便な金貨に代わり、それぞれの銀行が発行する「銀行券」という紙幣が誕生していた。19世紀前半にはイギリス国内には大小600あまりの銀行が営業していたという。

決済業務だけをしていた銀行は、その後、しだいに融資も行なうようになっていく。そして銀行間での資金の貸し借りも行なわれる

▶産業革命の展開

背景
広大な海外市場を持ち、「資本」と「労働力」を確保していた。また、マニュファクチュア(工場制手工業)が普及していた。

↓

綿工業の発展
- ハーグリーブスのジェニー紡績機(1764)
- アークライトの水力紡績機(1769)
- クロンプトンのミュール紡績機(1779)
- カートライトの力織機(~1785)

↓

動力革命
ワットによる蒸気機関の改良(1765~69)

↓

交通・運輸機関の発達
- トレビシックによる蒸気機関車の発明(1804)
- スティーヴンソンが蒸気機関車を実用化(~1814)
- 鉄道開通(1830)

↓

イギリスが「世界の工場」へ

ようになっていった。

一方、中央銀行としてのイングランド銀行は、1694年の時点で設立されていた。これは当初は政府の債務を肩代わりする目的のものだったが、やがて銀行券を発行するようになった。

1816年には金本位制が導入され、イングランド銀行券の金兌換が定着すると、事実上の中央銀行になる。

これは、いまでいう「金融革命」だった。

こうして、市民革命によってますます強くなっていた新興の商人や富農たちは、機械化によって、ますます豊かになり、ここに資本主義が本格的に確立され、イギリスは「世界の工場」と呼ばれるようになる。

独立を勝ち取ったアメリカ

フランスに大激震が起きる前に、アメリカ大陸で、大きな変化が起きた。

南米大陸に進出したのはスペインだったが、北米大陸はイギリスが植民地としていった。

最初に植民したのは、1620年にジェームズ1世の弾圧を受けて、難を逃れようとしたピューリタンたちだった。メイフラワー号という小さな船に102名（そのうち41名がピューリタン）が乗り、現在のマサチューセッツ州コッド岬に着いた。

そこから、植民が開始された。

1732年、メイフラワー号から百年ちょっとのあいだに、北米大陸東部に13の植民地ができ、それぞれが、議会をもつまでに発展していた。すさまじい勢いといえる。

一方、フランスはさらに北のカナダや、五大湖、ミシシッピー川流域に、植民地を開いた。

1755年、オーストリアとプロイセンの間で「七年戦争」が始まった。オーストリアが、継承戦争でプロイセンにとられた領地を取り返そうとしたものだった。プロイセンをイギリスが支援し、かつては敵だったフランスはオーストリアに味方した。

その構図がアメリカ大陸にも持ち込まれ、イギリスとフランスはアメリカ大陸で戦った。この戦争は北米では「フレンチ・インディアン戦争」と呼ばれている。戦いはイギリスの勝利に終わり、フランスは北米での植民地を失

▶アメリカ独立戦争

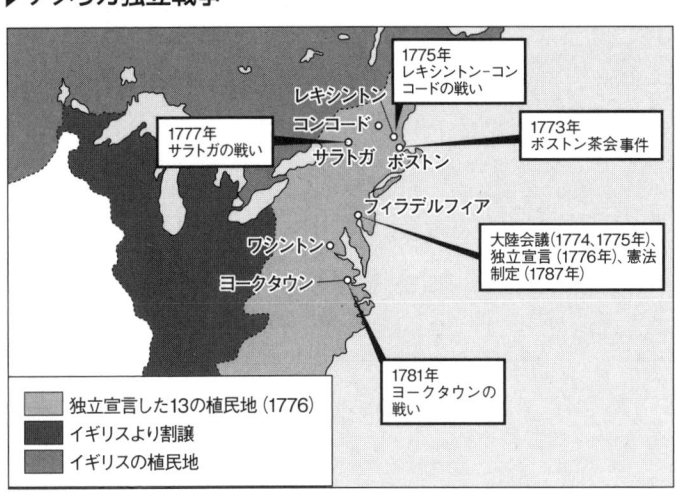

- 1775年 レキシントン-コンコードの戦い
- レキシントン
- コンコード
- 1777年 サラトガの戦い
- サラトガ
- ボストン
- 1773年 ボストン茶会事件
- フィラデルフィア
- 大陸会議(1774、1775年)、独立宣言(1776年)、憲法制定(1787年)
- ワシントン
- ヨークタウン
- 1781年 ヨークタウンの戦い

凡例：
- 独立宣言した13の植民地 (1776)
- イギリスより割譲
- イギリスの植民地

だが、勝ったイギリスは、戦費が膨大になったため国庫が厳しくなり、それまで税制面で優遇していたアメリカの植民地に、本国なみの課税をしなければならなくなった。

それまで、イギリスは重商主義をとっていた。本国の産業を優先的に保護し、植民地は原料供給地と本国の産業の市場として捉えていたのだ。

したがって、植民地には課税をせず、植民地が輸入するものに高率の関税をとったり、植民地産品の輸出禁止といった措置をとっていた。

1765年、それまでの政策を転換し、まず、印紙条例を発布した。公式書類はもちろん、新聞からトランプまで、あらゆる印刷物に印紙を貼ることを義務付けた。つまり、それらを買う場合、税金を払わなければならな

くなったのである。

当然、植民地の人々、とくに、新聞社、法律家、実業家たちが反発した。そして、「代表なくして課税なし」をスローガンにする大反対運動に発展した。

議会に代表を送っていないのだから、課税されるいわれはない、と訴えたのである。この印紙条例は撤廃された。

1773年、イギリス本国は、今度は茶条例を出した。経営難に陥っていた東インド会社を救済するための措置で、同社の紅茶は植民地に無税で輸出され、しかも独占的に販売されることになった。東インド会社の紅茶を、アメリカに押し売りしたわけである。それまで、ヨーロッパから紅茶を輸入して売っていた業者はこれに激怒した。

輸入業者は、東インド会社の船がボストン港に着くと、それを襲い、342箱の紅茶を海に捨ててしまった。そのおかげで、海は茶色くなったので、この事件を「ボストン茶会事件」という。

植民地側は、本国との通商を拒絶するなど、対立を激化させていった。1775年、レキシントンでついに本国軍と植民地軍とが武力衝突した。

ここで登場するのが、ワシントンである。ジョージ・ワシントンは、バージニア州で大農場の農園主の家に生まれた。植民地の議会に進出して、政治的な経験を積み、フランスとの戦争では従軍し、軍人としても有能なところを示した。こうした経歴から、ワシントンは植民地側の最高司令官に選ばれた。

いよいよ独立戦争の勃発である。それを理念的に支えたのが、トマス・ペインが書いて

220

出版した『コモン・センス』だった。そこにはジョン・ロックの社会契約説に基づいた、圧政に対しては抵抗する権利があるという主張が書かれていた。

1776年7月4日、フィラデルフィアで「独立宣言」が発表された。この日をアメリカの建国記念日とするのはそのためである。イギリスの啓蒙思想家ロックの唱える「自由と平等」「社会契約説」「圧政への抵抗権」が盛り込まれ、これがフランス革命に影響を与えた。

イギリス本国は、独立を承認しなかった。しかし、イギリスの敵であるフランスが、アメリカの植民地側についた。さらに、オランダ、スペインといったイギリスの敵が、みな独立を支援した。「敵の敵は味方」というわけである。

1783年、孤立したイギリスは、ついに13州の独立を認め、独立戦争は終わった。独立はしたものの、各州と、連邦中央政府との権限をめぐり、新国家体制は、なかなかまとまらなかった。

1787年、州同士の対立もあったが、ようやく憲法が制定された。立法、行政、司法の三権分立、州の独立色が強いという特徴を持つ憲法だった。

1789年、ワシントンが初代大統領に選出された。

フランス革命はどのように展開したのか

そのころのフランスが何よりもしなければならないのは、国家財政の建て直しだった。

そのためには、聖職者や貴族からの増税が必要だった。だが、彼らはそれに反対した。

国王は、貴族階級に対抗するために、長らく開かれていなかった三部会を招集することにした。議会の力で、聖職者と貴族への課税を実現しようとしたのである。

だが、その時点で、庶民の不満は爆発寸前だった。天災の影響もあり、不作が続き、民衆は、まさに飢えていたのである。三部会の招集は、そうした苦しむ平民層を政治的に目覚めさせた。

1789年5月、三部会が160年ぶりに開かれた。第一身分の聖職者300名、第二身分の貴族が300名、そして、第三身分の平民600名がヴェルサイユに集まったのである。だが、議案の討議以前の、議決方法をめぐって、一か月も空転した。

その間に、第三身分の議員たちは、宮殿の室内球戯場に集まり、自らを「国民議会」と名乗り、憲法が制定されるまで解散しないことを誓った。これを「テニスコートの誓い」という。

国王ルイ16世は、この国民議会を武力で制し、解散させようとした。

これに憤激したのがパリ市民だった。7月14日、絶対王政の圧政の象徴で政治犯が捕えられていたバスティーユ監獄を、武装した市民が襲撃した。

フランス革命の始まりである。そこで、この日がフランス革命記念日となった。

パリで民衆が蜂起したとの知らせはフランス全土に伝わり、各地で農民が叛乱を起こした。

8月に入ると、民衆の蜂起を後ろ盾に、国

民議会は「人権宣言」を採択し、封建的身分制の廃止を求めた。

当初、国王はこれを認めず、議会が求める改革にも抵抗したが、10月、ヴェルサイユ宮殿が民衆に包囲されると、ついに国王は「人権宣言」を認めた。

1791年、立憲君主制を定めた憲法が発布された。この時点では、平民層からなる国民議会も、王政の廃止、共和制への移行までは考えていなかった。

だが、国王一家が亡命を企てたことで事態は一転した。自分の国を捨てようとした者は王にはふさわしくないと、国民は怒ったのである。

亡命は失敗に終わり、国王一家はパリへ護送され、テュイルリー宮殿に軟禁された。王権は停止され、1792年9月には選挙によって選ばれた議員による国民公会が成立し、共和政が宣言された。国民公会は、急進派のジャコバン派が主導権を握るようになっていった。

1793年1月、国民公会での投票により、ルイ16世は死刑宣告を受け、ギロチンで斬首刑となった。王妃マリー・アントワネットもそれに続き処刑された。

ロベスピエールの恐怖政治とは

フランスで国王が処刑されたことは、ヨーロッパの他の国の国王たちに衝撃を与えた。イギリスを中心に、対仏大同盟が結成された。フランスの新体制は、国内の王政派と、国外と、二つの敵を抱えることになる。

国民公会で主導権を握ったジャコバン派を率いるのはロベスピエールだった。国の内外の敵と戦うためには、戦時体制を敷かなければならないとして、王政が倒れると、ロベスピエールの独裁が始まった。それに反対する者は、反革命の鎮圧という口実で逮捕され、処刑された。「恐怖政治」の始まりである。1793年から2年間で3万5000人以上が死刑になったという。

だが、その反動がやってきた。

1794年7月、ロベスピエールは反対派に襲撃され、逮捕されると、すぐに処刑された。これを「テルミドールの反動」といい、急進改革派のジャコバン派は一掃された。

1795年、憲法が作り直されて、五人の総裁からなる総裁政府が成立し、フランス革命は、終息した。

こうして登場した新たなフランスは、史上最初の国民国家だとされている。国王が、いわば勝手に決めた法律と異なり、国民の代表である議会が制定した法律は、国民に対して、より強制力を持つ。国政に参画するようになったことで、国民は「そんなの、俺が決めたんじゃないよ」と言えなくなったのである。

フランスは中央集権を進め、単一の法体系、単一の政治機構、言語、貨幣、度量衡の統一を実現していった。

こうして、いまでは当たり前の国民国家が、登場したのである。

皇帝ナポレオンの栄光と悲劇

総裁政府は、5人の総裁が共同で統治する

という集団指導体制だったので、政権は不定だった。
さらに総裁政府は、フランスを包囲する対仏大同盟に対抗するためにも、軍部に依存せざるをえなくなった。
その軍で、1人の英雄が誕生した。コルシカ出身のナポレオン・ボナパルトである。ナポレオンは革命後に王党派の暴動を鎮圧したことで注目された。
1796年、ナポレオンは27歳でイタリア遠征の司令官に抜擢され、翌年、オーストリアを倒し、北イタリアを獲得した。これにより対仏大同盟は崩壊した。
勢いに乗って、ナポレオンはイギリスとインドの通商ルートを遮断するためにエジプトに遠征に出た。「ピラミッドの戦い」では勝利したものの、その後の海戦でフランス海軍はイギリス艦隊を相手に大敗、ナポレオンの軍勢はエジプトで孤立した。
これを見て、諸外国は再び対仏大同盟を結成し、フランスを包囲した。オーストリアは北イタリアを奪還し、フランス国民のあいだでは総裁政府に対する不満が鬱積した。
1799年12月、エジプトに孤立していたナポレオンは、兵を置き去りにして単身帰国し、そのまま一気にクーデターを起こし、政権を掌握した。これをブリュメール18日のクーデターという。
新しい体制は、3人の統領による統領政府が政権を担うというもので、ナポレオンはその第一統領になった。実質的にはナポレオンの独裁となった。
政権を握ったナポレオンは対仏大連合との和解を試みたが拒絶されてしまった。となる

と、武力で制圧するしかない。

1800年、ナポレオンは出撃した。アルプスを越えて北イタリアに侵攻し、6月にはオーストリア軍を破った。翌年2月、オーストリアは和解に応じたので、対仏大同盟はまたも崩壊、フランスの敵はイギリスのみとなった。そのイギリスとも、1802年に一時的ではあるが和解し、停戦となった。

ナポレオンは、国民の間では人気があったが、反対派も数多くいた。ナポレオン暗殺未遂事件は、何度も起きた。ナポレオンは外国と戦う一方で、国内のテロとの戦いも強いられた。それに対抗するため、ナポレオンはますます強権的になり、1802年には終身統領になり、独裁への道を突き進んだ。

1804年、国民投票により、ナポレオン1世と称し

た。その地位を世襲にすると宣言したのである。これまでフランスには国王はいたが、皇帝はいなかった。外国を支配下に置いていないのだから、当然といえば当然である。この時点でのフランスは、帝国とはいえなかった。したがって、本来なら皇帝と名乗るのはおかしいのだが、革命前の「国王」を名乗るわけにもいかないので、皇帝を名乗ったのである。

1805年、イギリスとの停戦が破られ、再び戦争状態に突入した。ナポレオンはイギリス本国への侵攻を企てた。これを受けて、イギリスを中心にオーストリア、ロシアなどによる第三次対仏大同盟が結成された。

陸戦では、ナポレオンの勝利が続いた。10月「ウルムの戦い」でオーストリア軍を破り、ウィーンを占領した。つづく、「アウステルリッツの戦い」では、ロシアとオーストリア

の連合軍に圧勝した。ロシア軍は、皇帝アレクサンドル1世、オーストリア軍は皇帝フランツ1世がそれぞれ率いていたので、ナポレオンとあわせて3人の皇帝が戦場にいたことになる、史上珍しい会戦で「三帝会戦」とも呼ばれる。

現在のパリの観光名所である凱旋門は、このアウステルリッツの戦いの勝利を記念して建てられたものだ。

陸戦では勝利したものの、ドーバー海峡を渡ってイギリスを攻めることは、英国艦隊に阻まれた。ナポレオンは海戦ではまたも完敗したのである。

だが、オーストリアを完敗させたことは大きかった。ナポレオンは、兄ジョゼフをナポリ王に、弟のルイはオランダ王にした。これらは、神聖ローマ帝国皇帝だったオーストリ

▶神聖ローマ帝国とナポレオンの関係

```
                    レオポルト1世
                    ┌─────┴─────┐
              ヨーゼフ1世        カール6世
                                     │
                          フランツ1世 ══ マリア・テレジア
                          ┌──────────┼──────────┐
                    ヨーゼフ2世  レオポルト2世   マリ・      ══ ルイ16世
                                    │        アントワネット
                              フランツ2世
                                    │
                              マリ・ルイーズ ══ ナポレオン
```

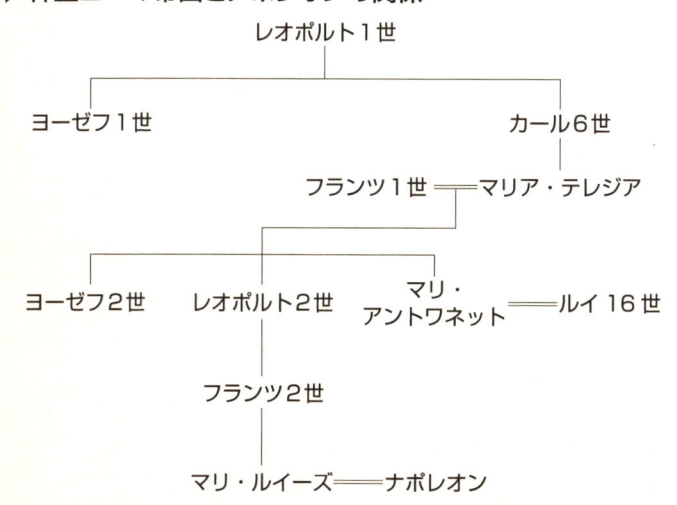

あのハプスブルク家が握っていた地位であり、それを奪い取ったのである。

ここに、ハプスブルク家の神聖ローマ帝国は名実ともに崩壊した。同家の支配圏は、オーストリアとハンガリーなどに限定された。

フランスが強国になることに危機感を抱いたのは、隣のプロイセン（いまのドイツの中心部）だった。

1806年、この プロイセンの働きかけで、第四次対仏大同盟が結成され、イギリス、ロシア、スウェーデンが参加した。

戦いになると、ナポレオンは強い。プロイセン軍は敗北し、国王は逃亡、ナポレオンはベルリンを占領した。

1806年、イギリスに打撃を与えるため、大陸諸国とイギリスとの貿易を禁じる大陸封鎖令を出した。

その後もナポレオンはヨーロッパの国々を支配下に置き、自らの親族を国王にしていった。最盛期には、七つの王国、30の公国がナポレオンの支配下にあり、最初は名目だけであったが、名実ともに「皇帝」になったのである。現在の国名でいえば、イタリア・ドイツ（プロイセンを除く）・ポーランドがフランス帝国の属国になり、オーストリアとプロイセンは従属的な同盟国となった。この頃がナポレオンの絶頂期と評される。その支配下にないのはヨーロッパではイギリスとスウェーデンのみだった。

しかし、大きくなりすぎた帝国は、やがて瓦解していく。まず、スペインで叛乱が起きた。それを鎮圧しようとしたが、ゲリラ戦で敗け、ナポレオンの不敗神話が崩壊した。この小さな敗北が、帝国崩壊の序曲となった。

▶ナポレオンの進軍と支配下地域

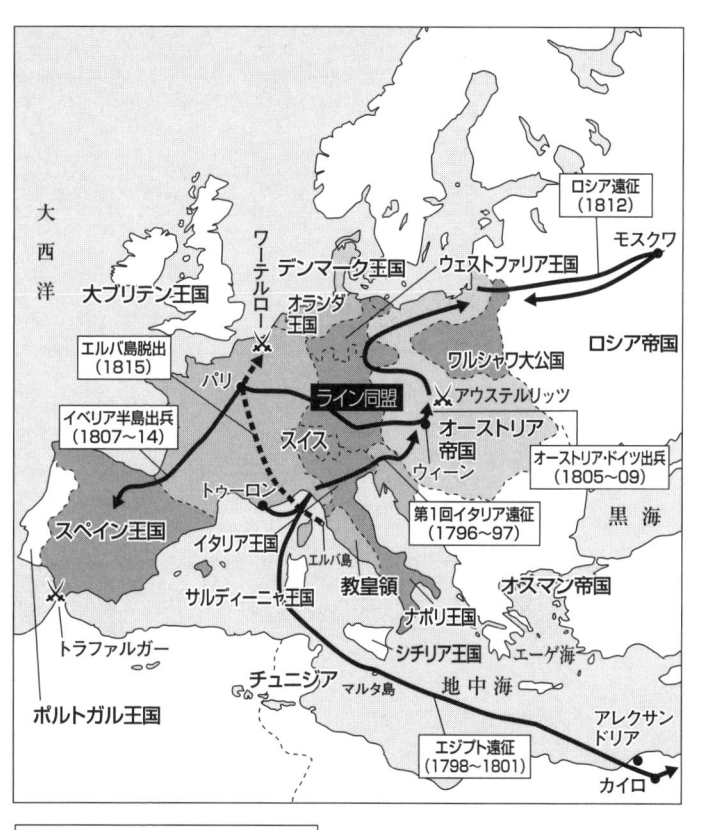

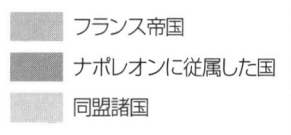

- ロシア遠征(1812)
- モスクワ
- 大西洋
- ワーテルロー
- 大ブリテン王国
- デンマーク王国
- ウェストファリア王国
- オランダ王国
- ロシア帝国
- エルバ島脱出(1815)
- パリ
- ワルシャワ大公国
- ライン同盟
- アウステルリッツ
- イベリア半島出兵(1807〜14)
- スイス
- オーストリア帝国
- ウィーン
- オーストリア・ドイツ出兵(1805〜09)
- トゥーロン
- 黒海
- スペイン王国
- イタリア王国
- 第1回イタリア遠征(1796〜97)
- エルバ島
- サルディーニャ王国
- 教皇領
- オスマン帝国
- トラファルガー
- チュニジア
- ナポリ王国
- シチリア王国
- エーゲ海
- ポルトガル王国
- マルタ島
- 地中海
- アレクサンドリア
- エジプト遠征(1798〜1801)
- カイロ

凡例:
- フランス帝国
- ナポレオンに従属した国
- 同盟諸国

1812年、ナポレオンはロシア遠征を開始した。その兵力は、60万人。フランスだけではなく同盟国からも徴集したものだった。ロシア軍は撤退し続け、ナポレオンをロシアの奥地へと誘い込んだ。ナポレオンはそれと知らず、自分たちが勝っているものと思い込んで、進軍していった。だが、長くなった戦線をまかなうだけの兵站を、フランス軍は用意してなかった。占領したところで略奪すればいいと考えていた。
　ところが、ロシア軍は焦土作戦をとった。フランス軍がモスクワに達しようとしたとき、ロシア軍が自ら火を放ち、モスクワは焦土と化したのである。フランス軍は、略奪しようにも何もなく、やがて到来したロシアの厳しい冬の前に、飢えと寒さで苦しんだ。ナポレオンは退却を決断した。しかし、無事にフランスに帰れた者は、出発したときが60万人だったのに対し、わずか5000人。死者のほとんどは戦闘で死んだのではなく、飢えと寒さで死んだのだった。
　ナポレオンの大敗を受け、プロイセンはまたも対仏大同盟の結成に立ち上がった。オーストリア、ロシア、スウェーデンが加わった。
　1813年、フランス軍はいったんは勝ったが「ライプツィヒの戦い」で同盟軍に負け、ナポレオンは逃げるようにして帰国した。
　1814年3月、パリが陥落し、ナポレオンは退位させられた。4月にはエルバ島に追放され、ここにナポレオン帝国は崩壊した。
　その後、ナポレオンは1815年にエルバ島を脱出し、パリに戻り、再び帝位につき、新憲法を発布した。諸外国との和解も試みたものの拒否され、またも戦争となる。イギリ

スとプロイセンの連合軍に「ワーテルローの戦い」で負け、それがきっかけでまたも失脚した。この政権は3か月ほどで崩壊し、「百日天下」と呼ばれた。

また戻ってこられてはたまらないというので、ナポレオンは今度は大西洋の孤島セント・ヘレナ島に流刑になり、6年後にその地で波乱の生涯を終えた。52歳だった。

ウィーン体制はなぜ簡単に崩壊したのか

1814年9月、ナポレオン失脚を見届けると、ヨーロッパ各国の代表はウィーンに集まり、今後をどうするか話し合った。議長はオーストリアの外務大臣メッテルニヒである。この会議は「ウィーン会議」と呼ばれるが、各国が自国の利益を追求して譲らないので、何か月もだらだらと続いた。会議と並行して、華やかな舞踏会（ぶとうかい）が開かれていたので、「会議は踊る、されど進まず」とオーストリアの将軍が嘆いたことで知られる。

ウィーン会議に激震が走るのは、1815年2月に失脚したはずのナポレオンがエルバ島を脱出しパリに戻ったとの知らせばかりだった。またナポレオンの天下となるのはたまらないと、各国は妥協し、ヨーロッパをフランス革命前の絶対主義時代の体制に戻すことが確認された。これを正統主義という。

領土問題としては、オーストリアがいまのイタリアにあたるヴェネツィアとロンバルディアを併合すること、プロイセンやバイエルンなど35の国と四つの自由都市によるドイツ連邦の成立、ロシア皇帝がポーランド国王を

兼任すること、イギリスがセイロンとケープを植民地とすることなどが決まった。これをウィーン体制という。

さらに、革命の再発を防ぐために、ロシア皇帝アレクサンドル1世は各国の君主とのあいだに、神聖同盟を結んだ、これに加わらなかったのは、イギリス国王と、ローマ教皇、そしてオスマン皇帝だけだった。それとは別に、イギリス、ロシア、プロイセン（ドイツ）、オーストリア、そして後にはフランスも加わり四国同盟（フランス加盟後は五国同盟）も結ばれた。これは、革命運動が起きたら武力干渉すると決めたものだった。

だが、このウィーン体制は、そう長くはもたない。時代の流れは、民主主義、自由主義へと向かっていた。それを一時的に遅らせることはできても、止めることはできなかった。

自由への欲望が爆発した七月革命、二月革命

フランス革命からすでに半世紀。フランスの市民たちの自由への要求がついに爆発したのが、1830年7月に起きた。その名のとおり、1830年の七月革命である。

フランスはブルボン王朝が復活し、シャルル10世が国王の座にあった。国内では自由主義勢力が増加していた。それに危機感を抱いたシャルル10世は、弾圧政策をとったところ、裏目に出たのである。

国王が出した「七月勅令」は、議会解散、選挙資格の制限、言論・出版の統制といった反動的なものだった。当然、市民は反発した。勅令を無視して新聞を発行する者が出ると、

232

▶七月革命

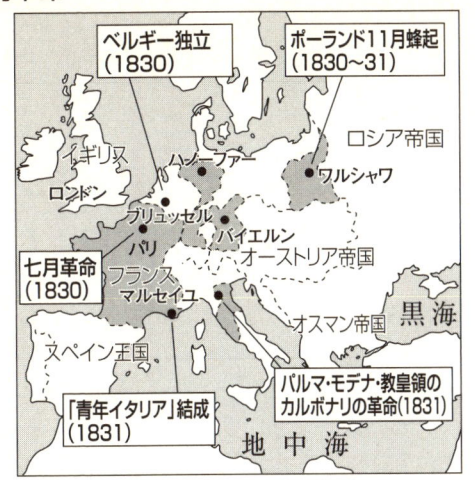

- ベルギー独立（1830）
- ポーランド11月蜂起（1830〜31）
- ロシア帝国
- イギリス
- ハノーファー
- ロンドン
- ワルシャワ
- ブリュッセル
- パリ
- バイエルン
- 七月革命（1830）
- フランス
- マルセイユ
- オーストリア帝国
- オスマン帝国
- 黒海
- スペイン王国
- 「青年イタリア」結成（1831）
- パルマ・モデナ・教皇領のカルボナリの革命（1831）
- 地中海

▶二月革命

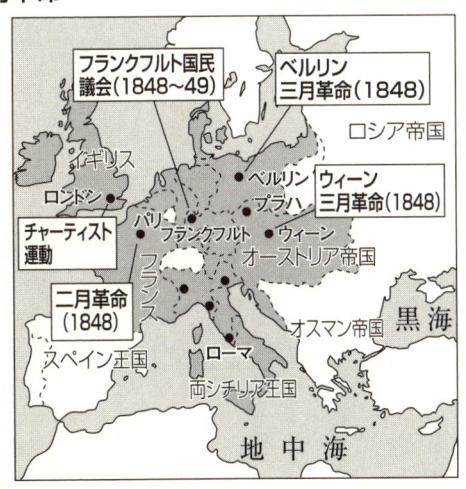

- フランクフルト国民議会（1848〜49）
- ベルリン三月革命（1848）
- ロシア帝国
- イギリス
- ロンドン
- ベルリン
- プラハ
- ウィーン三月革命（1848）
- チャーティスト運動
- パリ
- フランクフルト
- ウィーン
- 二月革命（1848）
- フランス
- オーストリア帝国
- オスマン帝国
- 黒海
- スペイン王国
- ローマ
- 両シチリア王国
- 地中海

■ 革命に関係する地域

警察が介入したので、さらに、抵抗運動は強まり、ついにシャルル10世はイギリスに亡命してしまった。

これを「七月革命」というが、また共和制に戻ったわけではなかった。新たに、ブルボン家の分家出身のルイ・フィリップが国王となった。

これは銀行家などの富裕な市民が支えた体制だった。このため、金融貴族と呼ばれるごく一部の市民が政治を左右するようになった。

フランスの七月革命は周辺各国に影響を与えた。ベルギーはオランダからの独立を勝ち取った。ドイツでも各地で叛乱が起きた。ポーランドではロシアからの独立を求め、市民がワルシャワで蜂起したが、失敗に終わった。ハンガリーでも独立運動が起きるものの、オーストリア軍に鎮圧された。イタリアで革命運動が起きたが、これもオーストリア軍が鎮圧した。

このように、1830年から31年にかけては各地で、叛乱、独立、革命運動が起きたのである。ウィーン体制は綻びが目立つようになってきた。

七月革命の体制のもとで、フランスの産業革命は進行した。資本家はますます裕福になり、労働者との間に格差が広がっていった。当然、労働者の不満はたまっていく。

不満の第一は、当時の人口の約0・6％というごく一部の富裕層にしか選挙権がなかったことだった。

1848年になると、後に世界を変えることになる1冊のパンフレットが出版された。マルクスとエンゲルスによる『共産党宣言』である。

1848年2月、市民、労働者は選挙法の改正を求め、「改革宴会」という合法的な集会を開いた。これを政府は弾圧し、中止させようとした。これに怒った市民たちが蜂起し、市街戦となった。これを「二月革命」という。国王ルイ・フィリップは亡命し、労働者代表も参加する臨時政府が樹立された。この政府は、産業資本家と、社会主義者が同居する政権で、最初から政府内での対立が激しかった。

ともあれ、臨時政府のもとで、普通選挙法ができて、21歳以上の男子全てに選挙権が与えられた。その新しい制度のもとで選挙が行なわれると、社会主義勢力は大敗し、穏健な共和主義者による政府ができた。

新政府のもとで新憲法が制定され、大統領には、ルイ・ナポレオンが就任した。その名

でわかるように、あのナポレオンの一族、甥にあたる人物である。ルイ・ナポレオンは1849年に大統領になると、翌52年、皇帝になった。ターで独裁権を握り、51年にはクーデあのナポレオンと同じ道を歩んだのである。これを第二帝政という。

七月革命のときと同様に、フランス二月革命は、各国に影響を与えた。3月、オーストリアでは三月革命が起きた。ウィーンで大暴動となり、ウィーン体制の生みの親であり象徴的人物であるメッテルニヒは失脚し、亡命した。ここにウィーン体制は崩壊したのである。

プロイセンでは、ベルリンで暴動が起きたが、これは鎮圧された。イタリアでも民族運動が激しくなり、統一への機運が高まっていた。ハンガリーの民族運動も、爆発した。ポ

ーランドの独立運動も、再び盛り上がっていた。

パックス・ブリタニカ時代の到来

産業革命に成功し、いちはやく工業国へと脱皮したイギリスの黄金時代は、「パックス・ブリタニカ」(イギリスの平和)をもたらす。世界は、イギリス中心に動くようになるのである。

その時代に国王として君臨していたのが、ヴィクトリア女王だった。

イギリスは政治も経済も自由主義の道を歩み、民主主義のお手本ともいえる政治体制と、資本主義のお手本といえる経済体制を築いた。その両方の歩みを見ていこう。

1801年、イギリスはアイルランドを併合し、大ブリテン島およびアイルランド連合王国となった。こんにちの「イギリス」の誕生である。

国内では産業革命の進行に伴い、農村部から都市部へ人口が大移動した。その結果、有権者のほとんどいない選挙区(腐敗選挙区と呼んだ)が生まれ、選挙区制度の改革が問われるようになった。

1823年、選挙法が改正され、選挙権が拡大されるとともに、選挙区割りも変更され、腐敗選挙区問題は解消された。選挙権は市民階級にまでは拡大されたが、労働者にはまだ参政権がなかった。

それでも、労働条件は少しずつ改善され、1833年の工場法では、18歳未満の労働者の夜間労働の禁止、9歳以下の労働の禁止が

▶イギリス植民地の拡大（1878年）

▶イギリス帝国とは？

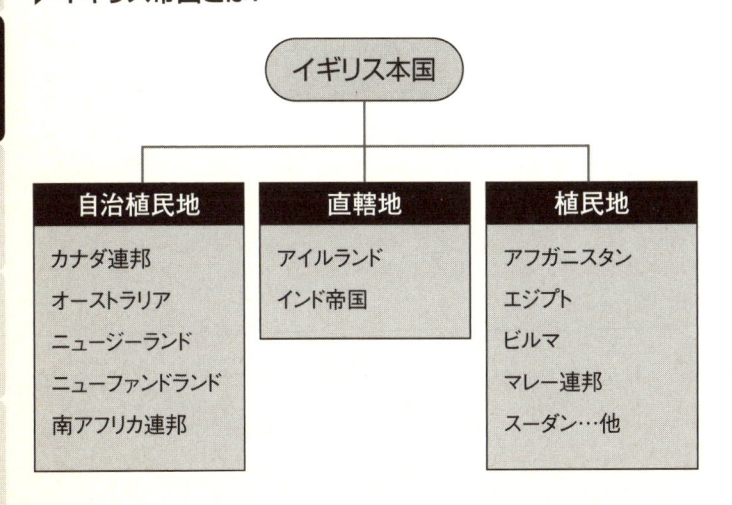

```
イギリス本国
 ├── 自治植民地
 ├── 直轄地
 └── 植民地
```

自治植民地
- カナダ連邦
- オーストラリア
- ニュージーランド
- ニューファンドランド
- 南アフリカ連邦

直轄地
- アイルランド
- インド帝国

植民地
- アフガニスタン
- エジプト
- ビルマ
- マレー連邦
- スーダン…他

決められた。逆にいうと、それまでは9歳以下でも働かされていたのである。

ヴィクトリア女王が即位した1837年頃から、労働者のあいだで、選挙権を求めるチャーチスト運動が展開された。

これが、史上初の労働者による組織的な政治運動である。この運動は失敗に終わるが、1867年には選挙法改正により、都市部の労働者には選挙権が与えられた。

さらに、1884年には、農業・鉱業労働者にも選挙権は拡大した。だが、21歳以上の男子全員が選挙権を得るのは、1918年まで待たなければならない。

選挙制度が整うとともに、議会制民主主義も発展していった。1830年頃に、地主勢力を基盤とする保守党と、新興ブルジョワジーを支持基盤とする自由党が生まれ、二大政党が選挙で政権を競い合う構図が生まれた。1866年から68年が保守党、68年から74年が自由党、74年から80年が保守党、そしてまた自由党というように、政権交代も行なわれた。

経済面では、1870年代から植民地の拡大を目指し、アイルランドとインドという直轄の植民地のほかに、自治植民地としては、カナダ、オーストラリア、ニュージーランド、南アフリカ、ニューファンドランドなどを持つ大帝国となっていたのである。

原材料を植民地から得て、それを国内の工場で加工し、製品化したものを植民地で売るという、帝国主義政策が、見事に成功した。1875年にはスエズ運河を買収し、エジプトに進出。1877年にはインドに帝国を建国し、ヴィクトリア女王が皇帝となった。

クリミア半島をめぐる思惑
――クリミア戦争

「白衣の天使」ナイティンゲールが活躍したのが、クリミア戦争である。ロシアとオスマン帝国との間での戦争だ。

ロシア皇帝は、ウィーン体制が確立されると、専制政治を推進させた。農奴制の強化、ポーランドの独立運動の弾圧など、強権的な政治が行なわれた。

そのロシアの悲願は不凍港の獲得であった。冬の間、船舶が使えないのでは貿易面でも、軍事面でも不利だった。そのため、南下し、地中海を目指していた。

ロシアが目指していたバルカン半島では、オスマン帝国の力が弱くなっており、スラブ

▶クリミア戦争時のバルカン半島

- ロシア帝国
- オーストリア帝国
- クリミア半島
- 1853～56 クリミア戦争（オスマン帝国vsロシア帝国）
- 黒海
- セルビア公国
- イタリア
- アドリア海
- オスマン帝国
- ギリシャ王国
- 地中海

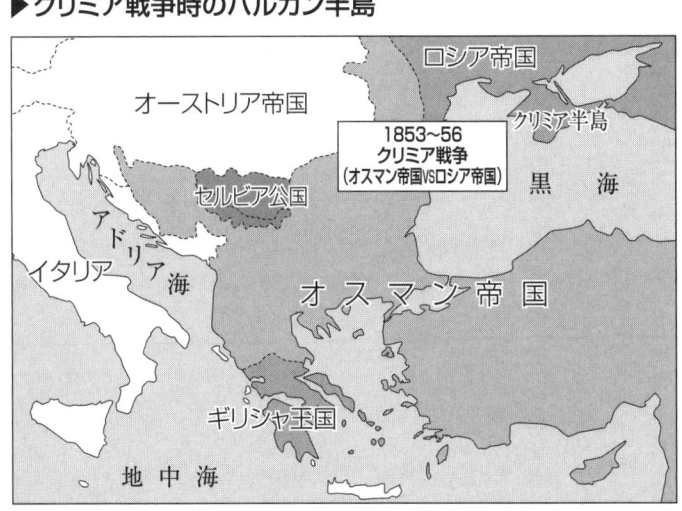

系民族が独立運動を起こしていた。

1853年、ロシアは、オスマン帝国内のギリシア正教徒を保護するとの名目で、ついに出兵し、オスマン帝国との間で戦争が始まった。黒海に突き出る形のクリミア半島が戦場となったので、クリミア戦争と呼ばれる。

イギリスとフランスは、アジアへの交易ルートをロシアに奪われるのを恐れ、オスマン帝国と同盟を結び、参戦した。当時の地中海を支配していたサルディーニャはイタリア半島統一を目指しており、英仏両国の支持を得たかったので、やはり、オスマン帝国側についていた。

こうして大規模な戦争に拡大し、1856年まで続いた。ロシア軍にはクリミア半島の正確な地図もなく、武器・弾薬でも英仏軍が圧倒的にまさっていた。5万人のロシア兵が

たてこもった要塞は英仏オスマン軍5万6000人に包囲され、一年にもわたる攻防戦の末、陥落、ロシア軍は敗北した。パリで和平交渉がもたれ、黒海の中立化、オスマン帝国の領土の保全で合意し、終戦となった。

敗戦により、ロシアの南下政策は失敗に終わった。さらに、ロシアの後進性も世界に知らせることになってしまった。父ニコライ1世の後を継いだアレクサンドル2世は、農奴制を廃止し、農奴を解放した。しかし、実質的には、それまでとあまり変わらなかった。地方議会（ゼムストヴォ）も創設されたが、議員のほとんどが貴族だったので、民衆の代表とはいえなかった。

ロシアでも知識人を中心に、社会主義思想が受け入れられていた。知識人と学生を主体とする社会主義運動としてナロードニキ運動

240

が1870年代に起きた。だが、革命の担い手となるべき農民層の支持が得られず、これは挫折し、より過激なテロリズムに走るようになる。この流れが、20世紀になってからのロシア革命へとつながっていくのである。

分裂の危機を迎えたアメリカ
―南北戦争

アメリカの開拓は東海岸から始まり、西へ向かっていった。

1795年に、アメリカ合衆国は原住民（当時インディアンと呼ばれた人々）との北西インディアン戦争で勝利し、北西部を手に入れた。それまで未開の地だった西部の開拓が始まる。1803年にはフランス領だったルイジアナ、1819年にはスペイン領フロリダ

▶南北戦争期の諸州

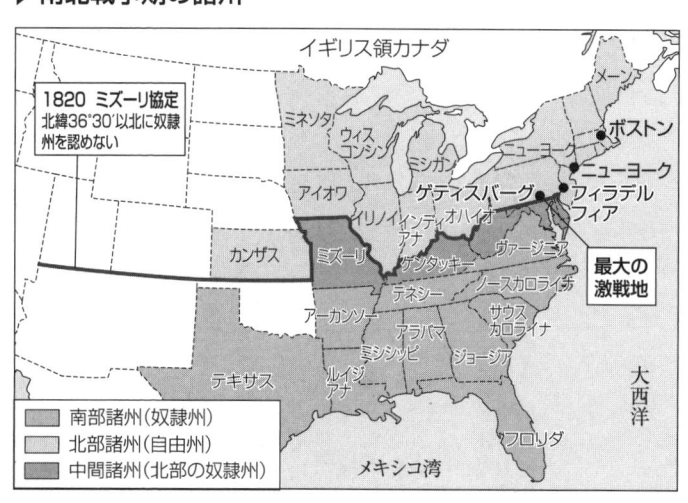

241

を買収した。1845年にはメキシコ領テキサスを併合させ、1848年にはカリフォルニアとニュー・メキシコがメキシコから割譲され、合衆国の領土はついに西海岸にまで達した。

こうしてアメリカは大国になっていったわけだが、そのおかげで、もとからいた先住民(ネイティブ・アメリカン)は、虐殺されたり、土地を騙し取られたり、悲惨なめにあった。100万人はいたとされる先住民は、1890年代にはその4分の1になっていたという。

これまでのすべての大国がそうであったように、アメリカも分裂の危機を迎えた。南北戦争である。

領土が西に広がったことで、南北の対立が激化した。

南部は農業が中心で、奴隷を使った大農園(プランテーション)で綿花を栽培し、ヨーロッパに輸出していた。南部の有力者はこの大農園主たちだった。英国の綿工業の発展により綿花の需要は増大していたため、南部としては英国を中心とした自由貿易圏に属すことを望んでいた。

一方、北部では資本主義的工業が発展し、イギリスをはじめとするヨーロッパの国々を競争相手としていたため、競争力を優位に保つためには保護貿易が求められていた。つまり、輸入品に高い関税をかけることを望んだのだ。

さらに工場では、労働力として、必要に応じて雇う流動的労働力が求められた。奴隷はただで働かせる点だけをみれば安価な労働力ではあったが、住居や食糧などの面倒を見なければならず、また簡単には解雇もできなか

った点で、必ずしも安価な労働力とはいえなくなっていた。

近代的な工場や商業分野では奴隷制度はもはや効率が悪い形態だったのだ。奴隷制度に反対するのは人道的な側面もあったが、もっと実利的な面もあった。

こうして自由貿易か保護貿易かという政策の違いと、奴隷制度を維持するか撤廃するかという考えの違いが一緒になり、南北の対立は抜き差しならないものとなった。

こうした背景のもとで、1860年に北部出身のリンカーンが大統領に当選した。だが、南部の11の州はこれを無効として、ディビスを大統領とするアメリカ連邦を結成した。この時点で、アメリカには2人の大統領がいたのである。

1861年、南北間でついに戦闘が始まった。北部のリンカーンは奴隷解放宣言を出し、支持を集めた。最初は南軍が優勢だった戦況も、グラント将軍が最高司令官になると、北軍は一気に反撃に出た。

1863年、リンカーンは「人民の、人民による、人民のための政府」という有名な演説をした。

1865年、南北戦争は、北軍の勝利で終わった。その直後、リンカーンは暗殺されてしまう。

北部が勝利したことにより、南部と西部でも、北部系の資本が優位に立つことになった。奴隷は解放されたが、人種差別はその後も続く。

西部への開拓が進むと、鉄道建設が課題となった。リンカーンの時代の1862年に連邦政府の財政支援のもとで大陸横断鉄道が建

設されることになった。

まだ南北戦争の最中ではあったが、アメリカ統合の象徴としての意味も持つ事業で、1869年に最初の大陸横断鉄道が完成し、以後、合計して八つのルートによる東西を結ぶ鉄道が作られる。

鉄道の開通により、駅馬車の時代が終わり、人と物資の移動量は飛躍的に伸び、西部開拓はますます盛んになっていく。

領土は北にも拡大した。1867年にはカナダのさらに北のアラスカを、ロシアから買い取ったのである。

当時の価格で720万ドルと、かなり高価な買い物だった。

当初は何もない不毛地帯をなぜ買うのかと批判されたが、やがて金鉱や油田といった豊富な地下資源が発見された。

アメリカの強みのひとつが広大な面積の国土と、そこに無尽蔵に眠っていた地下資源だった。

イタリアが統一に至るまでの道のり

かつてローマ帝国という巨大帝国の中心地だったイタリア半島には、小さな国がいくつも群立していた。

その一部はオーストリアの支配下にあり、イタリアの統一とイタリア人による国家の樹立を求める気運が高まっていた。

1849年、ヴィットーリオ・エマヌエーレ2世がサルディーニャの国王に即位すると、情勢は大きく動き出した。

国王は、国内の近代化を進め、フランスの

支援をとりつけると、1859年、オーストリアに宣戦し勝利した。しかし、オーストリアからはロンバルディアしか奪還できなかった。

1860年、ガリバルディが、シチリアとナポリを征服して、サルディーニャ国王に献上する。残るは、ローマ教皇領とオーストリアが支配するヴェネツィアのみとなった。

1861年、サルディーニャ国王ヴィットーリオ・エマヌエーレ2世は、イタリア王国の建国を宣言し、その初代国王となった。

1866年、ついにヴェネツィアも併合し、1870年にはローマ教皇領も占領し、イタリア統一は完成した。

だが、ローマ教皇はこれを認めず、バチカンの宮殿にこもり、イタリアと断絶した。イタリア国家とローマ教皇との和解は、ムッソ

▶イタリアとドイツの統一への道のり

イタリア	
1820	カルボナリの革命（～1821）
1831	マッツィーニが「青年イタリア」結成
1849	ローマ共和国樹立
1849	サルディーニャ王ヴィットーリオ・エマヌエーレ2世が即位
1859	イタリア統一戦争
1860	ガリバルディが両シチリア王国を滅ぼす
1860	中部イタリアを併合する
1861	イタリア王国が成立

ドイツ	
1806	神聖ローマ帝国が消滅
1815	ドイツ連邦成立
1834	ドイツ関税同盟発足
1848	三月革命
1848	フランクフルト国民議会
1850	プロイセン欽定憲法の施行
1861	プロイセン王にヴィルヘルム1世が即位
1862	ビスマルクが首相就任
1867	北ドイツ連邦が成立
1871	ドイツ帝国が成立

リーニ政権まで待たなければならない。

ドイツ帝国が誕生するまでの道のり

イタリアと同じように小国が群立していたドイツでも統一に向けて動いていた。

1861年、プロイセンの国王に、ヴィルヘルム1世が即位した。国王は後に「鉄血宰相」と呼ばれるビスマルクを首相に任命した。このビスマルクのもとで、ドイツは統一される。

プロイセンは1864年に、オーストリアと同盟してデンマークと戦い、シュレスウィヒとホルシュタインを獲得した。

1866年にはこの二州をめぐってオーストリアとの戦争に勝利した。これによって、ウィーン会議でできたドイツ連邦は、プロイセン中心の北ドイツ連邦と、オーストリア＝ハンガリー帝国に分裂した。

こうしたプロイセンの動きにフランスのナポレオン3世は脅威を感じていた。そして、1870年、普仏戦争が勃発した。プロイセン軍が優勢で、フランスは敗北、アルザス、ロレーヌの二州を失った。

この勝利によって、プロイセンのヴィルヘルム1世は、ドイツ帝国の成立を宣言し、皇帝となった。1871年のことである。このドイツ帝国を、神聖ローマ帝国に次ぐ、「第二帝国」と呼ぶ。第三帝国は、いうまでもなくヒトラーの時代のドイツである。

【経済史のポイント4】
19世紀末の最初の「世界大不況」はどのようなものだったか?

■ドイツの統一と「大不況の時代」

1870年代後半にドイツを震源として、世界的な「経済危機」ともいうべき状況が、勃発した。

当時のドイツは帝国として統一される前で、約300の諸侯によるゆるやかな連合体だったが、1834年にドイツ関税同盟が成立した。これにより同盟を結んだ域内の関税が撤廃され、加盟国外に対しては共通の関税を設定することになった。この同盟により、一気に2300万人の市場が誕生し前後して鉄道建設が進み、関税同盟の成立と前後して鉄道建設が進み、工業化に拍車をかけた。鉄道網が発達するにつれ、直接関係する製鉄、鉄機器工業と石炭業が発展し、さらに、工作機械などの重工業の発達が追いかけた。

1850年代には、すでにドイツの鉄道で使われる機関車の大半はドイツ製となった。工業化の成功で力を蓄えたドイツは、オーストリアとの戦争に勝利し、1871年にはついにプロイセンを盟主とするドイツ帝国として統一された。

フランスとの普仏戦争に勝利したことで得た巨額の賠償金は、企業への補助金といった名目で産業界に流入したため、企業設立ブームとなり、鉄道と不動産への投機も盛んになった。こうしたドイツのバブルはオーストリアにも波及した。

そして、1873年にバブルがはじけ、「大

不況」に突入した。それが西ヨーロッパ全体とアメリカにも波及し、ここに「大不況の時代」が到来するのである。この不況は一時的に回復した時期もあったが、1896年まで23年間続いたとされる。

■なぜ不況は世界に波及したのか

先進国が資本蓄積と対外投資を積極的に行ない、グローバル化し、科学技術の発展を背景にして——と書くと、つい最近のことのようだが、これが1870年代の世界経済の状況だった。当時のITともいうべき、電信・電話が勃興し、鉄道と蒸気船によって世界は狭くなった。金融市場が国際的に連動するようになったのも、この時期からだった。

大きな不況の前には、バブルがある。これも歴史の法則である。

1870年代前半までに、ベルリン、パリ、ウィーンなどの首都は、建設ブームとなっていた。近代的都市に変貌した時期なのだ。さらに、ヨーロッパ各国とアメリカでの長距離鉄道網の建設も、基幹となる線がこの頃に完成し、大規模な人口移動と、新都市建設に沸く建設ブームが起きていた。

こうした建設ブームの終焉は、鉄鋼産業が需要を減らすことを意味していたが、さらに金融業が投資機会を失ったことも意味していた。

交通機関の発達は、輸送コストを大幅に下げる。その結果、それまで英国は農産物を中央ヨーロッパやロシアから輸入していたのだが、アメリカ大陸から輸入するようになる。イギリス市場を失ったヨーロッパの穀物価格は大暴落し、農業は大打撃を受けたのだ。

248

一方、アメリカ農業は南北戦争の間に、穀物生産は4倍になるなど、急成長していた。

さらに、産業革命から続いていた技術革新も落ち着いてしまい、これも投資機会の減少を招いた。

このようにいつバブルがはじけてもおかしくない状況にあった1873年5月、オーストリアのウィーンの証券取引所で鉄道株が下落した。これに端を発したパニックが起こり、株価暴落が各国に広がったのである。

株価暴落は銀行破綻を呼び、それが企業倒産につながり、ひとつの企業の倒産は連鎖倒産を生み、失業者が増えるという、恐慌状態になった。アメリカのウォール・ストリートにパニックが伝播するのは9月だった。ここでも鉄道株が最初に下落し、全面的な暴落につながり、10日間も証券取引所が閉鎖された。

株の暴落は実体経済にも影響した。とくにイギリスは、鉄鋼生産の稼働率が約20％にまで落ち、価格も60％下落してしまった。当然、失業者も増えた。

■ イギリスの衰退と新興国の台頭

こうした事態にドイツとアメリカは、成長過程にあった鉄鋼業をはじめとする自国の産業を保護貿易政策によって守る一方、新興産業である電気機器、自動車、化学工業といった新産業を生み出していった。

イギリスは先進国だったのでガス灯のインフラが整備されていたため、かえって、電灯への切り替えが遅れてしまった。

アメリカは銑鉄と鉄鋼において1890年にイギリスを抜き、ドイツは鉄鋼生産では1893年にイギリスを抜いた。20世紀に入っ

てからだが、電気機器工業では、1905年までにアメリカが世界一となり、2位はドイツで、イギリスの倍の規模に発展していた。

各国が保護貿易に向かうなか、イギリスは自由貿易体制を守った。その理由のひとつは、海外投資において先んじていたため、国内産業を守ることに主眼が置かれていなかったのである。イギリスの企業は海外市場からの収益で利益をあげていたため、保護貿易政策をとる意味がなかった。さらにイギリスは工業が最初に発展した国ではあったが、19世紀末には、金融ビジネスが大きなウェイトを占めるようになっており、多角貿易、資金決済機構の構築が進んでいたため、自国内に引きこもることができなくなっていた。

他国の保護貿易政策によって、イギリスの工業製品は大きな打撃を受けた。全生産量の40％がヨーロッパ大陸に向けて輸出されていたが、大陸の各国は自国の工業を保護し、高い関税をかけたので、イギリスはそのシェアを失う。1870年に世界の工業生産高の32％を占めていたイギリスは、1913年には14％と半分以下になり、首位を奪った。ドイツも、13％から16％に伸び、イギリスを抜いたのである。アメリカは23％から36％になり、首位を奪った。

ヨーロッパやアメリカの市場で敗退したイギリスは、輸出先としてアフリカ大陸とアジアなどの植民地に方向転換した。植民地のさらなる拡大に向かうのである。

一方、新興のドイツとアメリカも、植民地獲得に乗り出す。こうして覇権をめぐる争いが準備され、第一次世界大戦という大惨事につながるのである。

7
日本と中国Ⅲ

戦国地図を塗り替えた覇王・織田信長

1543年、種子島にポルトガル人が漂着した。日本と西洋との出会いである。彼らは火縄銃を持っていて、これを種子島の領主が買った。世は戦国時代。すぐに鉄砲は全国に伝わっていった。一方、キリスト教も1549年に日本に伝わった。

織田信長は1534年に戦国大名の子として生まれ、1551年に家督を継ぎ、尾張地方を平定。今川氏を滅ぼし、さらに美濃の斎藤氏も滅ぼした。自分の領地を安定させると、信長は天下統一を目指すようになった。家臣の明智光秀の仲介で、流浪の身だった、将軍家の血を引く足利義昭を立てて、京に入り、1568年に義昭を十五代将軍にさせ、その後見人となった。

ところが、信長は1573年に義昭を追放、したため、足利義昭が信長を出し抜こうとしたため、室町幕府はここに滅びた。

その前後から、信長の天下統一への道は加速していた。浅井、浅倉連合軍をやぶり、1571年には比叡山を焼き討ちし、1575年には武田氏を討ち、一向一揆も平定した。

一方、楽市楽座の政策で経済を活性化させ、安土に巨大な城と城下町を築いた。

だが、1582年、天下統一を目前としたところで、家臣の明智光秀によって、宿泊していた京都の本能寺を襲撃され、信長は討たれた。本能寺は炎上し、焼け跡からは、ついに信長の遺体・遺骨と確認できるものは見つからなかった。

▶1560年当時の織田信長の支配地域

宗義調
尼子晴久
長尾景虎（上杉謙信）
伊達晴宗
毛利元就
武田義統
神保良春
蘆名盛氏
竜造寺隆信
松浦隆信
赤松晴政
浦上宗景
朝倉義景
三木良頼
上杉憲政
宇喜多直家
斎藤義龍
武田晴信（信玄）
結城晴朝
足利義氏
佐竹義昭
大友義鎮
浅井久政
六角義賢
織田信長
北畠具教
河野通宣
三好長慶
松平元康（家康）
今川義元
北条氏康
長宗我部元親
里見義堯
伊東義祐
島津忠親

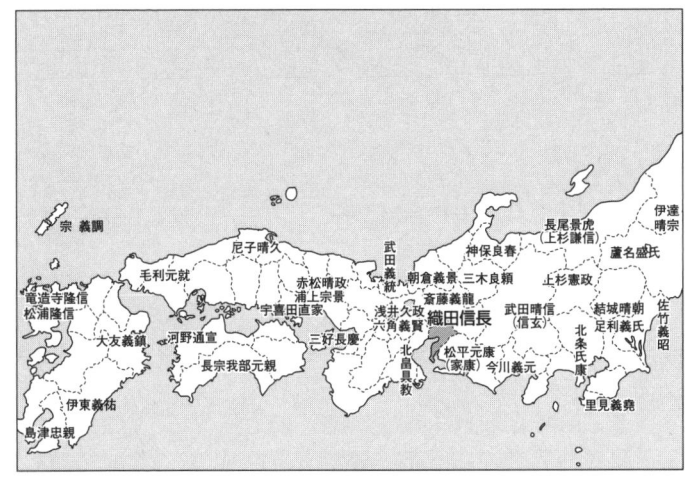

▶1582年当時の織田信長の支配地域

宗義智
1568 足利義昭を奉じて入京
1582 本能寺の変
1570 姉川の戦い
毛利輝元
佐久間盛政
佐々成政
上杉景勝
伊達輝宗
竜造寺隆信
大友義鎮
柴田勝家
明智光秀
滝川一益
佐竹義重
羽柴秀吉
京都 安土
織田信長
北条氏政
長宗我部元親
徳川家康
島津義久
1560 桶狭間の戦い
1575 長篠の戦い

253

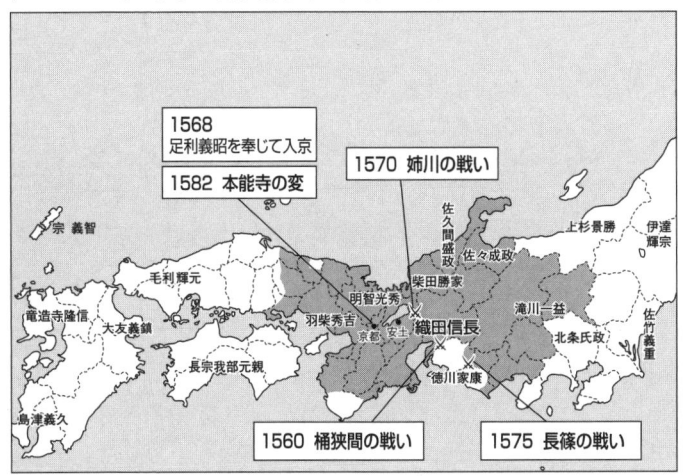

戦乱の世を終わらせた豊臣秀吉

信長を討った明智光秀は、しかし、その11日後に豊臣秀吉によって討たれ、「三日天下」に終わった。

主君・信長の仇を討ったことで、信長家臣団のなかでの秀吉の発言力は強まった。1583年、柴田勝家を倒すと、織田家臣団のなかに敵はいなくなり、1584年、徳川家康とも和睦した。さらに、信長時代に達成できなかった、四国、九州も平定した。

1585年、秀吉は最初は征夷大将軍を狙っていたが、源氏しかなれないというので、それは断念し、関白になり、翌年には太政大臣になるとともに、豊臣の姓を賜った。

1590年、まだ秀吉の支配下になかった北条氏と伊達氏をついに降参させ、秀吉による全国統一が完成した。信長の死からわずか8年、怒濤の歳月であった。

1592年、国内に敵がなくなった秀吉は朝鮮へ出兵した。だが、明が朝鮮を支援したこともあり苦戦し、いったん停戦した。二度目の出兵は1597年。最初から苦戦をしいられ、兵站でも苦戦した。

そんななか、秀吉が亡くなったので、兵は撤退した。

秀吉には晩年にようやく生まれた秀頼という後継者がいたが、まだ幼少だった。

秀吉亡き後は、実務を司る石田三成ほかの五奉行と、顧問格の五大老が政権を担うことになったが、五大老の筆頭である徳川家康が天下を狙っていた。

▶豊臣秀吉の全国統一

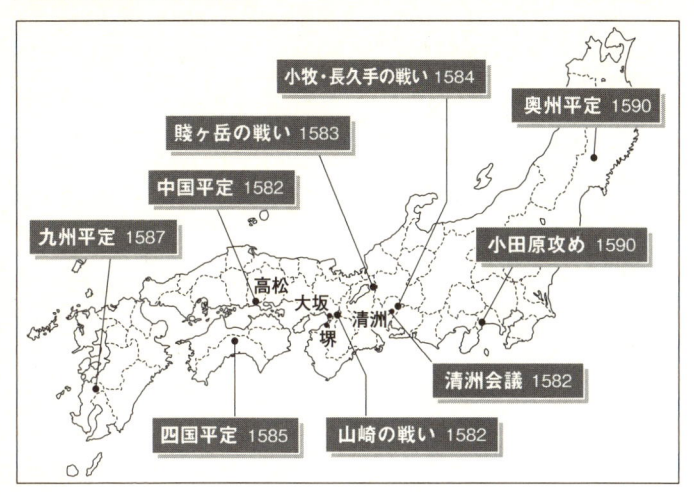

- 小牧・長久手の戦い 1584
- 奥州平定 1590
- 賤ヶ岳の戦い 1583
- 中国平定 1582
- 九州平定 1587
- 小田原攻め 1590
- 高松
- 大坂
- 堺
- 清洲
- 清洲会議 1582
- 四国平定 1585
- 山崎の戦い 1582

▶豊臣秀吉をめぐる人間関係

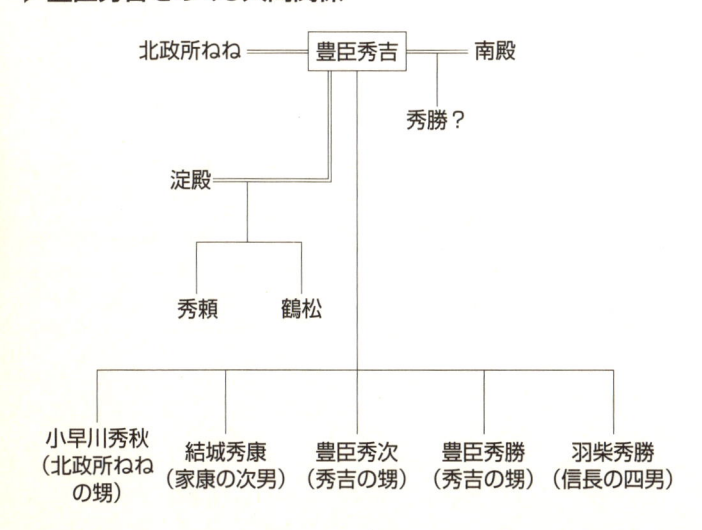

北政所ねね ─ 豊臣秀吉 ─ 南殿
　　　　　　　│　　　　　└ 秀勝？
　　　　　　淀殿
　　　　　　├─ 秀頼
　　　　　　└─ 鶴松

- 小早川秀秋（北政所ねねの甥）
- 結城秀康（家康の次男）
- 豊臣秀次（秀吉の甥）
- 豊臣秀勝（秀吉の甥）
- 羽柴秀勝（信長の四男）

大名の間での支持を着実にとりつけ、一大勢力になった家康は、陰謀によって、三成を挙兵させ、1600年、天下分け目の関が原の戦いに臨み、勝利した。これによって、天下は実質的に家康のものとなった。

徳川250年の治世の礎はいかに築かれたか

源氏を称していたので、家康は征夷大将軍になることができた。しかし、2年で家督を秀忠に譲った。これにより、将軍の座は徳川家の世襲となることを示したのである。

家康としては、大坂の豊臣秀頼(ひでより)が気がかりだった。いずれ、徳川幕府を脅かす存在になるに違いない。いまのうちに倒さなければならないと考え、謀略で追い込んで行く。

1615年、前年の冬の陣につぐ大坂夏の陣で豊臣家は滅亡した。

こうして、戦乱の時代は終わり、250年も続く平和な江戸時代が始まる。

明を滅亡に導いた女真族
── 清

1592年、豊臣秀吉の命令で日本は朝鮮に出兵した。防戦のために、明は莫大な軍事費を投入せざるをえなくなり、国家財政が傾いた。中央では宦官(かんがん)の支配体制が確立され、政争も頻発した。当然、各地で叛乱が起きるようになった。

モンゴルの元から中国を奪還した明帝国にとって、次なる脅威は、金の滅亡後、力を盛り返してきた女真族だった。明は女真族の内

▶明・清王朝系図

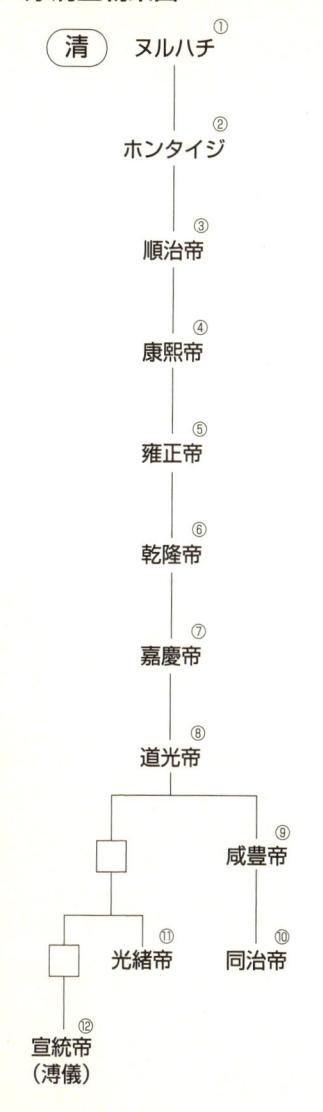

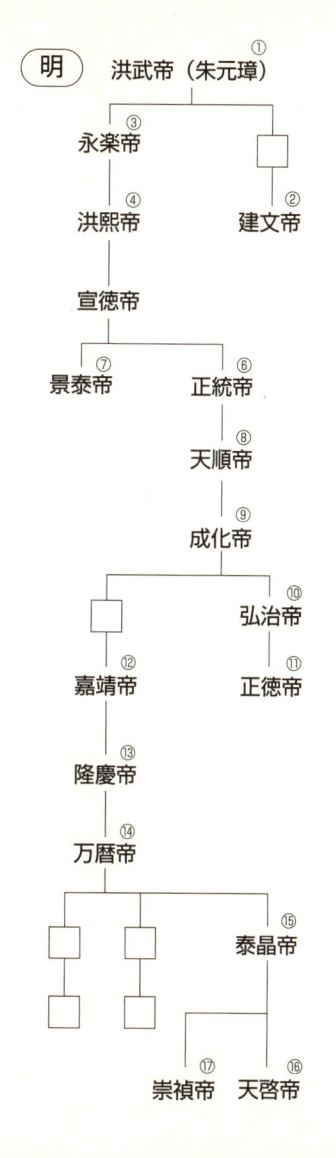

清

① ヌルハチ
② ホンタイジ
③ 順治帝
④ 康熙帝
⑤ 雍正帝
⑥ 乾隆帝
⑦ 嘉慶帝
⑧ 道光帝
⑨ 咸豊帝
⑩ 同治帝
⑪ 光緒帝
⑫ 宣統帝(溥儀)

明

① 洪武帝(朱元璋)
② 建文帝
③ 永楽帝
④ 洪熙帝
　 宣徳帝
⑥ 正統帝
⑦ 景泰帝
⑧ 天順帝
⑨ 成化帝
⑩ 弘治帝
⑪ 正徳帝
⑫ 嘉靖帝
⑬ 隆慶帝
⑭ 万暦帝
⑮ 泰昌帝
⑯ 天啓帝
⑰ 崇禎帝

部分断を狙った。いったんは成功したが、ひとつの部族の長だったヌルハチが頭角をあらわし、各部族を次々に支配下に入れていった。

1616年、女真族は弱体化していた明からの独立を宣言し、後金を建国した。その勢いで朝鮮に攻め入り、明の領土にまで侵攻し、遼河以東を制覇した。

1636年、ヌルハチの後を継いでいたホンタイジは国号を清とするともに、「女真」ではなく「満州（まんじゅ）」と名乗るようになった。

1643年、ホンタイジが亡くなり、その息子が6歳で即位した。順治帝（じゅんちてい）である。当初は叔父が摂政となり、政権を運営した。

そのころ、明の末期に起きた叛乱で勝利した李自成（りじせい）が北京に入り、皇帝を宣言していた。この混乱に乗じ、清は中国を乗っ取ってしまった。

清はまたたくまに中国全土を支配下に置いた。満州族が当時の中国で占める人口の割合はわずか2パーセントに過ぎなかったので、行政機構は明時代のものを継承した。

四代皇帝・康熙帝（こうきてい）は、西欧文化の吸収に関心を寄せる開明的な君主だった。台湾を平定したり、チベットを勢力下におくなど、領土拡張もし、清は全盛期を迎えた。

赤穂事件とはなんだったのか

江戸時代は、政権交代はついに一度もなく、徳川家の一族のなかで将軍の座は世襲されていった。江戸幕府ができて100年近くたった、1701年から翌年にかけての忠臣蔵（ちゅうしんぐら）の事件が、最大の事件といっていい。

江戸城松の廊下で赤穂藩城主、浅野内匠頭長矩が、吉良上野介に斬りかかり、ケガを負わせた。しかし、喧嘩両成敗のはずが、浅野だけ切腹となり、お家断絶。これを不服に思う浅野の家臣が、家老の大石内蔵助をリーダーに、翌年の暮に吉良を討った事件である。謎の多いこともあり、当初から人々の関心を集め、芝居になったことで、ますます有名になった。

政治上の事件では、1716年に八代将軍となった徳川吉宗の時代の享保の改革がある。

幕府の財政は破綻しかけていた。そこで支出を減らす倹約令を出した。収入の増加のために、参勤交代を緩和させる代わりに大名に米を上納させるなど、いろいろな政策を立てたが、あまりうまくいかなかった。

ドラマでおなじみの大岡越前が江戸町奉行として活躍したのもこの時代である。

その後、1760年からの十代将軍徳川家治の時代には、老中・田沼意次が貨幣を統一するなどの改革を行なった。

1787年からの十一代将軍徳川家斉の時代には、田沼時代を否定する、松平定信による寛政の改革が行なわれた。だが、厳しい倹約令は庶民の反感をかい、改革は挫折した。

1841年からの天保の改革を主導したのは、老中の水野忠邦。商品経済の秩序を確立し、幕府の権威を回復させようとした。

幕府を揺るがせた
ペリー浦賀来航

250年の平和な時代に終わりを告げたの

は、1853年の、アメリカの軍艦の来航だった。

すでに、100年以上前の1739年にロシア船が安房沖に出没したのを皮切りに、1792年にはロシアが通商を求めるなど、日本近海に、ヨーロッパの船が頻繁に来るようになっていた。だが、幕府は鎖国政策を改めようとはしなかった。

隣の大国、清がイギリスとのアヘン戦争で負けたことは、すでに日本人の一部の知識階層のあいだに衝撃を与えていた。

いよいよ、幕府としても外国を無視できなくなったのが、ペリー率いるアメリカ艦隊の来航だったのである。アメリカの軍事力の前に、鎖国政策は転換され、1854年、日米和親条約が結ばれた。

この条約締結までの過程で、幕府が政府としての能力に乏しいことが露呈された。国論も、開国か攘夷かで二分された。

その後の数年間に、幕府は、アメリカをはじめ、オランダ、ロシア、イギリス、フランスと通商条約を結ぶが、関税自主権のない、日本側にとって不利なものだった。これを改正させることが、後の明治政府の初期の最大の課題となる。

幕府への不満は、朝廷内部でも高まっていた。大老の井伊直弼が朝廷の許可なしにアメリカと条約を結んだからである。これにより、開国反対の攘夷派は、朝廷を重視するという考えの尊皇思想と結びつき、尊王攘夷運動に発展、倒幕が現実の政治課題になりつつあった。

そんな危機的状況を受け、井伊直弼は倒幕を阻止するための大弾圧政策に出た。「安政

▶徳川将軍家系図

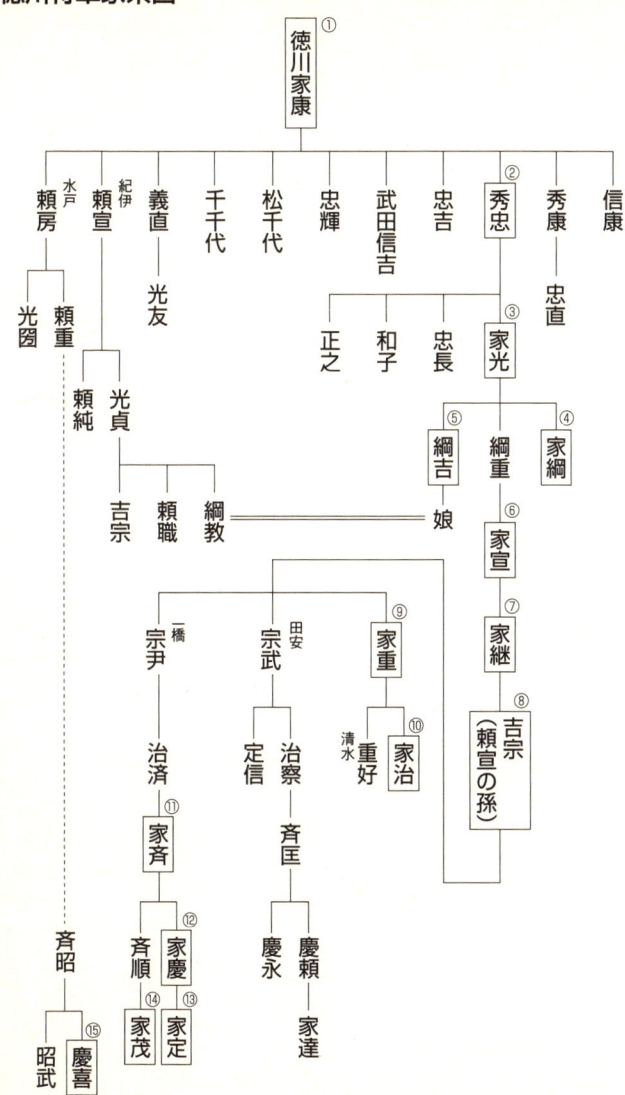

- ① 徳川家康
  - 信康
  - 秀康 ─ 忠直
  - ② 秀忠
    - ③ 家光
      - ④ 家綱
      - ⑤ 綱吉
      - 綱重 ─ ⑥ 家宣 ─ ⑦ 家継
      - 娘 ══ 綱教
    - 忠長
    - 和子
    - 正之
  - 武田信吉
  - 忠吉
  - 忠輝
  - 松千代
  - 千千代
  - 義直 ─ 光友
  - 紀伊 頼宣 ─ 光貞 ─ 綱教
                      ─ 頼職
                      ─ 吉宗 → ⑧ 吉宗（頼宣の孫）
  - 水戸 頼房 ─ 頼重 ─ 頼純
                ─ 光圀

- ⑧ 吉宗
  - ⑨ 家重 ─ ⑩ 家治 ─ 家基
           ─ 清水 重好
  - 田安 宗武 ─ 治察
            ─ 定信
            ─ 斉匡 ─ 慶頼 ─ 家達
                         ─ 慶永
  - 一橋 宗尹 ─ 治済 ─ ⑪ 家斉 ─ 斉順 ─ ⑭ 家茂
                              ─ ⑫ 家慶 ─ ⑬ 家定
                   ─ 斉昭 ─ ⑮ 慶喜
                         ─ 昭武

261

の大獄」である。

井伊直弼への反発は強まるばかりで、1860年、江戸城桜田門の前で、登城途中のところを襲撃され暗殺された。これにより、尊王攘夷運動は一気に爆発し、幕末動乱の時代となるのであった。

近代国家として生まれ変わった日本

薩摩藩と長州藩は、それぞれ倒幕に傾き、最初は反発していたが、坂本龍馬の仲介もあり、薩長同盟が成立し、情勢は一気に傾いていった。

1867年10月、最後の十五代将軍となった徳川慶喜は、土佐藩から提案された大政奉還を決断した。倒幕の先手を打ったのである。

これは土佐藩の坂本龍馬が考えたものがベースとなっていたとされている。

慶喜としては、天皇の下に徳川を含めた各大名による合議体を作るつもりだった。しかし、薩摩の大久保利通や公家の岩倉具視らは、幕府を武力で倒し、徳川の力を完全に奪いとろうと考えていた。

12月、西郷隆盛率いる薩摩藩の兵らが、御所を取り囲んだ。公家や、薩摩寄りの大名に囲まれた天皇は、「王政復古の大号令」を発した。

しかし、実態としての徳川幕府はまだ健在だった。大名のなかには、徳川の味方をする者もいた。

1868年、薩摩と長州を中心にした討幕軍と幕府軍との戦いが始まった。鳥羽・伏見の戦いを経て、いよいよ江戸が戦場となった。

▶戊辰戦争の展開

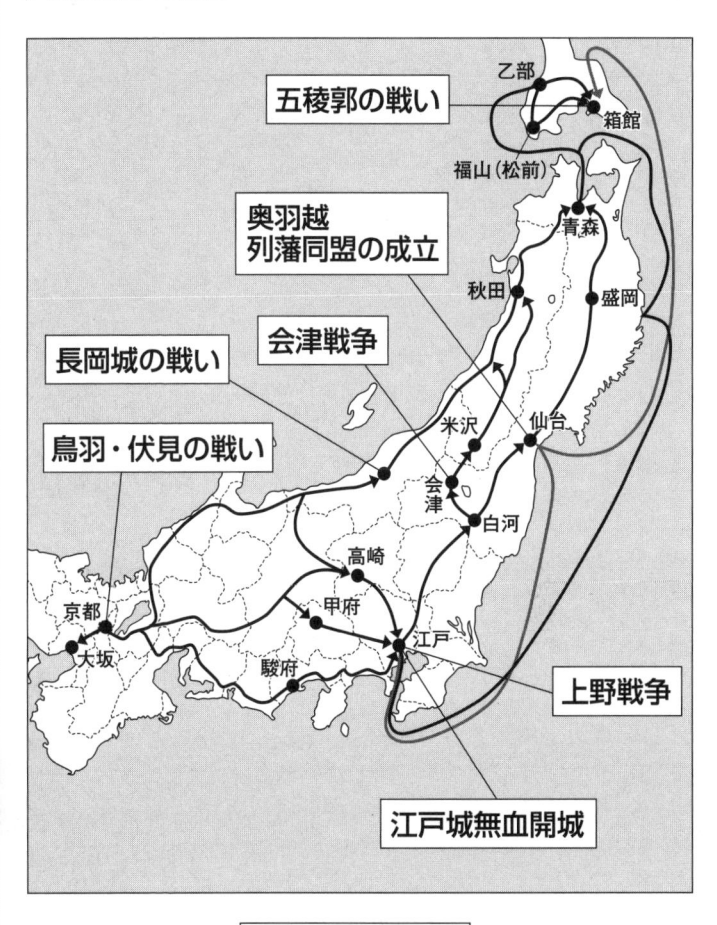

- 五稜郭の戦い
- 乙部
- 箱館
- 福山(松前)
- 青森
- 奥羽越列藩同盟の成立
- 秋田
- 盛岡
- 長岡城の戦い
- 会津戦争
- 米沢
- 仙台
- 鳥羽・伏見の戦い
- 会津
- 白河
- 高崎
- 甲府
- 京都
- 大坂
- 駿府
- 江戸
- 上野戦争
- 江戸城無血開城

→ 新政府軍の進路
→ 榎本武揚退路

だが、激戦となり火の海となると予想された江戸での戦いは、勝海舟と西郷隆盛の会談で回避され、江戸城は無血開城された。

その後も、幕府軍は懸命に戦ったが、彰義隊の戦い、会津戦争を経て、五稜郭の戦いで戦死した幕府軍のなかに、新撰組の土方歳三がいる。

こうして全国を平定した新政府は、中央集権国家の樹立を目指し、廃藩置県、学制の整備、地租改正、徴兵令といった政策を次々と打ち出していった。日本は近代国家として生まれ変わったのである。

明治新政府は欧米列強の植民地支配を免れるために上からの革命を断行し、日本を近代国家にしていった。

明治維新は、政治体制の革命であるのと同時に、産業革命でもあり、経済革命でもあった。19世紀後半から20世紀初頭にかけて、日本の欧米の各国が数百年を費やしたさまざまな革命を一気にやってのけたのである。

中央集権国家へ——版籍奉還と廃藩置県

明治新政府の領地は、全国3000万石のうち800万石分しかなかった。それは徳川幕府の直轄地だった天領などに限られ、それ以外はそれぞれの大名の領土であり、軍事的にも新政府には独自の兵力はなかった。あくまで薩摩軍であり、長州軍だったのだ。

そこで中央集権的な政治体制に改め、近代的な統治制度の整備・確立を進めることが急務だった。最初に各藩の土地と人民を新政府

に献上させる版籍奉還が行なわれた（1869年）。

もっとも版籍奉還は形式的なもので、新しく藩知事となったのは旧藩主であり、実質的には以前からの「お殿様」が各藩を治めていた。

一方、旧天領や旗本支配地などは政府直轄地となり、府や県が置かれ、中央政府から知事が任命、派遣されることになった。

続いて1871年、新政府は廃藩置県を行なった。薩・長・土から1万の兵力を御親兵として東京に集め、この軍事力を背景に、藩を廃して県と府を置き、藩知事の代わりに県令（または府知事）を任命した。これにより、全国が新政府の直轄領となった。

廃藩置県はそれまでの支配体制を一気に覆すという意味で、王政復古に次ぐ第二のクーデタであったといえるが、成功の背景には、藩の財政が悪化しており、廃藩を願い出る藩も多くあったという事情も関係していた。

新しい通貨制度の誕生

明治になって日本の通貨制度は複雑化し、混乱を極めていった。

これは、江戸時代からの旧貨幣や各藩の発行した藩札に加え、新政府が戊辰戦争や殖産興業のため不換紙幣の太政官札を大量に発行していたことによる。

また、旧貨幣も鋳造されていたが、鋳造技術も未熟で贋金も流通、諸外国から苦情が殺到するという状況に陥っていた。

そのため、近代的な貨幣法が必要となり、

1871年、貨幣単位として「円」、補助通貨の単位として「銭」「厘」を採用した金本位制度の「新貨条例」が定められた。

各藩が出していた藩札は政府発行の紙幣と交換されることになった。これによりそれぞれの藩が負っていた債務は新政府が引き継いだが、天保以前からの債務や幕府の債務は無効とされ、そのため、大損害を受けた商人も多く出た。

さらに、アメリカのナショナルバンク制にならって、「国立銀行条例」により「国立銀行」(名前は国立だが民営)が設立され、銀行券の発行をになった。

政治的に中央集権の政治体制を確立させていくとともに、大きな課題となっていたのが政府の財政基盤を固めることだった。

新政府になっても、政府の財源は従来どおりの米による年貢が主なもので、地域によって税率はまちまちで、収穫高に依存し、収入は安定していなかった。そこで、政府は土地の所有者に地券を交付し土地の私的所有を認めた。地券には、土地の所有者の名前・面積・地価・地租額が記入されていた。税率は地価の3%として、全国の土地所有者に金納させることとした。

このとき、地価が高めに設定されたため、また、共同で利用していた入会地が官有地として取り上げられたことによって、農民の不満は高まっていった。地租改正一揆が自由民権運動とも連携しながら頻発した。

こうしたことを背景に、1877年には税率が2・5％に引き下げられたが、農民の負担は相変わらず大きかった。

小規模農家が没落して小作農になり、一部

なぜ西郷隆盛は決起したのか——西南戦争

明治新政府は、薩摩と長州出身者が中心となっていた。その薩摩を代表する西郷隆盛が、すべての官職を辞してしまうのが、1873年、「明治六年の政変」である。当時、悪化していた日朝関係を修復するために、西郷が朝鮮に行こうとしていたのだが、大久保利通らが反対、政府内で意見が対立したのである。いったんは、西郷の派遣が決まったが、大久保の画策で中止となり、それに西郷は激怒し

富農による地主制が強化されることにも繋がった。
一方、政府は、富国強兵と殖産興業のための安定した財源を確保できた。

▶明治から大正時代にかけての流れ

年	出来事	年	出来事
1868 (明治1)	戊辰戦争（～1869）／明治改元	1885 (明治18)	天津条約／内閣制度発足
1869 (明治2)	版籍奉還	1887 (明治20)	保安条例公布
1871 (明治4)	廃藩置県／日清修好条規	1889 (明治22)	大日本帝国憲法発布
1873 (明治6)	征韓論が敗れる／地租改正	1891 (明治24)	大津事件
1874 (明治7)	佐賀の乱／台湾出兵	1894 (明治27)	日清戦争（～1895）
1875 (明治8)	樺太・千島交換条約	1895 (明治28)	下関条約／三国干渉
1876 (明治9)	日朝修好条規	1900 (明治33)	北清事変
1877 (明治10)	西南戦争	1902 (明治35)	第一回日英同盟
1881 (明治14)	明治14年の政変／国会開設の勅諭	1904 (明治37)	日露戦争（～1905）

て、政府を去ったのだった。

明治新政府は、大久保の主導のもと、かつての武士の特権を次々と廃していった。これに不平不満を持つ武士たちが叛乱を起こした。最初の大規模な叛乱が、1874年の江藤新平による「佐賀の乱」だった。そして、最後の大規模な叛乱が、西郷隆盛による西南戦争だった。1877年、鹿児島に帰っていた西郷は、周囲の士族たちをおさえきれず、挙兵してしまう。2月に始まった戦闘は九州各地を転々としながら、9月に鹿児島の城山が陥落したことで終った。西郷は自刃した。

そしてその翌年、大久保は暗殺され、また長州のリーダーだった木戸孝允も病死、「維新の三傑」と呼ばれた三人は相次いで亡くなり、明治政府は世代交代が進むのであった。「明治六年の政変」で、政府の役職を辞した

のは、西郷隆盛だけではなかった。板垣退助もそのひとりで、官僚が政治を行なう体制を批判するようになり、国会の開設を求めた。自由民権運動の始まりである。板垣は愛国公党を結成し、民撰議院設立建白書を提出した。

政府のなかで、国会の早期開設を主張したのが、大隈重信だった。しかし、伊藤博文らの反対にあった。

大隈は明治十四年の政変で失脚し、罷免された。政府への批判が高まると、伊藤らは国会を開設すると約束した

「殖産興業」で何がどう変わったか

新政府は欧米に対抗する国力をつくるため、官営事業を中心とする工業化政策をとった。

▶明治前半の日本の産業

- 幌内炭山
- 紋鼈製糖所
- 阿仁鉱山
- 釜石鉱山
- 院内鉱山
- 佐渡鉱山
- 足尾銅山
- 富岡製糸所
- 印刷局
- 兵器製造所
- 横須賀造船所
- 生野鉱山
- 兵庫造船所
- 造幣局
- 大阪砲兵工廠
- 広島鉱山
- 別子銅山
- 三池炭鉱
- 長崎造船所
- 高島炭鉱

これを、「殖産興業」と呼ぶ。

なかでも新政府が大きく力を入れたのは鉄道建設で、最大の支出となった。1872年には、新橋―横浜間に鉄道が開通し、このほかインフラとして道路・水運・郵便制度などが整備された。

官営鉱山の経営も行なわれ、旧幕府所有の佐渡鉱山・生野鉱山をはじめ、旧藩所有の高島炭鉱・三池炭鉱・釜石鉱山・院内鉱山・阿仁鉱山を官有化した。さらに、砲兵工廠、横須賀製鉄所（造船所）、長崎製鉄所などをはじめとした官営軍事工場が設立された。

殖産興業のための代表的な官営事業としては、1872年に開業した富岡製糸場がある。これは当時唯一の輸出商品であった生糸輸出の拠点で、フランス人のポール・ブリュナーが技術指導にあたったが、彼の給料は大臣が800円の時代に750円であった。他に東京・千住の製絨所（毛織物工場）、品川のガラス工場、深川のセメント工場、赤羽の機械製作工場が各種の工作機械やその付属品を製造した。

北海道開拓使（1869年8月設置）も1875年頃から農牧場や工場（真駒内牧場、札幌緬羊場など）を相次いで開設し、1876年には札幌農学校にクラークが招聘され、米国式の農場経営を教えた。

さらに1877年には万国博覧会を模範として、第1回内国勧業博覧会が東京・上野公園で開催された。

官営で殖産興業を進めるだけではなかった。台湾出兵（1874年）においては、軍事輸送を岩崎弥太郎の三菱商会に任せ、13隻の汽船を買い入れて三菱に委託、保護・育成して

その発展を支えた。

官営工場はその後、民業育成のため民間に払い下げられた。昨今の郵政事業民営化でも、所有する施設の売却にあたり問題となったが、官営工場払い下げでも、その価格が不透明であり、汚職の土壌となった。

松方財政と明治時代の経済

新政府の財政的基盤は脆弱(ぜいじゃく)なものであった。そのため戊辰戦争時に不足する戦費を補うために発行された太政官札がインフレーションを起こし、さらに各藩がドサクサに贋札(にせさつ)を出していたため、これに諸外国から強烈な抗議が寄せられた。

政府は貨幣の混乱をおさめるために、太政官札を1872年までに、新貨幣に交換するか年六分の利付き公債と引き換えると約束した。

それとは別に、この時期、幕末期に好調だった生糸輸出が激減する事態に陥っていた。背景には、欧州で19世紀半ばから流行していた蚕の病気が終息、激減していた蚕の生産が盛り返したこと、また、太平天国の乱による国内混乱で生糸輸出が減少していた中国においても、生産が戻ったことがある。このため、日本の生糸産業は不振となった。

その一方で、戊辰戦争の混乱が収まると、今度は海外からの輸入が増えて日本は貿易赤字となった。このため、日本から正貨(せいか)(金銀の本位貨幣)が海外に流出することになった。

さらに、1873年、世界的な恐慌が勃発した(247頁)。穀物バブルが崩壊し、商品相

場が下落、これを受けて生糸価格が暴落し、日本は深刻な不況となった。

このころ行なわれた秩禄処分（1876年）で士族に支給された金禄公債は売りに出され、これも不換紙幣として市中に出回った。さらに、1877年に西南戦争が起こり、戦費2400万円も不換紙幣でまかなわれた。

そうして不換紙幣が市中にだぶつき慢性的なインフレとなっていった。政府の収入は地租からのものが大きな部分を占めていたが、これは地価を基準とした固定税である。そのためインフレに追いつかず、政府の財政が破綻しかけた。

政府のやることなすこと、すべてが裏目に出ていたのである。

こうした経済的な危機に、大蔵卿の大隈重信は、積極財政で乗り切る方針を打ち出した。

引き続き殖産興業の路線を進めて輸入を盛んにし、輸入品の代替品を生産できるように国内産業を振興させようというもので、道路・橋・港湾などのインフラ整備を行なって、産業資金を提供していこうとしたのだった。

これらの政策には多額の資金が必要であり、外債による資金調達や企業公債という不換紙幣の大量発行に依存せざるを得ず、かえって、インフレを悪化させるばかりとなった。

そこで大隈は外債で集めた資金を元にして銀貨を市中に流して不換紙幣を回収し消却しようという抜本的な紙幣整理を提案するが、否決されてしまう。

そんななかで起きたのが明治十四年の政変である。

大久保利通が西南戦争の翌年に暗殺された後、岩倉具視を擁しながら伊藤博文と大隈重

信が中心として政府は運営されていた。日本の政体を立憲制に移行させるにあたって、伊藤は斬新的、大隈はやや急進的な立場をとっていた。その大隈を伊藤らが追放してしまったのである。

大隈重信の積極財政に批判的だった松方正義が、明治十四年の政変で大蔵卿に復活する。松方はかねてから懸案であったインフレ対策に取り組む。

彼は明治維新以来の政府財政の膨張こそがインフレの根本原因であるとして、不換紙幣回収を急務と考えていた。

松方は不換紙幣を回収・焼却処分にした（紙幣回収）。また、軍事費を除く政府予算を縮小し、煙草税・酒造税を増徴し、政商に官有物の払い下げを行なって政府資金を調達した。

さらに1882年、日本銀行を設立した。

それまでの国立銀行の発行する国立銀行券は、兌換券として発行されたのだが、不換紙幣と同質化しインフレを助長していたため、銀行券の発行を日銀のみに限定したのだ。これらの松方財政により紙幣発行量は縮小する。1885年には銀兌換紙幣の日本銀行券が発券されるようになった。

松方による強硬な緊縮財政は、松方デフレ政策ともよばれ、深刻な不況をもたらした。米価など農産物価は下落し、地主や豪農には没落する者が多く出た。これは、米価が下落したのに税額が変わらなかったからである。

一方、政治家と結びついて経済的な特権を得た政商が出現した。

政商には江戸時代の豪商が発展した三井、住友もあるが、三菱、五代、渋沢、古河、安田、大倉など、藩閥政府（薩長土肥）との出

身の結びつきや、在官経歴などのコネを利用して特権的な保護や官業払い下げを受けて資本蓄積を行ない、大きくなったものもある。政商は松方デフレ政策のなかで、行き詰まった事業を吸収し独占を強め財閥形成へと成長していくことになる。

大日本帝国憲法が誕生するまで

1882年、伊藤博文は、立憲君主制とはどんなものかを視察するために、プロイセン（いまのドイツ）に向かった。その憲法を学び、天皇主権の国家体制の憲法制定を準備した。1885年、太政官制度が廃され、新たに内閣制度が発足した。初代総理大臣には伊藤博文が就任した。

1889年、ついに大日本帝国憲法が公布された。そして、その翌年、最初の帝国議会が召集された。貴族院は、皇族や華族などで構成され、衆議院は、国税15円以上を治める25歳以上の男子にのみ選挙権があった。全人口のわずか1％に過ぎなかった。

松方財政によるデフレ政策は、農村部にとっては農産物の価格の下落をもたらしたため窮乏化した。

自由民権運動の担い手は裕福な地主や農家が多かったが、彼らも没落していった。さらにもっと貧しい農民は反政府的な暴動を引き起こす。

一方、朝鮮半島を巡る覇権争いから日清戦争が、ついで南下政策をとるロシアと極東地域での覇権争いから日露戦争が起こる。

アヘン戦争後の展開
―― 清、中華民国

　清は300年ほど続き繁栄した。西欧との交流も本格化し、中国の絹や陶磁器、茶がイギリスに高く売れた。その一方、イギリスは中国に売るものがなく、いまでいう貿易赤字となった。

　これを解消するために、イギリスは中国に阿片(あへん)を売ることにした。こうして中国が貿易で稼いだ銀はイギリスに逆流した。さらに、阿片中毒者がまたたくまに増え、健康被害はもとより、社会不安にまで発展した。

　清政府は、このままでは国が滅びるとして、阿片の輸入を禁じた。港に届いた阿片を押収し、密売する英国商人に強い態度に出た。こ

▶清と周辺諸国

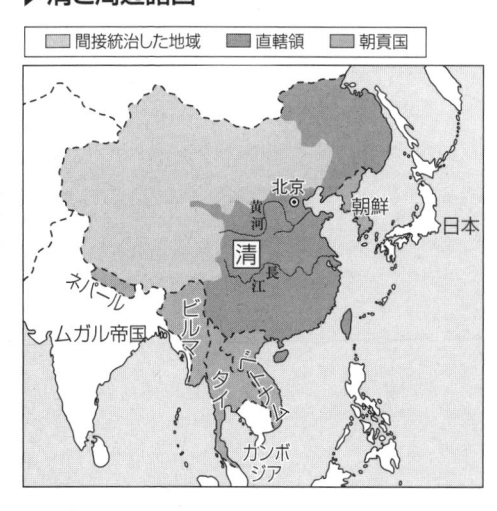

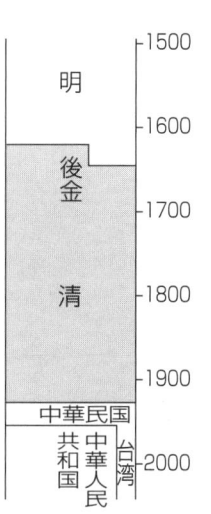

凡例：間接統治した地域／直轄領／朝貢国

地図中の地名：北京、黄河、長江、朝鮮、日本、清、ネパール、ムガル帝国、ビルマ、タイ、ベトナム、カンボジア

年表：1500 明／1600 後金／1700・1800 清／1900 中華民国／2000 中華人民共和国・台湾

れにイギリス議会が激怒し、清との戦争を決議した。

1840年、イギリス海軍は清に向かい、圧倒的な強さで大勝した。1842年、清は南京条約をイギリスと結んだ。これにより、香港はイギリスに割譲され、さらに巨額の賠償金も払わなければならなくなった。

イギリスへの賠償金支払いのため、清政府は増税せざるをえなくなり、庶民の暮らしを直撃した。そこに起きるのが「太平天国の乱」である。鎮圧に清政府がてまどっているあいだに、イギリスとフランス軍が出兵、アロー戦争となった。これにも清は大敗し、天津条約という、さらに屈辱的な条約を結ぶことになった。

清の迷走、敗北はまだ続く。1894年、日本と朝鮮半島の支配権をめぐって対立し、日清戦争に突入したものの、同じアジアの国にも負けてしまう。

ここにきて、漢人の民族意識に火がつき、清王朝打倒の気運が高まった。

あいつぐ敗戦によって、清王朝は国家を近代化する必要を実感した。だが、経済事情の悪化もあり、改革は進まなかった。

そんなころ、孫文（そんぶん）が、民族独立、民権伸長、民生安定という「三民主義」をスローガンにして、中国同盟会を組織し、革命運動を始めていた。

1911年、清政府に不満を抱く軍隊が蜂起した。辛亥（しんがい）革命である。アメリカにいた孫文は急ぎ帰国した。革命勢力は、革命政府をどこに置くか、リーダーを誰にするかでもめていたが、孫文がこれらをまとめ、1912年1月1日、孫文を臨時大総統とする中華民

国が南京に成立した。

だが、清帝国がなくなったわけではなかった。孫文は清の皇帝、愛新覚羅溥儀の退位を条件に、清総理大臣の袁世凱にその座を譲ることにした。

ここに清は滅亡し、それとともに秦の始皇帝以来の「帝国」も最期を迎えた。

袁世凱が独裁を始めたので、話が違うと、孫文は国民党を結成し対立した。国民党は議会でも多数派を占めたが弾圧にあい、孫文は日本へ亡命した。

1916年に袁が亡くなると、孫文は広州で政権を樹立し、中国の統一を図った。一方、ロシア革命に呼応してできた中国共産党も勢力を伸ばしつつあった。1925年、孫文が病死すると、蔣介石が国民党を継いだ。

明治日本が戦った二つの戦争——日清戦争

「最大の景気回復策は戦争だ」とよく言われるが、政府にそこまでの意図があったのか偶然なのかはともかく、日清戦争と日露戦争が結果的に日本経済を救ったのは事実だった。

この日清戦争(1894〜1895年)前後に、蒸気機関による製糸・紡績などの軽工業を中心とした第一次産業革命が起こった。

朝鮮半島をめぐり、日本は清と対立していた。さらに、ロシアも南下して朝鮮半島に触手を伸ばそうとしていた。

1882年、朝鮮で保守派が日本寄りの政府に反発しクーデターを起こすが、清の軍が鎮圧した。次に、1884年には、今度は改

革派が日本の援助を受けて蜂起した。しかし、これも失敗に終わり、朝鮮は清が支配するようになる。

1894年3月、朝鮮の民族派の東学党が決起し、内乱状態になった。6月、日本と清はともに鎮圧のために出兵した。日本は清に、一緒に朝鮮改革を進めようと提案するが拒否されたので、清に対し開戦を決断した。7月、こうして日清戦争は始まった。

戦争は約8か月で日本の勝利で終わった。下関で講和会議が開かれ、日本は、台湾、澎湖列島、そして遼東半島と多額の賠償金を得た。ところが、日本がアジアで強くなることを警戒したロシアが、ドイツ、フランスと手を組み、遼東半島を返還するように求めてきた。これを「三国干渉」という。伊藤博文首相と陸奥宗光外相は、これに屈服し、返還

した。これが後の日露戦争への伏線となる。

明治日本が戦った二つの戦争
—— 日露戦争

日清戦争によって清が想像以上に弱いことを知ったヨーロッパの列強各国は、中国各地に租借地を設け、実質的に中国を分割、支配していった。そのなかでも、地の利を得たロシアは、日本に返還させた遼東半島を租借地として、南下政策に必要な港を手に入れた。

1900年、こうした外国の侵略的行為に反発した中国の民族派の義和団が、叛乱を起こした。日本を含む列強が出兵したので、清は各国に宣戦布告。しかし、軍事的に列強連合軍にはかなわず、負ける。その結果、各国の軍隊駐留と治外法権を認めるなど、開戦前

▶日露戦争時点の国際関係

```
        ドイツ ←---対立---→    アメリカ
          ↑                      │
          │                      │経済的支援
          │対立                  ↓
          │     ロシア ⇔ 日 本
          │      │         │
          │      │露仏同盟  │日英同盟
          ↓      ↓         ↓
              フランス ←---対立---→ イギリス
```

よりもひどい条件の議定書を結ぶはめになってしまった。

この義和団事件を契機に、ロシアは中国東北部の満州を実質的に支配するようになった。日本としては、これは警戒しなければならない事態だった。いずれはロシアとの戦争が避けられないと考えた日本は、イギリスと同盟を結び、それに備えた。

1904年、満州をめぐる日露の交渉は決裂し、2月、ついに宣戦布告となった。乃木希典が指揮した旅順攻略は難航し多大な犠牲を出した。東郷平八郎率いる連合艦隊とロシアのバルチック艦隊との海戦は、日本の圧勝で終わった。

こうして、日本は戦闘では勝利したのだが、アメリカが仲介に入って締結したポーツマス条約が、日本にあまり有利とはいえない内容

▶海外に勢力圏を拡大した日本

日露協約
(1907〜1916)

ポーツマス条約
(1905)

韓国併合
(1910)

下関条約(1895)

だったため、国民はこれに失望し、怒り、講和反対のムードが高まり、暴動に発展した。ロシアは国内に革命運動の高まりという事情を抱え、アジアへの進出を断念した。日本は本格的に朝鮮半島と満州を支配下に置くべく、動き出した。

経済面では、日露戦争の頃になると、電動式の動力や石油動力による重工業を中心とする第二次産業革命が起こり、特に、東京と大阪の砲兵工廠、海軍工廠などによる軍事工場での兵器生産の技術が進歩した。ほかにも、日清戦争での賠償金で設立された官営八幡製鉄所が1901年に完成した。

これらの戦争での勝利を通じて、日本は朝鮮・中国を足場とする海外に市場を拡大していくことになる。

世界史・日本史年表 III

■ヨーロッパ・アメリカ	■アジア・中東・アフリカ	■日本
1492 コロンブスアメリカ到達		
1517 ルターが95か条の論題発表		
1521 コルテスがメキシコ征服		
1524 ドイツ農民戦争		
1533 ピサロがペルー征服		
1534 イギリス国教会成立		
1562 ユグノー戦争（〜1598）	1526 ムガル帝国成立	
1571 レパントの海戦		1543 鉄砲の伝来
1598 ナントの勅令		1553 川中島の戦い（以後5回）
1603 スチュアート朝（英）		1555 厳島の戦い
1618 ドイツ30年戦争（〜1648）	1600 東インド会社（英）	1560 桶狭間の戦い
1620 メイフラワー号アメリカ到着	1602 東インド会社（オランダ）	1568 織田信長が足利義昭を奉じ入京
1643 ルイ14世即位（仏）	1616 後金成立	1570 姉川の戦い
1648 ウェストファリア条約	1631 李自成の乱（〜1645）	1571 織田信長による比叡山焼討ち
1649 共和政となる（英）	1636 後金が国号を清とする	1572 三方ヶ原の戦い
1660 王政復古（英）	1644 明滅亡	1573 室町幕府の滅亡
1688 名誉革命（英）		1575 長篠の戦い
1689 権利の章典		1582 本能寺の変／山崎の戦い
1700 北方戦争		1583 賤ケ岳の戦い
1701 スペイン継承戦争（〜1713）		1587 バテレン追放令
1740 オーストリア継承戦争（〜1748）		1590 小田原征伐
1756 七年戦争（〜1763）		1592 文禄の役
		1597 慶長の役

年	事項	年	事項	年	事項
1773	ボストン茶会事件（米）			1600	関ヶ原の戦い
1775	アメリカ独立戦争			1603	江戸幕府成立
1776	アメリカ独立宣言			1614	大坂冬の陣
1783	パリ条約			1615	大坂夏の陣
1789	フランス革命			1633	鎖国令
1789	ワシントンが米初代大統領に			1637	島原の乱
1804	ナポレオンが皇帝として即位（仏）			1651	由井正雪の乱
1805	トラファルガーの海戦			1703	赤穂事件
1805	アウステルリッツの戦い	1796	白蓮教徒の乱（〜1804）	1825	異国船打払令
1806	神聖ローマ帝国滅亡			1837	大塩平八郎の乱
1812	アメリカ＝イギリス戦争			1841	天保の改革
1812	ナポレオンのロシア遠征	1816	ジャワ、オランダ領に	1853	ペリー浦賀へ来航
1814	ナポレオン退位／ウィーン会議	1819	シンガポール、英領に	1860	桜田門外の変
1815	ワーテルローの戦い	1840	アヘン戦争（〜1842）	1863	薩英戦争
1830	七月革命（仏）	1851	太平天国の乱（〜1864）	1864	禁門の変
1845	テキサス併合（米）	1856	アロー戦争（〜1860）	1866	薩長同盟
1846	アメリカ・メキシコ戦争	1857	セポイの反乱	1867	大政奉還
1848	二月革命（仏）	1858	アイグン条約／天津条約	1868	戊辰戦争
1853	クリミア戦争（〜1856）	1858	ムガル帝国滅亡	1877	西南戦争
1861	南北戦争（〜1865）	1860	北京条約	1889	大日本帝国憲法発布
1866	プロイセン・オーストリア戦争	1877	英領インド帝国成立	1894	日清戦争
1870	プロイセン・フランス戦争	1884	清仏戦争（〜1885）	1895	日清講和条約／三国干渉
1871	ドイツ帝国成立	1885	天津条約	1900	北清事変
1878	ベルリン会議	1898	フィリピンが米領に	1902	日英同盟
1898	アメリカ・スペイン戦争	1900	義和団事件	1904	日露戦争

8

20世紀という時代

世界の覇者へと成長する
アメリカの大企業

 アメリカでは、19世紀後半には、地下資源をもとに鉄鋼業や石油業が繁栄した。この時代を代表する企業家で「鉄鋼王」と呼ばれたのが、カーネギーである。1848年に12歳で両親とともにアメリカに移住すると、学校へ行かずに紡績工場で働いた。いくつかの職業を経て鉄道会社に入り、南北戦争が終わると、自分で事業を起こした。当時の鉄道の橋は木製だったが、いずれ鉄製になるであろうと予想し、鉄橋会社を設立し成功したのだ。強靭な鋼鉄の大量製造が可能となりつつあったので、カーネギーは事業を製鉄業に拡大した。

 その鋼鉄は鉄道のレールや建築に利用され、カーネギーは大富豪となった。だが、1902年にカーネギーは事業をモルガンへ売却し、モルガンが所有する連邦鉄鋼会社と合併してUSスチールとなった。

 アメリカを代表する石油会社だったスタンダード・オイルは、ジョン・ロックフェラーが1863年に設立した。買収によって、次々と製油所を得て、1878年にはアメリカ国内の石油精製能力の90％を保持した。

 「自動車王」ヘンリー・フォードが二度の失敗の後、三度目の正直としてフォード・モーター・カンパニーを設立したのは、1903年のことである。そのフォードと親しかった「発明王」エジソンのゼネラル・エレクトリック・カンパニーの設立は1892年。

 このように、19世紀末のアメリカには、20

世紀に世界の覇者となる企業が誕生していた。世界史は国王や将軍が動かす時代から、企業家が動かす時代へと変化していく。

大正デモクラシーから治安維持法まで

1912年、明治天皇が亡くなり、皇太子が即位し、大正天皇となった。日本において「元号」が使われるようになったのは645年の「大化」が最初だが、ひとりの天皇の時代はひとつの元号という「一世一元」になったのは、この明治が最初である。

大正時代は、「大正デモクラシー」という言葉に代表されるように、日本に民主主義が根付きかけ、文化も発展した時代だった。その一方で、産業の発展により、貧富の格差も

生まれ、劣悪な労働条件に苦しむ労働者が多く、ロシア革命の影響を受けて、社会主義運動も始まった。

政治体制としては、明治以来の藩閥支配体制が揺らぎ、政党が強くなっていった。その指導者が、尾崎行雄・犬養毅らだった。

1918年に米騒動が起き、社会が騒然とするなか、原敬が、史上初の「平民宰相」となった。

それまでは爵位を持つ者が総理大臣に任命されていたが、史上初めて、衆議院議員が総理大臣になったのである。だが、原は暗殺されてしまった。

1923年に関東大震災が起き、多くの人命と財産が失われた。1925年には、普通選挙法が成立する一方、治安維持法も制定された。

▶米騒動の発生地(1918)

第一次世界大戦による好景気や、シベリア出兵による米価上昇をあてこんだ米の買い占めなどにより、米価が高騰。1918年の夏、富山県で、米の積み出しに漁民たちが抗議したことから始まった米騒動は、たちまち全国に波及。各地で米問屋の打ちこわしなどの暴動が起こった。寺内内閣は軍隊を出動させてこれを鎮圧したものの退陣に追い込まれ、「平民宰相」原敬が誕生する。

米騒動が起きる

● 米騒動の発生地

【経済史のポイント5】
帝国主義とは何か

■極限の弱肉強食

19世紀後半から20世紀前半にかけて欧米の列強と呼ばれる経済大国がアジア、アフリカ、南米などの植民地経営や権益をめぐって争うようになった。この時代を帝国主義という。

まず、19世紀も後半、新しいエネルギーとしての電力や石油の発見と発達により、鉄鋼・電機・化学などの重化学工業が一気に発展した。これを「第二次産業革命」という。

一方、資本主義社会では自由競争が原則であり、基本的に弱肉強食である。競争に勝った企業は負けた企業の市場を手に入れ、ますます大きくなる。こうしてその業界での寡占化が達成されると、数社だけの寡占状態を維持し、新規参入をさせないようになる。少数の大企業による、利潤の独占である。その形態として、カルテル、トラスト、コンツェルンなどが生まれた。

こうして誕生した大企業を独占資本（独占企業）と呼ぶ。20世紀初頭には、欧米ではこのような独占資本が生まれていた。

■植民地獲得の目的

独占資本が成長していくと、やがて自国内だけでは利潤をあげることが難しくなる。市場には限りがあるからだ。そこで、国外へマーケットを求める。一方、金融資本も、国内の有利な資本の投下先が頭打ちになると、国外へ資本投下先を求めるようになった。

こうして欧米の列強各国は余剰資本を原

料・労働力・市場を持つ外国に投資するようになる。すでに植民地を持っている国であれば、そこに投下したし、植民地を持たない国はそれを求めてアジア・アフリカへ進出した。

この段階の資本主義を帝国主義と呼ぶ。

古代の帝国や大航海時代以後のヨーロッパの国々が植民地を獲得していったのは、その地に余剰人員を移住させるのが目的のひとつでもあったが、帝国主義時代の植民地では、移住そのものは大きな目的ではなくなる。

進出の主体も国家＝政府ではなく、民間企業だった。欧米列強は、民主主義の政治体制ではあったが、参政権は全国民にあったわけではなく、高額納税者、つまり資本家に限られていたので、国家の方針は独占資本の利害を尊重し、国家は資本家の代理人のようなものだったのだ。

▶帝国主義とは？

他国の犠牲を前提に自国の利益を追求し、領土を拡大しようとする思想や政策。

どう展開したか？

(1) 「動力革命」や「交通・通信革命」など第二次産業革命

↓

(2) 生産と資本の集中・蓄積により、巨大企業が生まれる

↓

(3) カルテル・トラスト・コンツェルンなど、生産と資本を支配する「独占資本」が形成。

↓

(4) 労働組合や社会主義政党が結成され、国家や政府との対立が顕在化。

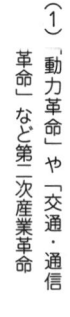

↓

(5) 資本輸出先として列強による植民地獲得競争が激化

再分割されることになった世界

19世紀前半にすでに「列強」となっていたのは、英仏とオランダである。

イギリスはマレー半島の、ペナン、マラッカ、シンガポールを海峡植民地とし、インド帝国も支配下に置いていた。

オーストラリアとニュージーランドも大英帝国の領土だった。

フランスはベトナム、カンボジア、ラオスを保護国として、フランス領インドシナ連邦とした。

オランダも、世界の覇権は失っていたが、インドネシアのほぼ全域を植民地としていたし、スペインもフィリピンの大部分を支配していた。

19世紀後半になると、植民地の獲得などをめぐる、これら列強の対立が激しくなった。イギリスとフランスはアフリカ大陸の争奪戦を展開した。

イギリスはまずスエズ運河を運営する会社を買収し、これをきっかけにしてエジプトを保護国とすると、スーダンに南下し、カイロとケープタウンを結ぶ南北のラインを確保した。これをアフリカ縦断政策といい、南に向かったのである。そして南アフリカ連邦を作った。

一方のフランスは横断政策をとった。大西洋側から東へと向かったのである。まずチュニジアを手に入れ、サハラ砂漠以南を獲得した。

当然、イギリスとフランスは衝突し、スー

ダンで武力紛争が起きた。

アフリカ争奪戦にはイタリアも加わり、エチオピアでは失敗するが、リビアを植民地にした。

アフリカで独立を保てたのは、エチオピア帝国とリベリア共和国だけだった。

それ以外のほとんどの国は英仏どちらかの支配下に置かれたのだ。

もちろん、原住民の意向などまったく無視された。

国家統一が遅れたため、世界争奪戦に乗り遅れたドイツは、残されていた南太平洋諸島を手に入れた。そして、バルカン半島から西アジアを経てインド洋に出るルートを手に入れた。

かつての植民地だったアメリカは、スペインとの戦争で勝利すると、フィリピンとグァムを手にし、ハワイも併合した。

このように、世界は分割されていったのである。

各国を巻き込んだ最初の世界大戦

20世紀初頭、バルカン半島は、「世界の火薬庫」と呼ばれていた。一触即発の状態だったのである。

ヨーロッパの列強諸国は、ドイツ、オーストリア、イタリアが「三国同盟」を1882年に結成し、それに対抗すべく、フランス、イギリス、ロシアが「三国協商」を結び、二大勢力となっていた。

バルカン半島は、オスマン帝国が支配していたが、帝国の力が弱まったので、民族間に

▶ アフリカをめぐるイギリスとフランスの対立(20世紀初頭)

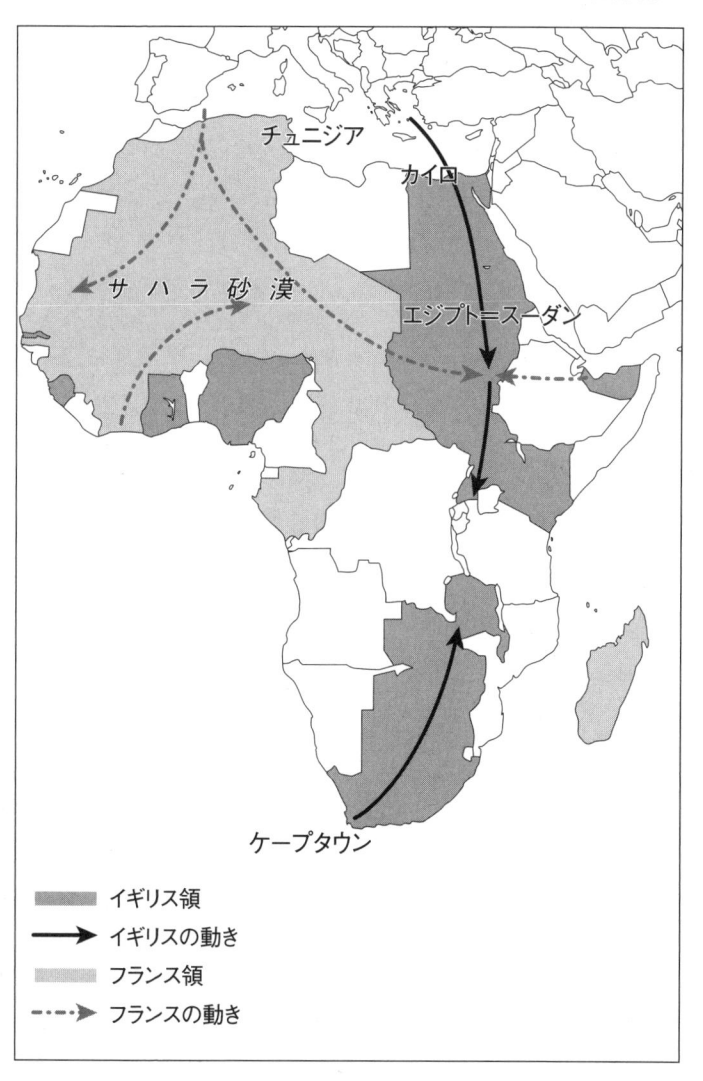

- チュニジア
- カイロ
- サハラ砂漠
- エジプト=スーダン
- ケープタウン

■ イギリス領
→ イギリスの動き
■ フランス領
---▶ フランスの動き

独立運動が盛り上がっていた。ところが、この地域には、スラブ系、ゲルマン系、ハンガリー系、アジア系の人々が複雑に入り混じっていたので、民族運動といっても、単純ではなかった。

1908年、オスマン帝国で、青年トルコ革命が起きた。

これによってブルガリアが独立し、ボスニア・ヘルツェゴヴィナはオーストリアが併合することになった。

だが、ここに住んでいるのはユーゴ＝スラブ族だったので、セルビアとしては、これを取り返し、民族統一を果たしたいところだった。

1912年、ロシアの支援を受けたセルビア、モンテネグロ、ギリシア、ブルガリアの四つの国がバルカン同盟を結成して、トルコと戦い、この第一次ブルガリア戦争で勝利した。

だが、勝ったバルカン同盟は、ブルガリアと他の三国が対立することになってしまい、これが第二次バルカン戦争へ発展、ブルガリアが敗北する。

敗北して孤立したブルガリアは、三国同盟に助けを求めていた。

そんな情勢のなか、1914年、オーストリアの皇太子が、セルビア人学生に狙撃されたのである。オーストリアはセルビアに宣戦布告した。

オーストリアに味方したのが、ドイツで、これを「同盟国」という。これに、トルコとブルガリアも加わった。

一方、セルビアには、ロシア、イギリス、フランスの三国協商の国々が味方し、さらに、

▶第一次世界大戦の構図

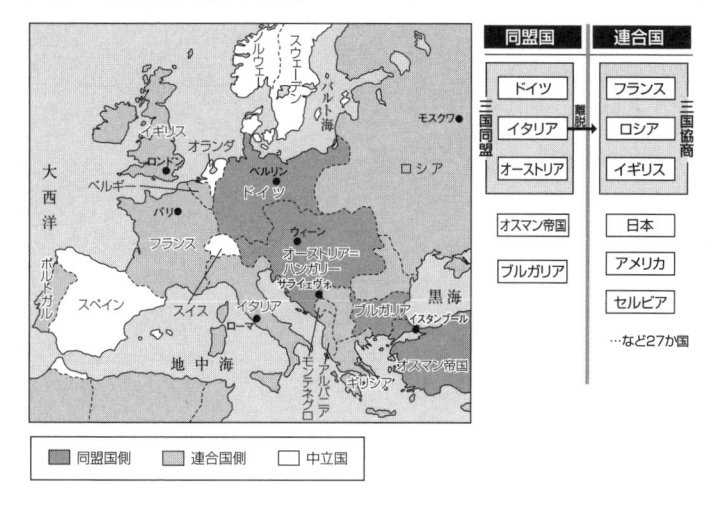

同盟国	連合国
ドイツ	フランス
イタリア（離脱）	ロシア
オーストリア	イギリス
オスマン帝国	日本
ブルガリア	アメリカ
	セルビア
	…など27か国

三国同盟／三国協商

凡例：同盟国側／連合国側／中立国

▶第一次世界大戦での日本の動き

南洋諸島攻略

インド洋、地中海などの輸送船団の護衛活動

アメリカも加わり、合計27か国がこちらに参戦、「連合国」となった。

こうして、ヨーロッパは空前の大戦争の舞台となった。第一次世界大戦である。日本も連合国の側についた。

科学技術が発展していたドイツは、毒ガスを開発したり、戦車、潜水艦を用いるなど、近代兵器を駆使して戦い、戦況は当初は同盟国側が優勢だった。

だが、1917年4月にアメリカが連合国に加わると、劣勢に転じる。

1917年11月、ロシア革命が起きると、新しい政府は国内の安定を優先させるために、ドイツと単独講和を結んで、戦線から離脱した。

1918年11月、帝政反対と即時講和を求める声が高まっていたドイツで、革命が起き、帝政が倒されてしまった。新政府は各国と休戦協定を結び、第一次世界大戦はドイツの敗北で終わった。

パリ講和会議で、戦後処理が話し合われ、ドイツはすべての植民地を失い、アルザス・ロレーヌをフランスに返還し、多額の賠償金を戦勝国に払うことになった。さらに、国際連盟の設立も決まった。

日本は第一次世界大戦では、イギリスの求めに応じて連合国側として参戦したが、ヨーロッパにまで兵を出したわけではない。中国のドイツの租借地に侵攻し、山東省の青島を占領した。

これをきっかけに、日本の中国大陸への侵略が本格的に始まっていくのである。

【経済史のポイント6】
マルクスと社会主義思想

■ 社会主義の潮流

社会主義は資本主義と対立する「思想」であるだけでなく、政治体制であり、経済政策でもある。

生産手段、つまり工場やそれが建つ土地はごく一部の資本家のものであり、多くの人は、自分の労働力を資本家に売ることで、賃金を得て生活していた。これは不公平ではないかという、ごく単純にして素朴な考えが、社会主義の基本である。ヒューマニズムといってもいい。

だが、現実の政治のなかで、社会主義は当初の理念から外れ、巨大な暴力装置となり、多くの人を苦しめたのも事実だ。

「社会主義」といっても、さまざまな潮流がある。最も広く知られているのが、マルクスが唱えたものであろう。生産手段の社会的共有・管理を目指す考え方だ。これはマルクス主義とも、それを実践しソ連を建国したレーニンの思想とあわせて、マルクス・レーニン主義ともいう。

社会主義の生みの親は、皮肉にも資本主義である。つまり、ヨーロッパやアメリカ合衆国において、産業革命による工業化と、市場経済の発展に伴い、貧困や階級対立といった矛盾が生じたため、その原因を考え、解決策を模索した結果、生産手段の公有化という思想に到達したのだ。

マルクス・レーニン主義は、生産手段の公有化を実現するには暴力も必要であるとする。

その考えから、ロシア革命は暴力革命として起きた。しかし、民主的な選挙により議会で多数を占めることで、社会主義を実現するという考えもあり、社会民主主義と呼ばれる。イギリスの労働党、フランスの社会党のように資本主義体制のなかで社会主義政党が政権を握る例もある。

■なぜロシアだったのか

マルクスの考えでは、社会主義革命は高度に発達した資本主義国で起きるとされていた。貧富の差が拡大し、もはや革命以外には社会の矛盾が解決できない状態になり、いわば自然に革命になるという考えである。

だが、歴史上初の労働者による国家、社会主義国の誕生は、まだ資本主義がそれほど発達していないロシアにおいてだった。つづいて、モンゴルで社会主義革命が起き、第二次世界大戦後は中国、ベトナム、北朝鮮、キューバ、そしてアフリカなどで社会主義国が誕生した。

東欧諸国を除けば、社会主義国となったのは、いずれも工業化と民主主義が未発達の地域で、ほとんどは帝政や王政の国が、いきなり社会主義国になったのである。

ロシアは長く続いた農奴制のおかげで、ほとんどの国民は文字も読めない状態に置かれていたが、19世紀終わりから工業化が始まり、都市労働者が生まれた。

その労働者たちは当然のことながら貧しく、大地主の貴族たちとの間の貧富の差は広がる一方だった。そのなかから労働運動が芽生え、社会主義運動へと発展していった。

ロシア革命は
どう展開したのか

ロシアは、長く続いた農奴制のおかげで、ほとんどの国民は教育を受けてなく、文字も読めなかった。

だが、そのロシアも19世紀終わりから工業化が始まるようになり、しだいに都市労働者が生まれた。

その労働者たちも貧しく、大地主の貴族たちとのあいだの貧富の差は広がる一方だった。そのなかから労働運動が芽生え、社会主義運動へと発展していった。

1905年、第一次ロシア革命が起きた。戦艦ポチョムキンでの水兵の叛乱、鉄道員組合のストなどで皇帝の政府は打撃を受け、言論の自由と集会の自由を認め、国会の創設を約束せざるをえなかった。

だが、農民や労働者の貧困という根本的な問題は少しも改善されなかった。

そんな状況でロシアは第一次世界大戦に参戦したわけだが、国力がもたなかった。経済基盤が弱いところに、戦争に莫大な国費を投じたことによって、大インフレとなり、民衆のあいだには戦争継続への不満が蓄積していた。

1917年3月、各地で労働者が集会を開き、それが大きなうねりとなり、皇帝は退位に追い込まれ、300年続いたロマノフ王朝に終止符が打たれた。

ケレンスキーを首班とする臨時政府ができるが、第一次世界大戦を継続したため、国民の支持を失い、さらに混乱した。そこに、

亡命していたレーニンが帰ってきた。

レーニンは、ロシアの貴族の家に生まれた。兄が革命運動に身を投じ、皇帝暗殺計画に加担したため処刑されてしまった。

その兄の影響でレーニンも共産主義者となった。

逮捕、投獄、シベリアへの流刑という苦しい時期を過ごした後、亡命し、国外から革命運動を指導していた。

11月、ついにレーニン率いるロシア社会民主労働党のボリシェヴィキ（多数派、という意味）は、ペトログラードで蜂起して、臨時政府を倒し、世界初の社会主義政権を樹立した。

だが、憲法制定会議の選挙では、社会革命党が第一党となってしまった。レーニンは武力で議会を解散し、ボリシェヴィキの一党独

裁体制を確立、それとともに、ボリシェヴィキは共産党と改称した。

首都はペトログラードからモスクワへ移った。

新政府には課題が山積していた。まず、1918年に単独でドイツと講和した。一方、革命の波及を危惧するイギリス、フランス、アメリカ、日本が、ロシアの反革命派を支援した。

反革命軍と戦うため、レーニンは赤軍を組織し、反撃に出るとともに、反革命派を弾圧、逮捕、投獄しまくった。

非常事態を乗り切るために、戦時共産主義体制を敷いたが、1921年にはこれをやめ、新経済政策（ネップ）に転換し、一部、資本主義的制度を取り入れた。

1922年、ロシア、ウクライナ、カザフ

▶ロシア革命の流れ

日露戦争（1904〜05）	
血の日曜日事件（1905）	窮状を訴えて行進中の労働者に対して軍が発砲。千人の死傷者を出す。
ソヴィエトの結成（1905）	労働者による自治組織「ソヴィエト」が蜂起。（第一次ロシア革命）
ストルイピンが首相就任（1906）	反動政治によって社会不安増大
第一次世界大戦（1914〜18）	参戦するものの十一月革命で戦線離脱
三月（二月）革命（1917）	大規模なストライキが全国で起こり、皇帝ニコライ2世が退位。ロマノフ王朝が滅びる
十一月（十月）革命（1917）	レーニン、トロツキーらを中心に、臨時政府を倒し、ソヴィエト政権樹立

カス、ベロルシアの四国は、ソビエト社会主義共和国連邦を結成した。その後、ソ連は15か国まで増えていく。

レーニンは革命から7年後の1924年に54歳で亡くなった。

その後継者となったのがスターリンである。スターリンは、工業化を推進し、遅れた農業国から大工業国への国家改革を断行していく。

一方、スターリンは共産党内での政敵を陰謀により次々と粛清していき、独裁体制を築いた。

1953年のスターリンの死までの約30年間に、国家に逆らったとして粛清された人の数は、一説には1000万人ともいわれている。

【経済史のポイント7】
世界恐慌に至る
第一次世界大戦後のバブル

■バブル崩壊の足音

第一次世界大戦後、アメリカは飛躍的な経済成長を遂げた。その要因は、疲弊していたヨーロッパに対して競争力が相対的に上がったこと、さらに生産力が落ちていたヨーロッパへの輸出が増大したこと、自動車の大量生産に成功し、モータリゼーション社会が到来したこと、戦場からの帰還兵による消費の拡大、さらに発展した重工業への投資が活発になったことなどで、一種のバブル景気に浮かれていた。

このように戦場にならなかったおかげで、工業を発展させ輸出できるようになった点では、日本も同じだった。

だが、ヨーロッパの農業も戦争の後遺症から脱して回復してくると、農業における生産過剰が表面化していく。

一方、工業製品も、ヨーロッパの購買力が落ちていたため、生産過剰になりつつあった。鉄道や石炭産業部門は不振になっていた。

その一方で、静かな不況は自動車産業にも及び、車の販売は1929年4月をピークにして落ち込み出していた。

それでも、1929年9月3日、ダウ平均株価は381ドル17セントに達した。過去最高であった。

1929年10月24日 ― 暗黒の木曜日

9月の株価は一度下がるが、その後また上がった。

それでも3日の最高価格をこえることはなく、業界用語でいう「神経質な動き」の状態が10月の半ばまで続いた。

「暗黒の木曜日」は、1929年10月24日である。

まず10時過ぎに、ニューヨーク証券取引所で、自動車会社ゼネラルモーターズの株価が80セント下落した。11時頃までに売り一色となり、株価は大暴落、約1300万株が売られた。

この日だけで11人が自殺したともいう。

翌日は平静を取り戻したが、週があけた28日にはダウ平均が1日で13%下がり、さらに29日には24日以上の大暴落となり、午後の取引開始直後に市場は閉鎖された。株価は平均して43%下がり、2か月ほど前のピークの約半分になってしまったのだ。

時価総額の損失額は、1週間で300億ドルとなり、これは当時のアメリカの国家予算の10倍にあたった。

銀行は倒産し、つづいて工場の閉鎖、企業の倒産、失業者の増大と、アメリカ経済は一気に転落した。

1933年春までに失業者は1200万人、率にして25%となり、閉鎖された銀行は1万、株価はピーク時と比較して80%も下落した。

こうしたなか、1932年の大統領選挙では、ニューディール政策を掲げた民主党のル

ーズヴェルトが当選した。「ニューディール」とはトランプでカードを配り直すことをいい、「新規まき直し」という意味だった。

ルーズヴェルトは修正資本主義者だったので、自由放任ではなく、国家がある程度経済に介入すべきと考えていた。

ルーズヴェルト政権は、テネシー川流域開発公社を設立し大規模公共事業による雇用拡大を実現した。

さらに全国産業復興法を制定し生産調整を行ない、過剰農産物を政府が買い上げ、労働者には団結権と団体交渉権を与え地位と賃金を向上させた。

さらに外交面では、対立していた中南米諸国との善隣外交に転換し、新たな市場とした。

たしかに、ニューディール政策でアメリカは持ち直すが、1930年代後半には再び危機的な状況となった。

ニューディール政策とブロック経済

第一次世界大戦で最も損害が大きかったのが、イギリスとフランスで、敗戦国ドイツに対し、巨額の賠償を求めた。ドイツはアメリカ資本による産業振興によって資金をつくり、英仏に支払っていた。

ところが、大恐慌でアメリカからの資本が流入しなくなったため、ドイツも大不況となり、英仏への賠償金が払えなくなる。

そうなると、連鎖的に英仏も資金不足に陥った。

植民地を持っていた英仏は、大恐慌を乗り

▶世界恐慌後の各国の動き

アメリカ
農業調整法、全国産業復興法など一連のニューディール政策によって、不況回復を計る。

日本
社会不安が広がるなか、大陸で支配権の拡大を計り、満州国を建国。

ブロック経済体制

イギリス
スターリング=ブロックを結成。

フランス
フラン=ブロックを結成。

ドイツ
恐慌の打撃によって社会が混乱。ナチ党が政権を握る。ラインラントへ進駐。

イタリア
ムッソリーニ主導のもと、エチオピアへ侵攻。

▶世界恐慌後の景気の動き

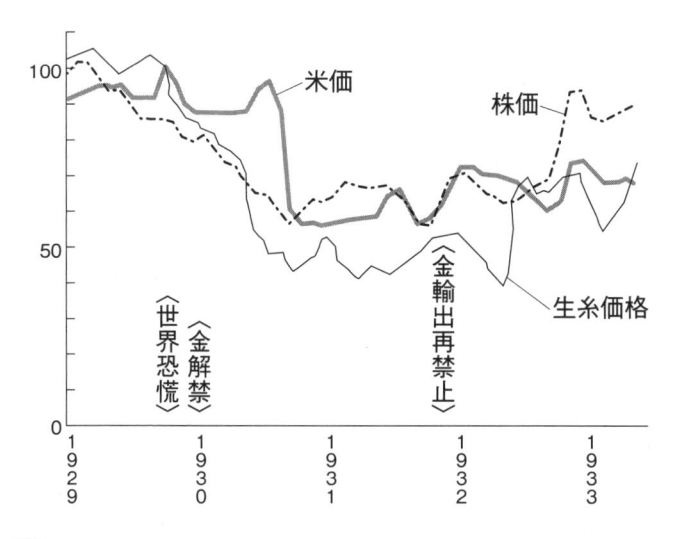

グラフ：米価、株価、生糸価格の推移（1929〜1933年）
〈世界恐慌〉〈金解禁〉〈金輸出再禁止〉

切るために、保護貿易に向かった。自国と植民地間を除く輸入に、高い関税をかけたのである。

経済圏を封鎖したことから、これをブロック経済といい、自国に関係の深い国々をそのブロック内に囲い込み、自給自足で乗り切ろうとした。

さらにイギリスは、1931年9月には金の兌換を停止し、金本位制を離脱した。金本位制は、第一次世界大戦によりいったん中断されていた。

だが、1919年にアメリカが復帰し、以後再び各国が金本位制に復帰していた。

それがこの大恐慌において、自国からの金の流出を防ぐために、再び離脱する国が相次いだのである。その流れに逆行したのが日本で、1930年に浜口雄幸内閣は「金解禁」を打ち出したのである（翌年犬養毅内閣が金輸出を再禁止）。

震源地のアメリカはニューディール政策と、もともとの国力、技術力、生産能力があったため、間もなく立ち直りをみせ、植民地を持つ英仏もブロック経済に引き籠もりながらも、立て直していった。

最も深刻なのが、植民地を持たない、ドイツとイタリア、そして日本だった。この三国が、ともに全体主義国家に向かい、同盟を結んで第二次世界大戦に突入するのは、それなりの理由があったのである。

ドイツは失業者が600万人に達していた。マルクスの故国でもあるので、社会主義勢力も強く、これに危機感を抱く資本家や地主たちは、ナチの台頭をむしろ歓迎した。ヒトラー率いるナチスは、政権をとると、アウトバ

▶世界経済のブロック化

■ スターリング（ポンド）ブロック
■ フラン（金）ブロック
■ 円ブロック
≡ ドイツ経済圏

ーン（高速道路）の建設といった大公共事業などによって、たしかに失業はなくした。

さらに、ドイツはソ連を真似たかのような4カ年計画を立て、産業統制により資源配分を国家が管理した。

イタリアのムソリーニ率いるファシスト党も、社会主義革命を怖れる資本家や地主、そしてカトリック教会の支持を得て政権を握った。

ユーゴスラビアからフィウメ地域を奪い取り、さらにエチオピアを征服するなどの領土拡大によって、恐慌から脱しようとした。

このように、大恐慌への対応としては、アメリカは社会主義的政策を取り入れ、英仏はブロック経済に引きこもり、独伊は全体主義に向かったのである。

そして、この大恐慌の影響を受けなかった

大国は、ソ連だった。計画経済の国であり、自由市場がなかったことで、もともと景気の変動もなく、投機的な取引もないためだった。5か年計画による工業化は進み、高い経済成長を誇っていたのである。

ドイツで権力を掌握したナチス

帝政が倒れ、共和国となったドイツは1919年に、世界で最も民主的な憲法といわれたワイマール憲法を制定した。

自由な世の中の到来を受け、映画など新しい芸術も栄えた。

一方、第一次世界大戦の敗北により巨額の賠償金を払わなければならなくなったことか

ら、超インフレが国民を襲った。そこをアメリカの大恐慌に始まった世界恐慌が襲い、失業者が増え、国民の不満は爆発寸前となっていた。

そうした国民の不満を煽り立てて、1932年の選挙で圧勝したのが、ヒトラーを党首とする国家社会主義ドイツ労働者党（ナチス）だった。

ヒトラーは翌年、首相に就任し、失業を減らすなどの実績を残した。

社会主義国のソ連を牽制する意味で、他の欧米各国は、ナチスを黙認した。

政権獲得から4年で、ドイツは経済成長を遂げた。

イタリアでも、ムッソリーニ率いるファシスト党が1923年に政権を取り、やがて独裁体制を築いていった。

【経済史のポイント8】
世界恐慌前後の日本の動き

世界恐慌前のバブル、そして破綻、そこからの再生は、いまの日本経済を考える上でも参考になるので、詳しくみていこう。

■大戦景気と成金時代

第一次世界大戦（1914〜1918年）によって、日本経済は大きな大戦景気が起こった。

戦争の主戦場となった欧州では工場が破壊され、また労働力も激減したため工業生産が止まり、一方、日本では、輸入製品の代替産業が活発となった。

さらに、欧州から世界市場への輸出が止まり、それに代わる形で日本からの輸出が急増したので、日本の産業は大活況を呈した。また、欧州諸国の戦時需要に対して、銅・亜鉛などの金属製品の輸出も盛んになった。

海運業の発展は特に目覚ましいものがあり、海上運賃の上昇で利益が上がり、海運会社の設立がブームとなった。そのため造船の注文が急増し、さらに原料となる鋼材の需要増から鉄鋼業も活況となった。鉄鋼材さえ入手できれば、船はつくるはしから高値で売れた。

すべてがうまく回転したのだ。

この貿易収支の黒字を背景に、日本はそれまでの累積債務を一気に解消することができた。

維新から一貫して軍備を拡張してきた日本は、対外債務を累積させてきていただけでなく、日露戦争では国力を上回る戦費を外債の

形で集め、大戦直前まで、貿易赤字と金準備の減少に苦しんでいたが、この大戦景気による輸出によって、問題を一気に解消することができたのだった。

■「大正バブル」の真相

大戦景気により、一挙に成功した「成金」と呼ばれる実業家たちが現れた。

事業会社が設立されるにあたっては株式が募集され、高値がついて、株の値上がり益をもたらすことになったのだ。

貿易の黒字により輸入代金を受け取った商社や輸出品生産者が潤沢な資金を持っていた。インフレにより諸物価は上昇し続けていたが、物価が上昇しても需要があったため、物が売れ、企業利益や株式配当が上がり続けた。儲かるとなれば、株式に資金が集まる。

結果として、株式投機で大儲けする会社や人が生まれた。

こうして株式ブームが起きることになる。海運・造船・化学・紡績などの産業や、植民地となった朝鮮・台湾関連の株式が人気となり高騰した。

■そしてバブルは崩壊した

大戦景気は第一次大戦とともに終わる。強気な見通しで行なわれた設備投資が、一転して需要に比べて過剰となり、利益が上がらなくなった。コスト的にも品質的も、国際競争力を有していなかった日本は、欧州の生産が回復すると、それまでのようには輸出できなくなる。

大戦終結直後の1918年から景気後退が始まるが、1920年になると一気にバブル

308

が崩壊する。

多くの商品価格が値崩れし、株式市場も55％も下がった。成金たちの多くが倒産・破産に追い込まれた。

こうして不況に陥った対策として、日銀は倒産と失業を緩和するために、弱体化した企業や銀行に緊急融資を実施した。これが後の昭和恐慌の下地をつくることになる。

そんな中で起きたのが前述した関東大震災である。1923年9月1日、東京をはじめ南関東をマグニチュード7・9の巨大地震が襲い、死者・行方不明者10万人。当時の国家予算15億円の3倍を超える、推計45・5億円もの損害が出たのである。

■昭和恐慌のもとになったある「失言」

1926年12月、大正天皇が亡くなり、皇太子が天皇として即位し、元号は「昭和」となった。

世に言う「昭和恐慌」は大臣の国会での失言が発端だった。

1927年3月に、片岡直温蔵相が衆議院予算委員会の席上で「東京渡辺銀行が破綻し休業を余儀なくされた」と発言した。しかし、実際には、渡辺銀行は資金繰りに窮し、大蔵省に相談していたものの、当日は資金繰りについて通常通りの営業していた。

そこへ、片岡蔵相の発言から預金者が殺到して取り付け騒ぎが発生した。結局、渡辺銀行と姉妹行のあかぢ貯蓄銀行は翌日から休業することになる。

こうしたことから、金融不安が高まり、震災手形を多く所有していると目された銀行に次々と取り付け騒ぎが起き、日銀は非常貸出

を実施して沈静化につとめた。そのようにして、3月の取り付け騒ぎは一旦収まったかに見えた。
　ところが4月になり、台湾銀行が鈴木商店関係の不良債権を抱えていることが判明、経営への不安が増し、取り付け騒ぎが起こり、台湾銀行は休業を余儀なくされる。金融不安への動揺から、取り付け騒ぎが飛び火してゆき、近江銀行、十五銀行なども休業に至った。一連の混乱のなかで日銀は非常貸出を続けて現金を供給したが、ついには紙幣が底を尽きかけて古くなり回収した紙幣までも放出した。

■高橋是清蔵相による解決策
　この時期、政権は憲政会の若槻礼次郎内閣になっていたが、幣原喜重郎外相の協調外交に反発する、伊東巳代治・平沼騏一郎などの枢密院顧問が立憲政友会と結びついて倒閣を策した。
　結局、立憲政友会の田中義一に組閣の大命が下り、4月21日に高橋是清が蔵相に就任した。
　高橋は、ただちにモラトリアム（支払猶予令）を出す。また、現金を供給するため、片面だけを印刷し裏が白い急造の200円札を急遽制定し、500万枚以上を刷らせた。銀行は潤沢に供給された現金を店頭に積んで、取り付け騒ぎが起きないように対応した。こうした措置で金融恐慌はようやく沈静化した。
　金融不安を起こした銀行は、他の銀行に救済合併されたり、債務を整理したのち営業を再開したが、その際に、預金額が削減された

りもした。

その一方で、金融恐慌の後、小さな銀行から財閥系の大銀行への預け替えなどが起こったために、三井・三菱・住友・安田・第一の5大銀行などに預金が集中するようになり、財閥の力がさらに強大化していった。

■「金解禁」を断行したその背景

田中義一内閣（立憲政友会）から政権交代によって組閣した浜口雄幸（立憲民政党）は1930年に金解禁を断行した。

金解禁とは金（金貨および金地金）の輸出入を解禁し、金本位制に復帰することである。金本位制とは国の貨幣を金に裏づけることで、中央銀行が発行する通貨と金地金との交換を保証する。本位通貨である金貨と交換できる紙幣を兌換紙幣という。

日本では、1917年以来、金の輸出入が許可制となり、実質的に、金本位制が停止していた。これは第一次大戦時にアメリカが実施した金輸出禁止に対処したものだったが、大戦終結後にアメリカが金本位制に復帰したのちも、日本は金輸出を禁止し続けた。金解禁への機運が高まっていたものの、関東大震災や金融恐慌により見送られてきたのである。

1928年にはフランスが金本位制に復帰し、国際金本位制が再建され、日本への国際的な圧力が高まった。国内からも為替相場の安定により貿易業や海外投資の機会を求める銀行などから、金解禁を求める声が大きくなっていった。

浜口内閣の井上準之助蔵相は、1930年1月に金解禁を施行した。

金本位制により通貨価値と為替相場を安定

させ国際収支の均衡が保たれると考えた井上は、緊縮財政と金解禁により、産業の合理化が進み国際競争力が強化されれば真の国際競争力が生まれるという見通しを立てていた。金本位制とデフレ政策により、非効率な企業を退場させて、一時的には不況となっても、日本の国際競争力の弱さを鍛え直すというのが井上の考えだった。

■世界恐慌が日本に与えた深刻なダメージ

しかし、1929年10月24日には、ニューヨーク証券取引所で株価の暴落が起こり、世界恐慌が始まっていた。金解禁で円相場は安定したが、実質的に円切り上げとなる。円高となったことが世界的な市場の縮小と重なり、生糸など輸出産業がダメージを受け輸出が減少した。

日本国内も深刻な不況に陥った。株の暴落で多くの会社が倒産し、「大学は出たけれど」といった状況で失業者があふれることになったのだ。

さらに深刻なデフレは、米と繭という主要な農産物の価格低下を招き、冷害・凶作も続き、農村では娘の身売りや欠食児童が急増し社会問題化した。

浜口雄幸は1930年11月、凶弾に倒れ、翌1931年、亡くなった。第二次若槻内閣となるが、井上準之助蔵相は金本位とデフレ政策を続行した。

■恐慌前の経済水準に復帰できた理由

1931年9月、満州事変(まんしゅうじへん)が勃発し、若槻内閣は不拡大方針をとる。しかし、軍部・世論の反発にあい、内閣は総辞職に追い込ま

312

れた。同年12月、政友会の犬養毅が首相となり、高橋是清が蔵相に就任した。

高橋は金解禁（金輸出）をただちに停止し、管理通貨制度に移行した。これで円は一気に下落し、円安で輸出が急増、景気も回復した。また、それまでの民政党のデフレ政策を180度転換し、軍事費を増大し、赤字国債を発行するという積極財政を行なう、インフレ政策をとった。

こうして、1933年には日本は恐慌前の経済水準にひとまず回復することができた。

■ 高橋財政の功罪とは

日本は金輸出の再禁止で円安となり輸出を急増させたが、これは「ソーシャル・ダンピング」だという非難を英米から浴びることになる。

多くの植民地を持つ国は、自国産業を関税障壁で守るブロック経済を構築した。これに対抗するため、日本は植民地としていた台湾・朝鮮に満州や中国を加えた経済ブロックを構築しようと、大陸進出を加速させる。

さらに、軍事費を増大させた軍部の要求が強まり、景気回復は果たされた一方で、軍事費の膨張に歯止めがかけられなくなった。

第二次世界大戦はどのように推移したのか

第二次世界大戦は、ドイツ・イタリア・日本を中心とした枢軸国と、それ以外のほとんどの国による連合国との間で戦われた。

この戦争は経済的には、イギリス・フランス・アメリカといった先進国と、日独伊という当時の後進国との、世界分割をめぐる帝国主義的戦争で、政治的には民主主義国と全体主義国との戦いでもあった。そしてもうひとつ、結果的にはアジア、アフリカの先進国によって征服され、抑圧されていた民族の独立を目指す戦いとしての側面も持っていた。

ヨーロッパでの戦争の主役はヒトラーである。独裁政権の確立によってドイツの国内が安定すると、ヒトラーは、世界征服の野望に燃え、1939年にポーランドに侵攻した。これに反発するイギリスとフランスがドイツに宣戦布告したことにより、第二次世界大戦が始まったのである。

翌年、ドイツと同盟していたイタリアも参戦、フランスはあっさり降伏してしまい、パリはドイツが占領した。日本はドイツ、イタリアと三国同盟を結んだ。

1941年6月、ソ連との間に不可侵条約を結んでいたにもかかわらず、ドイツはソ連に侵攻、独ソ戦が始まった。同じ年の12月には、ドイツ、イタリアがアメリカに宣戦、日本も真珠湾攻撃によってアメリカとの戦争を始めた。

ドイツの国内ではユダヤ人の虐殺も始まっていた。戦況は、最初はドイツ軍が優勢だっ

▶第二次世界大戦の各国の関係

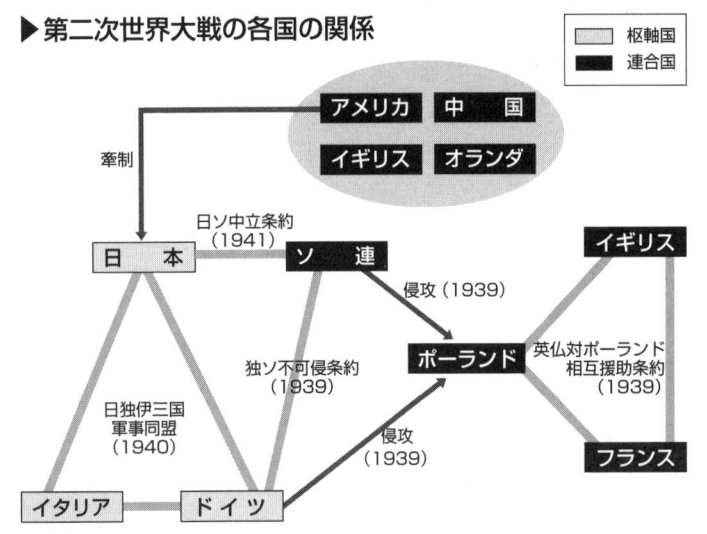

凡例: 枢軸国 / 連合国

連合国: アメリカ、中国、イギリス、オランダ

- アメリカ → 日本（牽制）
- 日本 — ソ連：日ソ中立条約（1941）
- ソ連 → ポーランド：侵攻（1939）
- ソ連 — ドイツ：独ソ不可侵条約（1939）
- ドイツ → ポーランド：侵攻（1939）
- イギリス・フランス — ポーランド：英仏対ポーランド相互援助条約（1939）
- 日本・ドイツ・イタリア：日独伊三国軍事同盟（1940）

▶太平洋戦争の主な戦場

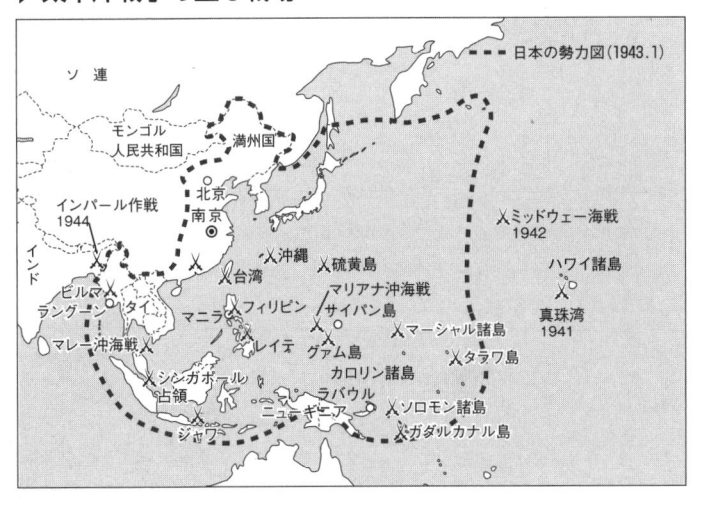

日本の勢力図（1943.1）

- ソ連
- モンゴル人民共和国
- 満州国
- 北京、南京
- インパール作戦 1944
- インド
- ビルマ、ラングーン
- タイ
- マレー沖海戦
- シンガポール占領
- ジャワ
- 沖縄
- 硫黄島
- 台湾
- マニラ、フィリピン
- レイテ
- マリアナ沖海戦
- サイパン島
- グアム島
- カロリン諸島
- ニューギニア
- ラバウル
- ソロモン諸島
- ガダルカナル島
- ミッドウェー海戦 1942
- ハワイ諸島
- 真珠湾 1941
- マーシャル諸島
- タラワ島

たが、1943年から米英を中心とする連合国軍が優勢となり、1944年のノルマンディー上陸作戦でドイツ敗北は決定的となる。1945年4月、ヒトラーは自殺し、ドイツは連合国に降伏した。

第二次世界大戦における日本の立場

日露戦争の勝利によって、日本はロシアから旅順・大連の租借権と南満州鉄道を譲渡されていた。

租借地である関東州(遼東半島)と南満州鉄道を警備するために守備隊が満州に置かれ、これが後に関東軍となる。関東軍の佐官級の参謀陣が後に独自の判断で謀略的な事件を引き起こし、日本を戦争へと引きずりこむことになっていくのだ。

1937年7月、盧溝橋事件をきっかけに日本と中国国民党政府は戦争状態に突入した。

当時の第一次近衛内閣は当初は華北での戦闘に作戦を限定した不拡大方針をとっていたが、8月に第二次上海事変が勃発すると、日本軍は国民党政府の首都・南京を陥落させる。

しかし、国民党政府は重慶に首都を移して徹底抗戦の構えをとった。これにより日本は、中国大陸での戦争の泥沼に入り込む。

中国での戦争が本格化するなかで、日本は市場原理に基づく経済から国家統制による経済システムに移行していく。

1938年4月、国家総動員法が公布された。これは、限られた国内資源と輸入で軍需物資を効率よく生産するために経済統制を行

▶敗戦までの軍事費の推移

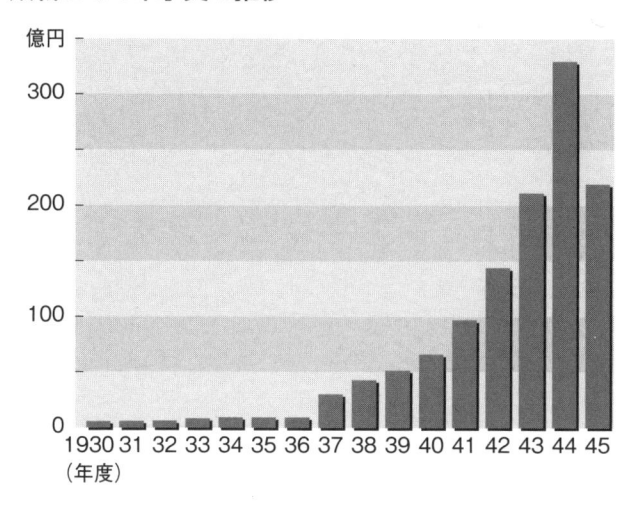

なうための法律で、同法によって経済活動の多くが国家統制の対象とされた。

1940年9月、日独伊三国同盟が締結された。

9月にはフランスがドイツに占領され、親独のヴィシー政権との交渉により、日本は中国国民党軍への物資援助の蔣ルートを遮断するためにベトナム北部に進駐し、翌1941年7月、ベトナム南部に進駐が始まる。

これをきっかけにアメリカは対日石油禁輸などの強力な制裁措置を発動した。日本の石油備蓄は1〜2年しかなかった。最大の戦争物資である石油が枯渇してからでは対米戦は不可能となるので、その前に戦争を開始することを迫られた日本は、真珠湾攻撃によって、日米開戦の火ぶたを切った。

この過程で、1937年から日本の産業は

軍需生産中心となり、対GNP比で1941年には23・1％、1944年には63・8％が軍事費となっていた。

軍事支出をまかなうため政府は税制を改正し、法人税の体系を整え、所得税を広く国民に課すようになったが、膨大な財政赤字を抱えることになり、財政は破綻状態であった。

日本の主要都市は爆撃で焼け野原となり、工場の多くが破壊された。

また、民需産業は兵器製造のため、軍需産業に転換を強いられた。戦前の主力産業であった繊維産業などの軽工業も重工業に転換させられ、壊滅状態となった。特に戦争の後半には飛行機の生産が優先されたが、それも原料となる物資が尽きると生産できなくなっていった。

最初は優勢だったが、だんだんに劣勢になったのは日本も同じだった。1942年6月には、ミッドウェー海戦で大敗した。形勢を立て直したアメリカは、南方の島々を次々と攻略、1944年からは日本本土への空襲も始まった。

1945年3月には東京大空襲、4月には沖縄にアメリカ軍が上陸し悲惨な戦闘となり、8月には広島と長崎に原爆が投下された。本土決戦を叫ぶ声も軍部にはあったが、昭和天皇はポツダム宣言を受諾し無条件降伏することを決断し、8月15日にラジオを通じて全国民に伝えた。

実質的にこの日で日本の戦争は終わった。

日本人の死者は、軍人・軍属230万人、民間人80万人。アジア諸国で2000万人の死者を出したとされる。

9

激動する世界

新しい世界の枠組み
国際連合の誕生

1945年10月、国際連合が発足した。戦勝国である米、英、仏、ソ、中の5か国が安全保障理事会常任理事国となり、国際政治の主導権を握った。

5か国は拒否権を持っていたため、冷戦時代を迎え、米ソの対立が深刻化すると、国連はあまり機能しなくなった。

敗戦国のドイツは、東側をソ連が、西側を米英仏が占領し、そのまま東西に分裂し、二つの国家となった。

東ドイツ地域にあったベルリンは、さらに東西に分かれ、西ベルリンは東ドイツのなかで陸の孤島のような存在となった。東から西への流入を防ぐため、1961年、東ドイツ政府は、西ベルリンを囲むように156キロにも及ぶコンクリートの壁を築いた。

この「ベルリンの壁」は東西冷戦の象徴とされた。

これがなくなるのは、1989年。それまで何千もの人々がこの壁を突破しようとして殺された。

一方、日本はアメリカの占領下に置かれ、マッカーサーの主導のもと、民主化されていった。

東京裁判で戦争責任者の罪が問われたが、昭和天皇の責任は問われず、天皇制は象徴天皇制として継続することになった。

1946年に新しい憲法、日本国憲法が帝国議会で可決され公布、1947年5月から施行された。国民主権、平和主義、基本的人

権の尊重を三つの柱とするもので、日本は民主主義国家として生まれ変わった。とくに「戦争の放棄」は、「非武装」は、当時の国民の「戦争はもういやだ」との思いを反映するものもあった。

1951年、サンフランシスコで講和会議が開かれ、日本は主権を回復した。だが、日米間で結ばれた安全保障条約によって、日本各地に米軍が駐留することになった。

ブレトン・ウッズ協定で何が決まった？

第二次世界大戦の終結と同時に、米ソそれぞれを盟主とする、自由主義国と社会主義国の冷戦が始まった。

一方、大戦の終結は、抑圧されていた民族にとっては、悲願の民族自決・独立への道筋が見えてきたことも意味していた。

前述のように、1945年10月、戦勝国による国際連合が発足した。米、英、仏、ソ、中の5か国が安全保障理事会常任理事国となり、国際政治の主導権を握った。5か国は拒否権を持っていたため、冷戦時代に米ソの対立が深刻化すると、国連はあまり機能しなくなった。

戦後処理の問題では、第一次世界大戦で戦勝国のイギリスとフランスがドイツに対して巨額の賠償金を課したことが、ドイツのインフレや失業の増大につながり、結果としてナチスの台頭を許したとの反省から、この戦争においては戦勝国は賠償を求めないことにした。

むしろ、敗戦により荒廃したドイツと日本の復興を援助することが、二度と戦争を起こさず、そして世界経済の発展にもプラスであるとの判断だった。その意味では、第一次世界大戦は教訓化されていた。

経済体制については、終戦前の1944年7月の時点で、アメリカ・ニューハンプシャー州北部のブレトン・ウッズで連合国通貨金融会議が45ヵ国の参加で開かれ、国際金融機構についての協定、ブレトン・ウッズ協定が締結された。

この協定により、国際通貨基金（IMF）と国際復興開発銀行（IBRD）の設立が決まった。

IMFもIBRDも自由で多角的な世界貿易体制をつくりあげることを目的とし、加盟国の出資によって設立されたものである。IMFは比較的短期の融資を担い、IBRDは長期の融資を担った。

いずれも、世界大恐慌を乗り切るために各国が保護貿易主義をとったことが、結果として第二次世界大戦を招いたとの反省から決まったものだった。この体制により、国際的協力による通貨価値の安定、貿易振興、開発途上国の開発を行なうことになった。

自由な世界貿易体制をつくるためには為替相場の安定が必要だとの判断で、金本位制が復活した。金1オンスを35USドルと定め、そのドルに対し各国通貨の交換比率を定めた（金本位制）のである。日本円は1ドル＝360円に固定された。

このブレトン・ウッズ体制は、1971年に当時のニクソン大統領がドルと金の交換を停止し、さらに1973年に変動相場制に移

行するまで維持された。

アメリカが西欧に資金を投下して直接支援する政策が、マーシャル・プランだった。援助の規模は総額130億ドルで、食糧、生活物資などが現物支給された。各国政府はそれを国内で売り、その資金を生産促進に利用したり、アメリカへの債務の返済に充てたりした。

西ドイツは債務返済には充てず、国内生産を拡大するための資金に使った。そのため、「奇蹟の復興」を遂げた。一方、かつての宗主国としての意地もあったイギリスは、マーシャル・プランによる援助で得た資金をアメリカへの債務返済に充てたため、復興が遅れた。

この英独の選択の違いが、戦後の経済成長に大きく影響したのである。ドイツはうまく資金を活用し、アメリカに次ぐ工業国へと成長し、イギリス経済は停滞の一途をたどる。

GATTからWTOへ

関税などの貿易障害を軽減するために、「関税と貿易に関する一般協定」（GATT）が1948年に成立した。

戦後、東欧諸国がソ連の指導と影響のもとで社会主義国となり、中国、ベトナムなどアジアにも社会主義国が誕生し、さらに独立を果たしたアフリカ諸国の多くもソ連の影響下にあったことに危機感を抱いたアメリカは、第二次世界大戦の戦場となり、甚大な被害を受けた西欧諸国の復興に力を注いだ。

しかし、完全な自由貿易への道は険しい。経済の発展度、そして輸出したい品目の種類

など、国によって求めるものが異なるため、利害は対立するばかりだった。

一対一の交渉、ひとつの分野に限っての交渉ではまとまらないため、各国の利害を調整するために多角的通商交渉が行なわれるようになり、これは「ラウンド」と呼ばれた。

しかし、先進工業国と発展途上国の利害はなかなか一致せず、ついにはGATTそのものの存在が疑問視されるようになり、1995年に廃止され、新たに世界貿易機関（WTO）が設立される。しかし、ここでも利害対立の亀裂は埋まらなかった。

戦後の社会主義国陣営の動き

一方、第二次世界大戦後、ソ連はポーランド、チェコ、ハンガリーなどをナチス・ドイツから解放したことで主導権を握り、それぞれの国に社会主義政権を樹立させた。体裁上は民主的な手続きを経ていたが、実質的にはソ連の傀儡政権に近かった。

ソ連の影響下にあったのは、ポーランド、ハンガリー、ルーマニア、ブルガリア、ドイツ民主共和国（東ドイツ）、チェコスロヴァキアなどである。

アジアでも社会主義国が誕生した。第二次世界大戦前に史上二番目の社会主義国となったモンゴルをはじめ、中華人民共和国、北朝鮮、ベトナム、ラオス、カンボジアなどである。

中近東では、エジプト、エチオピア、スーダン、ソマリア、リビア、イエメン、イラク、シリアがソ連寄りであった。アフリカ諸国の

▶東西冷戦（1955年）

■ 資本主義陣営
■ 社会主義陣営

なかにも、植民地から独立する際にソ連から軍事的援助を受けた国が多く、アメリカ大陸ではキューバとニカラグアが社会主義国となった。こうして、第三世界と呼ばれた地域も含め、世界は二分割されていた。

1949年、ソ連、ポーランド、チェコスロヴァキア、ハンガリー、ルーマニア、ブルガリアによって「経済相互援助会議（コメコン、COMECON - Council for Mutual Economic Assistance)」が設立された。

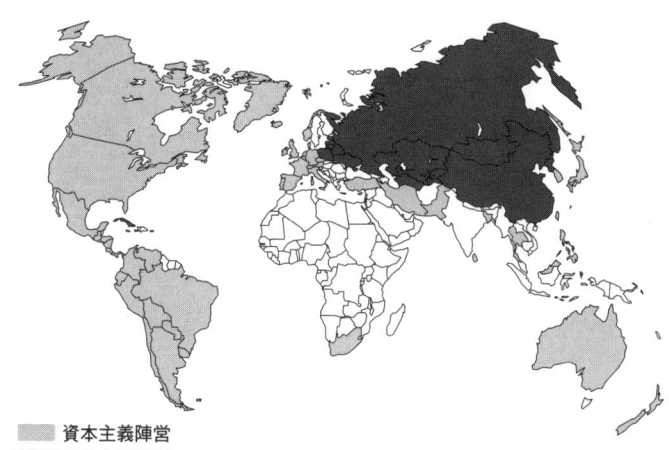

その後、コメコンを中心に社会主義国間では経済協力がなされ、軍事的にはワルシャワ条約機構が結成された。

ソ連は社会主義国の盟主としての地位を得て、まさに地球の半分の覇権を握っていたのである。

[経済史のポイント9]
戦後まもなくの日本の経済政策

■終戦の混乱のなかで

戦争末期からの極端な物不足は敗戦後も続いた。生産の崩壊と失業に加えて、財政赤字による悪性インフレが起きた。

戦時中に、戦費調達のため政府が大量の国債を発行し、日本銀行が巨額の国債を引き受け紙幣を大量に発行したことが、戦後のインフレの下地をつくっていた。

1946年から1949年の間に200倍から300倍のインフレが生じた。価格統制による公定価格よりも、闇価格のインフレのほうがひどかった。

戦時中に発行された国債（戦時国債）は、インフレのため無価値に近くなってしまっていた。

戦後の政府としては、インフレ抑止と生産回復が政策目標となったが、生産回復が優先された。

このとき、インフレ抑止のために、金融引き締めを行なっていたら、生産が滞ってしまい、大量餓死者発生や社会秩序の破壊が起こったであろう。

■経済回復のスターター

政府は紙幣を増刷しながら、石炭、鉄鋼、銅、肥料、食糧などへの補助金や復興金融公庫融資などを通じて、生産の回復をはかった。

復興金融公庫融資は、基幹産業へ重点的による資源配分を行なうことによって、他の産業に波及効果をもたらそうという傾斜生産の対象

とされた企業に向けられた。

傾斜生産方式は、限られた資源を生産の根本になる重要産業に集中投下して、経済回復のスターターとしようというものだった。

貿易は途絶えていたが、マッカーサーに重油の輸入をさせてもらい、これで鉄鋼を増産した。

■預金封鎖は失敗に……

とくに唯一国内で自給できるエネルギーである石炭の増産が重視されたのは、老朽化していた炭鉱施設を更新し、石炭が増産できれば、それをさまざまな産業の燃料として供給できるという考えによるものだった。

こうした政策の補助金や特別融資により財政は赤字が続き、インフレを加速させることになるのだが、このときは、生産の回復が優先された。

悪性インフレを収束させ、経済秩序の回復を図る必要があった政府は、1946年2月17日に、金融緊急措置令で、インフレ対策として預金封鎖と新円切替を行なった。

この措置で、流通する通貨（マネーサプライ）は一気に4分の1になり、インフレは一時的に小康状態になった。

しかし、財政赤字が放置され、インフレが再び起こり預金封鎖は失敗に終わった。

三大経済改革がもたらした社会の変化

一方、占領軍は日本に新しい国づくりをするにあたって、戦争を引き起こした要因を排除するため、新憲法などの政治と行政の民主化とともに経済の民主化を行なった。

■財閥解体

戦前に巨大化した財閥は軍部と結びついて対外侵略を制度的に支援したとみなされ、解体されることになった。

1946年に持株会社整理委員会が発足し、83社が財閥本体とみなされ、28社が解体、残りが分割・再建された。三井・三菱・住友・安田の四大財閥をはじめ、財閥10家族56人のすべて接収され、実際の耕作者に分配された。

持ち株は整理委員会に譲渡され、会社役員への就任が制限された。こうして集められた株は従業員と一般に売却された。ただし、銀行は分割から外されたので、その後の財閥グループ再建の核となった。

■労働組合

労働者の権利も保護・拡張された。労働組合法（1945年）、労働関係調整法（1946年）、労働基準法（1946年）がつくられた。

■農地解放

寄生地主と高率の小作料から小作農民を解放し、自作農を育成するためにGHQは農地解放指令を出した。一定面積を超える農地は

譲渡価格は低めに抑えられ、さらにインフレにより実質的により安くなった。これによって、全小作地の83％が解放され自作農が大幅に増えることになった。

ドッジ＝ラインとは何か

1947年から冷戦を背景として、アメリカの対日政策は日本を国際社会に復帰させ西側陣営の同盟員とする方向に向かっていった。

そのための経済的な指針として、GHQにより予算の均衡、徴税強化、資金貸出制限、賃金安定、物価統制、経済安定九原則が1948年12月に指示された。

傾斜生産システムなどにより、生産回復は1948年には顕著になってきていた。

そして、1949年、アメリカの銀行家・ドッジによって緊縮予算による安定策の具体案がつくられ政府に指示された。内容は超均衡予算を柱として、復興融資の停止、補助金の撤廃と公共料金の値上げ、徴税強化・歳出削減といったものであった。

また、単一の為替レート（1ドル＝360円）が設定された。こうした一連の政策をドッジ＝ラインといい、ハイパーインフレは収束した。

ドッジ＝ラインに次いで、1950年にコロンビア大学シャウプ教授を団長とする税制使節団が来日して税制改革を勧告していった。総合所得課税・法人税という直接税を税収の中心とし、地方税を独立、資本蓄積のための減税を柱としたものだった。

高度経済成長と所得倍増計画

ドッジ＝ラインにより、インフレ収束に成功したものの、今度は激しいデフレが起こりはじめ、日本経済は下降局面に向かっていった。

朝鮮戦争（1950～1953年）が始まったのは、まさにそんなときだった。アメリカは日本を補給基地とし、軍事・非軍事物資の両方において、多くの物資やサービスの調達を行ない、日本経済に多大な刺激を与えた（朝鮮特需）。

弾薬兵器・機械・金属・繊維などの物資と、海上輸送・陸上輸送・機械整備などのサービスが調達され、米軍家族などによる消費も大きかった。朝鮮特需は日本の産業にとり設備投資再開の起点となった。

朝鮮戦争のさなかの1951年、日本はサンフランシスコ平和条約によって戦争状態がようやく終結した。独立を果たした日本は、ここにアメリカによる占領が終了した。

1955年から1973年までの18年間は高度経済成長期であった。この間には、何度かの調整があったものの、経済は年率10％近い成長が続いた。

経済成長の要因は、良質で安い労働力、余剰農業労働力の活用、高い貯蓄率（投資の源泉）などが挙げられる。

高度経済成長の主導力は企業の設備投資であった。好況の翌年には30から40％もの設備投資が増加した。

▶日本の経済成長率

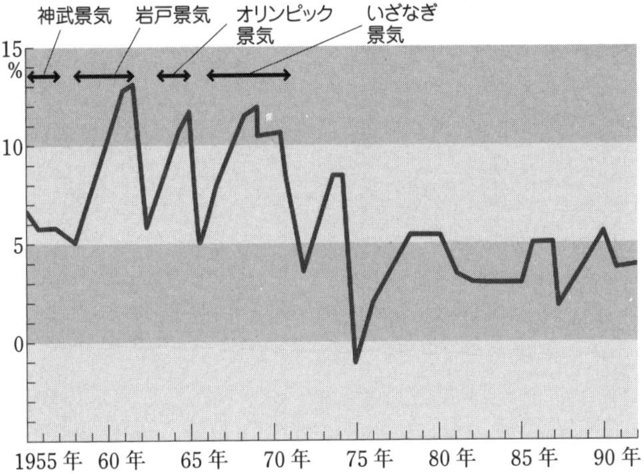
神武景気
岩戸景気
オリンピック景気
いざなぎ景気
15%
10
5
0
1955年
60年
65年
70年
75年
80年
85年
90年

この時期、世界的に景気が拡大、世界的な好景気に向けて、日本では船舶、鉄鋼などの重化学工業製品の輸出が伸びた。

こうした設備投資はサービスや材料・部品・原料などの需要を生み出すことになり、周辺の産業に波及する。

1961年の経済白書に「投資が投資をよぶ」と記述されるようなメカニズムがはたらいた。

また、日本は海外からの投資は制限したが、技術導入にはきわめて熱心であった。家電、自動車、石油化学、合成繊維などの技術革新による製品が多く生まれる時代となり、日本企業はそれらの製品の製造技術を導入し、それを改良することで大量生産に結びつけた。

豊かな消費生活を多くの人が目指し消費ブームが起きた。

この時代、テレビ・洗濯機・冷蔵庫の3種類の家電製品は「三種の神器」と呼ばれ、急速に家庭に普及していった。三種の神器は、1960年代半ばになると、「3C」と呼ばれるカラーテレビ・自動車(カー)・クーラーになった。

こんにち、どの家庭にもあるものが、当時は庶民の「夢」だった。

1960年、日米安保条約改定を巡って日本中が騒然となった。岸内閣が倒れると、続いて登場した池田内閣(池田勇人首相)は、経済優先の政治路線をとった。池田内閣は、「所得倍増計画」をスローガンに掲げた。基本的な考え方は、前の岸内閣で立案された「新長期経済計画」を継承したものであった。

この計画では翌1961年からの10年間に、実質国民所得(国民総生産)を26兆円に倍増させることを目標に掲げたものだったが、国民総生産(GNP)は6年目で、1人当たりの実質国民所得は7年目で「倍増」が達成された。予想を上回るペースだったのだ。

政策の中身は、輸出増進による外貨獲得を主要な手段として国民所得を倍増させ、これによって雇用を拡大し失業問題を解決する(完全雇用を目指す)ことで生活水準を引き上げることにあった。

そのために、高度経済成長期を通じてであるが、道路や鉄道(新幹線)、ダムなどといったインフラ整備に財政投融資が重点的に行なわれた。また、自動車などのまだ欧米に比べて競争力のない産業については、輸入制限を行なうなどの保護行政が行なわれた。

世界第2位の経済大国、ニッポン

池田内閣から佐藤内閣（佐藤栄作首相）にかけての時代は、高度経済成長の時代と呼ばれ、長期的にはずっと景気がよかったが、それでも波があった。

1955～1957年は、「神武景気」と呼ばれる好景気が続いた。この頃日本の生産力は戦前の水準にまで回復した。1956年には経済白書で「もはや戦後ではない」と記された。

1958～1961年は、神武景気をしのぐという意味で「岩戸景気」と呼ばれた。

1963～1964年は、東京オリンピックを前にしての公共事業などのラッシュでオリンピック景気とよばれる。

1964年にオリンピックが終わるや、それまでの反動から日本経済は調整局面に入り、「戦後最大の不況」と呼ばれ、企業倒産が相次いだ。高度経済成長を前提とした強気すぎる見通しの、その前提が変化したためだった。

1965年には平均株価は1800円台から1200円台まで急落する。山一証券が経営破綻しかけたが、日銀が緊急特別融資をすることでしのいだ。

政府は1966年、戦後初の建設国債を発行する。これと前後して景気は回復しはじめた。これまでは景気が拡大すると内需を満たすために国際収支が悪化し、外貨準備を減らさないために金融引き締めを行なわなくてはならないという「国際収支の天井」が存在していた。

しかし、1960年代半ばになると日本の経常収支は黒字基調が定着したため、この好景気は足かけ5年、1966～1970年まで続き、いざなぎ景気と呼ばれた。

1968年に、日本経済の規模はついに西ドイツを抜いてアメリカにつぐ世界第2位までに成長した。

一方で急激な工業化のために、環境汚染などの公害が発生し大きな被害をもたらした。

いかにしてアメリカは世界経済の覇権を握ったか

第二次世界大戦後のアメリカは、自由主義経済諸国の盟主としての地位を磐石（ばんじゃく）なものとし、まさに、世界経済の覇者、覇権国となった。アメリカにとっての敵は、社会主義陣営の盟主となったソ連だけだった。

ソ連との覇権争いは、直接市場を奪い合うのでもなければ、生産量や貿易量を競い合うのでもなく、政治・外交的には社会主義国を増やさないことと、自由主義陣営各国の繁栄を援助し、全体の経済力を高めることに置かれた。つまり、アメリカは自分の国のことだけを考えていればいい立場ではなくなったのである。

オランダ、イギリスといったかつての覇権国は自国の利益を追求していればよかったが、20世紀後半のアメリカの場合、資本主義・自由主義経済全体の繁栄が、アメリカの繁栄に結びつくという構造だった。それを唱えたのが、トルーマン・ドクトリンであり、具体的政策としての、西ヨーロッパ復興のためのマーシャル・プランだった。

一方ソ連も、社会主義圏の盟主として、東欧諸国の復興に資本を投入しなければならなくなり、さらに、アジア、アフリカの植民地の独立を軍事的・経済的に援助する立場に置かれる。

アメリカの覇権の象徴が実質的にドル本位制といっていい、ブレトン・ウッズ体制であり、ドルは世界の基軸通貨となった。ソ連や東欧諸国が自由主義圏との貿易で決済する場合もドルが使われ、その意味では、社会主義圏も含めた地球全体で、ドルは基軸通貨となったのである。

マーシャル・プランで西欧各国に与えられたドルは、それぞれの国がアメリカ企業の工業品を輸入するのに使われ、結果としてアメリカに戻った。そしてアメリカの大企業をさらに巨大な多国籍企業へと成長させることに

なった。その意味においては、他国経済の発展を支援したことが、アメリカ経済の成長につながったのである。

ここに「パックス・ブリタニカ」にかわり、「パックス・アメリカーナ」が確立した。

アメリカが覇権を握ったのは、まず工業分野だった。それを準備したのは、戦争中の軍産複合体の確立だった。戦争に勝利するために軍需産業に巨額の資金と人員が投入され、新分野の研究が飛躍的に伸び、それが戦後の科学技術の発展の基礎となった。

また、戦後のベビーブームによる人口の増大は、民生品市場の拡大につながった。さらに、大都市郊外に住宅地が開発されると、自動車の需要が高まり、フォードやGMは、大量生産、大量販売の体制を確立し、自動車は

アメリカの基幹産業となった。よく言われるように、自動車は、鉄鋼だけでなく、ガラス、化学工業製品、電機工業など幅広い材料・素材を必要とするので、あらゆる産業が自動車産業の成長とともに伸びていった。さらに、販売にあたってはローンという方法がとられ、これにより金融資本も市場を増やした。日本はこれを真似して追いかければよかった。

高度大衆消費社会がアメリカにおいて成立したことにより、流通業もチェーンストア方式のスーパーマーケットや、ショッピングセンターが生まれ、個人経営が主体だった小売業も大変革を迫られた。

戦後飛躍的に伸びたものに、化学工業があった。とくに石油からのプラスチック、ポリエチレン、ビニールといった新素材開発において、アメリカは世界の主導権を握った。これは素材革命とも呼ばれる大転換であった。同時に、社会全体の石油への依存が高まることにつながり、石油マーケットをアメリカが支配できた間は問題がなかったが、オイルショック後は、石油依存度の高さがアメリカの弱点となっていく。

中華人民共和国の成立と朝鮮戦争

古代文明発祥の地であり、かつてはユーラシア大陸東部に大帝国を築いた中国だったが、近代化は遅れた。イギリスとの間でアヘン戦争が勃発、敗北した中国は不平等条約を結ばされ、イギリスの半植民地となってしまったのは19世紀半ばのこと。20世紀に入ると、中国は日清戦争にも負け、イギリスに加え、フ

ランス、ロシア、ドイツ、アメリカ、そして日本にも半植民地化されていた。

第二次世界大戦後での日本敗戦によって、中国では国民党と共産党が一時的に和解したものの、すぐに内戦となった。当初の勢力比は、国民党4に対し共産党1でしかなかったが、共産党は農村部で次々と勝利した。都市部でも国民の支持を得て、1949年1月に北京を制圧、その年の9月、中華人民共和国の建国を宣言した。国民党は台湾に逃れ、そこに中華民国として存続した。

朝鮮では戦争中から日本からの独立を目指す運動が展開され、1943年にはカイロ宣言によって、戦後の独立が約束された。

だが、日本が敗戦で撤退すると、米ソが北緯38度線で朝鮮半島を南北に分断して、それぞれを占領した。

1948年、アメリカ主導により、南部が大韓民国として独立した。一方、ソ連は北に金日成を中心とする朝鮮民主主義人民共和国として独立させた。こうして、南北の二つの朝鮮が固定化された。

1950年、北緯38度線での武力衝突が全面戦争に発展した。朝鮮戦争である。当初は北が優勢で、一時はソウルを占領、釜山にまで兵を進めた。だが、ソ連欠席の状態で国連安全保障理事会は北を非難し、国連軍の派遣を決めた。

国連軍の指揮をとったのはマッカーサーだった。マッカーサーは日本に駐留していたアメリカ軍を朝鮮半島に送り、大韓民国軍を支援した。国連軍の反攻はすさまじく、北朝鮮軍は退却、国連軍は一時は平壌にまで達した。これに脅威を感じた中国は北朝鮮支援の兵を

送った。戦況は一進一退だった。結局、1953年に停戦した。

この朝鮮戦争のおかげで、日本経済は立ち直った。

中東戦争という悲劇の裏側

こんにちまで解決しないパレスチナ問題は、もとをたどれば、ユダヤ人が古代ローマ帝国の時代に、弾圧され、各地に離散したことにある。ユダヤ人の悲願は、パレスチナの地にユダヤ人の独立国を作ることだった。

そのパレスチナにはアラブ人が住んでいた。

第一次世界大戦でユダヤ人の協力を得ようと、1917年にイギリスの外務大臣は、パレスチナにユダヤ人の国家を建設することを約束し支援すると宣言した。その一方で、アラブ人にも、パレスチナにアラブ人の国家を作ると約束しトルコとの戦いに協力するように求めた。これが、こんにちのパレスチナ問題の直接的な原因である。

第二次世界大戦後、国連は、パレスチナをユダヤ人とアラブ人とで分割する案を提示し、ユダヤ人はこれを受け入れ、イスラエル共和国を建国した。世界中にいたユダヤ人たちは、続々と、民族の故郷であるイスラエルに戻ってきた。

だが、アラブ諸国はイスラエル建国に反対し、戦争となった。1948年、56年、67年、73年と、アラブ諸国とイスラエルの間では中東戦争が繰り返された。

その間の1964年にパレスチナ解放機構（PLO）が結成され、1974年には国連

でPLOの代表権が認められた。1993年、PLOとイスラエルのあいだで、暫定自治協定が結ばれ、その3年後にはパレスチナ自治政府ができた。だが、その後も情勢は混迷している。

次々と独立を果たした旧植民地

第二次世界大戦が終わり、米ソの冷戦が始まるとともに、アジア、アフリカでは、植民地となっていた国々が独立を果たしていった。かつてはオランダの植民地だったが、1942年から日本の支配下にあったインドネシアは、1945年の日本敗戦とともに独立を宣言したものの、再植民地化を狙うオランダが、それを認めず戦争となっていた。それに勝利して、1949年、独立した。

ベトナムでも、日本が撤退した後にホー・チ・ミンを代表とするベトナム民主共和国として独立したものの、再植民地化を狙うフランスが、これを認めず戦争が始まった。1954年に休戦となったが、南北に分断された。

北はホー・チ・ミンを大統領とする社会主義国、南は自由主義国となった。アメリカは南が社会主義化されるのをおそれ、ベトナムに介入するようになる。南ベトナム政府は、地主優遇の政策をとったため、農民の反発を招き、反政府運動が起き、南ベトナム民族解放戦線が結成され、北がそれを支援し、ゲリラ戦が展開された。

1964年、アメリカ軍は北ベトナムへの爆撃を開始した。ベトナム戦争（ベトナムでは「アメリカ戦争」という）の始まりである。

軍事力では圧倒的に勝っていたはずのアメリカ軍は密林でのゲリラ戦に悩まされ、苦戦した。

ベトナムでは核兵器以外のあらゆる兵器が投入された。なかでも枯葉剤は、後々まで環境と人体に影響を与えた。

アメリカ国内でも反戦の声が高まり、1973年にアメリカは撤兵を決め、1975年、南ベトナムの首都サイゴンが陥落、翌年、南北が統一され、ベトナム社会主義共和国となった。

インドは古代四大文明発祥の地のひとつで、古い歴史をもっていたが、イギリスにいいようにされ、1858年、植民地となってしまった。20世紀に入ると、民族自立の気運が高まり、その指導者のひとりがガンディーだった。

第一次世界大戦の際、イギリスが、戦争に協力したら独立を認めると約束したので、インドは兵を出した。だが、戦後、イギリスはその約束を守ろうとしないどころか、インド総督の権限を強くする特別法を作った。

ガンディーは労働運動にかかわり、非暴力による反帝国主義的抵抗運動を続けていた。1947年、ついにインドはイギリスから独立した。だが、ヒンドゥー教とイスラム教の対立が激しく、ネルーを首相とするインド連邦と、イスラム系のジンナーを総督とするパキスタンとに分離してしまった。1948年、ガンディーはヒンドゥー教徒により暗殺された。

アフリカで独立国だったのは、第二次世界大戦までは、わずか四つ、エジプト、エチオピア、リベリア、南アフリカだけだった。

しかし、アフリカ諸国は、1950年代から次々と独立していき、1960年には17もの独立国が誕生し、「アフリカの年」といわれた。

1963年、アフリカの独立や民族紛争を解決するためにアフリカ統一機構が結成された。

アメリカの翳り
――ベトナム戦争

米ソの対立は、「冷戦」と呼ばれ、直接交戦することはなかったが、軍事費は増大した。これにより、航空機、通信、化学、エレクトロニクスといった兵器に関連する軍需産業は栄えた。

ニューディール政策による「大きな政府」路線は、公共事業や福祉の国家予算を増大させたわけだが、それに加えて戦後は軍事費が巨額となり、国家予算はますます膨れ上がった。

1950年代終わりに景気は一時的に後退し、過剰生産と成長率の鈍化が問題となったので、1961年に発足したケネディ政権は、「ニュー・エコノミクス」と呼ばれる積極的財政政策をとった。企業の設備投資意欲を刺激するための税制（加速度償却）がとられ、その効果があって、景気は拡大していった。

しかし、同時にインフレも加速した。アメリカのインフレにより、ドルに対する信頼が揺らいだ。さらに、金融資本が対外投資を増やし、経済復興を遂げた西ドイツや日本からの輸入が増えたことで、ドルの流出も問題となってきた。

国内的には非白人差別問題、外交的にはベトナム戦争が泥沼化していることが、1960年代のアメリカ社会の大きな問題となっていた。ベトナム戦争で軍事支出は増大し、福祉予算の増大とともに、国家財政に赤字をもたらした。ベトナム戦争では国内で反戦運動が巻き起こり、国際世論もアメリカに厳しく、事実上、覇権国アメリカは敗北した。

1960年代を通して、無敵と思われたアメリカの工業は凋落していった。鉄鋼、電機、自動車といった基幹産業の少品種大量生産方式が、世界のニーズにそぐわなくなりつつあったのに、多品種少量生産への転換が遅れた。また技術革新によってコスト削減を図る努力をせず、価格競争でも劣勢に置かれた。その間に西ドイツと日本の工業が急成長を遂げたのである。

技術革新ができなかった遠因としては、軍需と宇宙開発に国家予算が傾注されたため、軍産複合体の研究・開発部門がその方面にばかり熱心になったこともあげられる。そこで開発された技術は、やがては民生品にも応用されるわけだが、この時点では、一般の需要に応えるものとは関連がなかった。

1957年にソ連が最初の人工衛星の打ち上げに成功したことで、宇宙開発競争において大きく遅れていたことを認識したアメリカは、以後、宇宙開発に国をあげて取り組むことになる。宇宙開発は、SF的には人口が増えた場合の移民先の確保とか、資源開発を目的とするが、現実には、軍事問題だった。

こうして1969年の月面着陸に向かい、アメリカの科学技術の頭脳と資金は宇宙開発に投入された。この結果、軍需産業は儲かっ

たが、経済全体は疲弊していったのである。

ドルショックとブレトン・ウッズ体制の終焉

戦後の世界経済の支柱となったブレトン・ウッズ体制は、1958年にアメリカの経常収支が赤字に転落したことで、揺らぎ始めた。ドルが機軸通貨として世界中で流通するためには、ドルはアメリカから国外へ流出せざるをえない。しかし、それはアメリカの経常収支の赤字につながる。そしてドルは金（ゴールド）と交換できる唯一の通貨となっていたので、経常収支の赤字はアメリカからの金の流出を意味していた。しかし、金というのは有限である。ドルが流出しアメリカの金の保有量が減っていけば、ドルへの信頼が揺らぐ。では、ドルの流出を止めると、基軸通貨としては役に立たなくなる。このドルの矛盾は当初から指摘されていたが、1960年代後半になると、ついに持ちこたえられなくなる。

1968年、金を保有している7か国の中央銀行は、通貨当局間の公的な金取引は従来どおり、金1オンスを35ドルで行なうが、自由金市場においては、自由に価格を決めてよいという、「金の二重価格制」に移行した。

これにより、ブレトン・ウッズ体制のひとつの柱が崩壊した。あとは、いつ、アメリカが金とドルとの交換停止を決断するか、そしてドルと各国通貨の為替の固定相場制をいつやめるかは、時間の問題になっていった。

1971年アメリカのニクソン政権は、ドルと金の1オンス＝35ドルという固定相場で

の交換を停止すると発表した。

また、一律10％の輸入課徴金を設けると声明を発表し、この時はドルを切り下げて1オンス38ドルとした（スミソニアン体制）。しかし、アメリカの国際収支はその後も悪化を続け、1973年、ついに世界の先進主要国は変動相場制に移行した。

変動相場制に移行する前の世界の通貨体制は、ドルと金との交換比率を固定し、各国通貨はドルと交換比率を固定することで通貨の裏付けとするものであったが、それが崩壊したのである。ここに、ブレトン・ウッズ体制は終焉したのである。

アメリカは1960年代後半から、インフレの加速や貿易赤字の拡大が続き、景気過熱の状態だった。

ニクソン大統領は、国内の雇用維持とベトナム戦争への戦費のために財政出動を必要としていた。しかし、悪化した経常収支を改善するには景気引き締めを行なわなくてはならなかった。つまり、ドルの価値が下がってきたとされると金に交換しようという動きが広がり、アメリカの金が流出してしまうのだ。

しかし、固定相場をやめることで、赤字でもドルを刷り増すことが可能となった。

それまで円とドルは1ドル360円の固定相場だったが、ニクソン・ショックを受けて日本は固定相場のまま308円に円を切り上げた。さらに、1オンス38ドルになり、ドル建ての代金はさらに減価し、変動相場のもとで、円の対ドル相場はさらに上昇した。ドルショックにより、ドルの為替相場が暴落し、円高になったため、アメリカへ向けた日本の輸出産業は大打撃を受けた。同じ製品を同じ

ドル建てで輸出しても受け取る円が大幅に目減りすることになったからだ。生産は円で行なっているので赤字になる企業が続出した。

こうして日本においても、高度経済成長は終わりを迎えるが、これは高い経済成長を支えた諸条件がちょうど限界にきていた時期に重なったことによる。

ヨーロッパの統合
──ECSCからEUへ

こんにち、ヨーロッパは共通の通過「ユーロ」を持ち、域内の関税は撤廃され、経済統合が実現、政治的にも欧州議会が設立されている。しかし、そこにいたる道のりは長かった。

戦後のヨーロッパは西側の自由主義国と、ソ連の指導下で社会主義国となった東側とに大きく二つに分かれた。

西側では1951年にまず、欧州石炭鉄鋼共同体（ECSC）が発足した。過去に何度もフランスとドイツの間で戦争が起きた原因が、石炭の採掘権をめぐる争いだったため、これを繰り返さないという考えでの条約で、フランスと西ドイツ、そして、イタリア、ベルギー、オランダ、ルクセンブルクが加わり、軍需物資となる石炭と鉄鋼の共同管理を行なうことにした。

1958年にエネルギーの共同管理を目的にした欧州原子力共同体（EURATOM）と、欧州経済共同体（EEC）が設立された。そして、1967年にこれら三つの共同体が統合されて、欧州共同体（EC）と呼ばれる体制に移行した。

中ソの関係悪化と米中の接近

1958年から中国は毛沢東のもとで大躍進政策を開始した。生産手段の公有化という考えに基づく、人民公社が作られた。これは農村を地区ごとに分け、そのなかに住むすべての住民が平等に生産に従事する制度だった。この人民公社は当初はうまくいっていたとされるが、結果的には失敗に終わり、悪天候も重なり、1959年と1960年には大規模な飢饉となり、数千万人が餓死した。

この時期は米ソは緊張緩和の状況で友好ムードが高まっていたが、中国共産党政府が台湾海峡で中華民国に対して軍事行動に出ると、アメリカ軍がこれに介入した。この米中の対立に巻き込まれるのを怖れたソ連は、中国を批判し、この頃から中ソは対立するようになった。1960年にはソ連が一方的に中ソ協定を破棄し、経済技術援助条約も打ち切られ、中国にいたソ連の技術者などは全員が引き揚げた。

1964年に中国は核実験に成功し、核保有国となった。一方、大躍進の失敗をめぐり、共産党内部での毛沢東と劉少奇ら「実権派」との抗争も激化した。毛沢東は巻き返しをはかるため、1966年から文化大革命を始めた。この文化大革命の名のもとに、毛沢東は反対派に対する大粛清を展開した。

1976年の毛沢東の死まで文化大革命は続き、これにより中国の生産現場は混乱し、産業の発展を阻害させた。

しかし外交的には、ソ連との対立を深める

一方で、「敵の敵は味方」の理論でアメリカと接近し、ニクソン大統領の電撃的な訪中による国交の樹立をはたし、日本とも国交を回復した。

さらに、中華民国に代わって国連の常任理事国の座も得て、国際政治での存在感を示すようになる。

石油文明の発達と中東問題

1973年10月、第四次中東戦争が勃発した。石油産出国であるアラブ諸国は、イスラエルを支持する西側諸国に打撃を与えるため、原油価格を一気に4倍に引き上げた。これをオイルショックという。

欧米を中心に動いていた世界経済は「中東」という資源を持つ地域の思わぬ叛乱を受けることになり、以後、石油とそこから生み出される巨額のオイルマネーを持つ中東諸国は経済のみならず、世界政治において重要なポジションを得る。

石油の存在そのものは古来から知られていたが、現在のようにさまざまな分野に利用されるようになったのは、19世紀半ばにアメリカのペンシルベニア州に機械掘りの油井が出現してからであった。その意味でも、アメリカの覇権の源泉は石油にあるといえる。

1863年、ロックフェラーがオハイオ州で石油精製業に乗り出し、1870年にはスタンダード石油が設立された。当初はアルコールランプくらいにしか利用されなかったので、電球の発明によって石油の需要は一気になくなってしまう。石油産業は十年ももたず

して危機を迎えたのである。それを救ったのが、ドイツで考案された、ガソリンエンジンだった。

内燃機関は自動車だけでなく、飛行機、船舶にも使われるようになり、ここに石油産業の急発展は約束された。第二次大戦後は、石油から化学繊維やプラスチックが作られるようになり、また、火力発電所の燃料にもなり、需要は増すばかりだった。

当初、石油はほとんどがアメリカ産だった。油田の発見は難しかったのである。アメリカ以外では、ベネズエラやインドネシアぐらいしか、石油産出国はなかった。中東に大規模な油田が発見されたのは戦後のことだった。油田の探査と、発見された後の採掘には莫大な経費と高度な技術が必要となるので、あらゆる点でアメリカの石油会社が優位に立った。中東諸国は、独自に採掘する技術と資本を持たなかったため、欧米の石油会社に独占採掘権を売り渡すしかなかった。こうして、国際石油資本(メジャー)と言われる巨大な多国籍企業が石油の世界市場を支配するようになったのである。

オイルショックの本当の影響

中東諸国では資源ナショナリズムが高まっていった。欧米にいいように利用されていることに気付いたのである。メジャーと呼ばれた多国籍企業のうち、シェアの上位7社が、石油の生産をほぼ独占状態に置いていた。

1959年2月、石油を寡占していたメジャーが、産油国の了承を得ずに原油公示価格

の引き下げを発表した。油田が次々と発見されたため、原油の供給過剰が慢性化していたためだった。

しかし産油国はこれに反発し、アラブ連盟第1回アラブ石油会議をカイロにて開催し、原油価格改訂時の事前通告を要求したが、受け入れられなかった。そこで、石油産出国の利益を守るため、イラン、イラク、クウェート、サウジアラビア、ベネズエラ5か国は1960年に石油輸出国機構（OPEC）を設立した。

1972年のリヤド協定により、石油採掘事業はメジャーから産油国に権利が譲渡されることになり、原油価格の決定権はOPECに移った。各国は、油田を国有化していった。そして、OPECによる原油価格の引き上げが起きるのである。

このオイルショックは、世界的な不況をもたらした。その直前にドルの金との交換停止と変動相場制への移行というニクソン・ショックがあり、そこに原油高が追い討ちをかけたのである。先進工業国の物価は急騰し、不況の最中のインフレという史上例をみない、スタグフレーションという状況に陥った。

オイルショックは、国際政治における中東諸国の存在感を大きくさせた。政治的な発言力が強くなっただけでなく、石油輸出価格の高騰により巨額の資金が中東各国に流入し、オイルマネーと呼ばれ、世界金融市場で無視できないものとなった。

日本では、1972年、8年にわたり続いた佐藤内閣が退陣し、「日本列島改造論」を唱える田中角栄が首相となった。

各国が変動相場制に移行したあとも、日本

349

は1ドル308円の固定相場を守ろうと、政府・日銀はドル買い円売りを実行した。しかし、この資金が国内に流入し、だぶついた資金が投機を目指すことになる。列島改造ブームによる地価急騰で急速なインフレが発生した。

そこに、第一次オイルショックが重なった。この結果、原油価格は急上昇し、日本でも省エネのためネオンが消され、テレビの深夜番組は自粛、休日のガソリンスタンドが休業した。また、トイレットペーパーや洗剤がなくなるという流言飛語からパニックが起こるなどの騒動が続いた。

相次いで発生した便乗値上げ等により、さらにインフレが加速されることとなった。1974年だけで、日本国内の消費者物価指数は23％上昇した。

日本を含めて、石油の輸入代金が高騰した先進諸国は、需要が減り経済規模が縮小しながらも物価が上昇するスタグフレーションに襲われる。

インフレ退治と70年代後半の低迷

1973年11月に田中内閣の大蔵大臣になった福田赳夫は引き締め政策をとり、1974年、物価は上昇しながらも、GNPがマイナス0・6％と戦後初めてのマイナス成長となった。

1975年には、税収の落ち込みから財政赤字を補うために赤字国債が発行された。

1970年代後半から、高度経済成長期は10％だった経済成長率が4〜5％へと低成長

350

時代を迎える。そのなかで、日本企業は原料・エネルギーの節約（省エネ）への転換を比較的スムーズに行なった。

重厚長大産業中心から軽薄短小型でより付加価値の高い産業へと、新しい商品分野へと稼ぎ手のシフトが成功したのである。これにより、日本は経常収支の黒字が積み上がることになる。

オイルショックは1979年にも起きる。1978年のイラン革命により、イランでの石油生産が中断したため、イランから大量の原油を購入していた日本は需給が逼迫した。また、1978年末にOPECが「翌1979年より原油価格を4段階に分けて計14・5％値上げする」ことを決定し、原油価格が上昇、第一次オイルショック並に原油価格が高騰した。

しかし、日本では省エネルギー政策が浸透しており、企業の合理化効果などにより、影響は第一次オイルショックほどひどいものにはならなかった。

レーガン、サッチャーの登場

オイルショック以後、西側先進国は低成長時代に突入した。インフレと失業が同居するという状況となり、ケインズ主義に基づく政策は効果があがらなくなっていく。なかでも、イギリスは「英国病」とも揶揄される慢性的な不況に陥って財政赤字が拡大し、アメリカも失業率が増大していた。

その理由としては、国債を発行して政府支出を増大させても、通貨供給量が増大するだ

けで、民間の投資と生産には直結しなくなったのである。むしろ、インフレとなり、高金利を招き、投資と生産は抑制されてしまう事態が生じた。

ケインズ主義は、公共事業による雇用の創出に代表される「大きな政府」と「福祉国家」を特徴としていたが、しだいに、政府の財政危機を招くだけだったと、批判されるようになっていく。

そこでケインズ主義の反対の政策として、「小さな政府」「市場原理」「均衡財政」を前面に出した新自由主義がひとつの潮流となる。

新自由主義は、経済理念としては市場原理主義で、均衡財政の名の下に福祉および公共サービスを縮小させ、公営事業を民営化していくことで、「小さな政府」を実現するというものだった。

また、英米の資本を入りやすくするために経済の対外開放を求め、それがグローバル化につながった。

規制緩和による競争促進が推進されたが、結果として労働者を保護していた制度が廃止され、失業、貧困の原因にもなっていく。

高成長が続き完全雇用が実現していた時代は、労働組合は賃金引き上げを求めていればよく、企業側もそれに応じていた。

しかし、大量生産方式が終わると、大量雇用・長期雇用という形態そのものが、企業にとって重荷となっていた。

こうして、簡単に解雇できるシステムが求められ、短期雇用・非正規雇用が増えていく下地が作られた。

[経済史のポイント10]
80年代の世界経済

■ レーガノミックスの衝撃

1981年に発足したアメリカのレーガン政権はサプライサイド政策をとり、投資減税、個人所得税減税を実施し、規制緩和と自由化を促進した。

理論としては――減税になると労働意欲が向上し、消費と貯蓄が増加し、結果として投資を促進する。さらに、規制緩和によっても、投資が促進される。その結果、供給力が向上し、景気が回復し、税収が増える。一方で、金融政策によりインフレを抑制しておけば、公共部門の支出が減る。さらに福祉予算も削減するので、政府の支出は少なくなる――というものだった。

こうした政策の結果、高金利とドル高となり、まず輸出不振に陥ってしまった。一方で輸入は拡大したので、経常収支の赤字が増大した。軍事費を増大させた一方で、不況が継続していたので福祉予算も削減できず、かえって増大し、財政赤字も増大した。「小さな政府」どころか、「巨大な政府」が出現したのである。

財政赤字を埋めるためには国債を発行しなければならず、その引き受け手としては外国資本に頼らざるをえず、外国からの資本を招くためには高金利を維持する必要があった。

こうして、経常収支と財政の「双子の赤字」問題が浮上したのである。これはレーガン政権を通じて深刻な問題として残り、解決されなかった。

その一方で、原油価格の大幅下落という予期せぬ要因が加わり、インフレは抑制された。1984年には失業率も低下し、景気の回復感が生まれたが、経常収支の赤字はますます拡大した。

レーガン政権が「強いドル」を放棄するのは1985年の、いわゆるプラザ合意である。この合意により、各国の金融当局はドル売り・自国通貨買いに市場介入することになり、ドル安が実現した。

ドル安になれば、輸出が増大すると期待されたが、アメリカの製品は国際的競争力を回復できず、伸び悩んだ。為替レートの問題ではなく、製品そのものの力、つまりは産業界そのものが弱体化していたのである。

アメリカは第二次産業において覇権を失いつつあった。だが、まだ第三次産業が健在であった。国内的には、工業部門の不振をサービス部門の成長で補うことができ、さらに、金融自由化によって、新しい金融商品が次々と登場し、金融ブームとなった。

金融自由化は、「小さな政府」の一環であり、国によるマネー管理を撤廃しようという政策だった。ここに、大恐慌と第二次世界大戦の教訓から誕生したブレトン・ウッズ体制は、完全に崩壊したのである。

■サッチャーの登場

レーガンと同時期の1979年に登場したサッチャー政権は、発足当時の基本政策として、完全雇用の放棄、サプライサイド政策（国有企業の民営化、所得税減税、労組の活動抑制）、インフレ沈静化（公共部門の借入必要額の削減、貨幣供給量増加率の抑制）を掲げ

た。イギリスも「小さな政府」を目指したのである。サッチャーは強い指導力のもと、電話・石炭・航空などの国営企業を民営化するなど、これらの政策を断行し、まずインフレの抑制には成功、またサプライサイド政策も効果をあげ生産性が向上していった。

こうして「英国病」と揶揄された生産性の低さと慢性的なインフレは解消され、「サッチャー革命」と呼ばれるまでの成功をみて、イギリス経済の立て直しに成功した。

サッチャーは、日本経済が二度のオイルショックを乗り越えて、先進国のなかで好調だったことに注目し、日本企業の英国への投資を促進させ、日本型経営システムの導入を奨励した。対立的だった労使関係を労使協調路線に転換させ、多品種少量生産を可能にする生産システムを導入させたのである。

教育においても、少数のエリートを育成していた英国型システムから、全国統一のカリキュラムを導入し平均的な学力の向上を目指し、また大学の数も増やしていった。いつの間にか、日本は「欧米に追いつき追い越す」のではなく、見本とされる存在になっていたのである。

西ドイツでも同様に、ケインズ主義から、新自由主義への転換がなされた。しかし、失業問題が深刻なため、福祉予算の削減はできず、中途半端に終わった。深刻なのは、ドイツが誇っていた工業生産の不振であった。とくに先端技術産業で遅れをとり、工業全体の国際競争力は低下していった。

そこに、ベルリンの壁崩壊と、ドイツ再統一という大事件が勃発するのである。

日本のバブル経済はどう始まり、どう弾けたか

1985年9月、ニューヨークのプラザホテルにG5（先進5か国蔵相会議＝米・英・日・仏・独）が集まり、対米貿易不均衡の解消を図るためのドル安に協調介入することが合意された（プラザ合意）。

これは、とくに、日本の対米貿易黒字（米からは貿易赤字）の是正を狙ったもので、プラザ合意によって、1ドルは235円から1年後には150円台まで下落、円高になった。

この円高により不況が懸念された日本では、金融緩和（低金利政策）が採用・継続されることになった。

低金利でダブついた資金は、日本国内では不動産や株式などへの投機によるバブル景気を過熱させた。

「土地は必ず値上がりする」という、いわゆる土地神話に支えられ、転売目的の売買が増加した。地価は高騰し、数字の上では東京23区の地価でアメリカ全土を購入できるといわれるほどとなり、銀行はその土地を担保に貸し付けを拡大していった。

1987年10月、ブラックマンデーで世界同時株安が起きるが、日本は翌年春には回復し、株価は1989年12月末まで上がり続けた。

土地は上がり続けるという土地神話から、大都市では空き部屋を上回る床面積のオフィスビルが建設され、地方では大規模リゾート施設やゴルフ場が次々と造られた。

「地上げ屋」という、土地を転売して儲ける

商売が膨大な利益をあげていったのも、この頃である。土地所有者には銀行が、高騰した地価を担保にマンションやオフィスビル建設を勧誘した。

投機マネーは、土地・株だけでなく、絵画や美術品にも向かった。企業も、三菱地所によるロックフェラーセンター買収や、ソニーによるコロンビア映画買収などの海外投資が目立った。

土地の値段は、本来の価値と乖離した説明のつかない資産価格にまで達していった。こうした投機がバブルを起こせば、いつかそれは崩壊（破裂）する。その時期が遅ければ遅いほど傷は深刻になる。

どこかで金融引き締めを行なう必要があった。

1989年12月、日銀総裁に就任した三重野康は矢継ぎ早に金融引き締め政策を行なった。

この金融引き締めで、株価は急落した。さらに、1990年3月には、大蔵省から土地取り引きについて「総量規制」が金融機関に対して通達される。

同時に、不動産業、建設業、ノンバンク（住専を含む）に対する融資の実態報告を求める「三業種規制」も通達された。これは不動産向け融資の伸び率を総貸出の伸び率以下に抑えることをいい、不動産価格の高騰を沈静化させることを目的とする政策であった。

そして、地価高騰を抑制するために、地価税が導入された。地価税は企業の所得には関係なく課税されたので、赤字でも税負担が生じた。値上がりを待って利用していない遊休地があれば手放したほうが得であり、これに

より、土地の供給を増やすことで地価の抑制をしようという狙いだった。

こうした政策が効果をあげ、地価は1990年から1991年をピークに下がり始める。大袈裟にいえば日本の有史以来続いた「土地神話」が崩壊したのである。

当初は、地価高騰が抑制されたことを世論は歓迎していたが、地価高騰と同様にその下落が急激だったために、新たな混乱が生じた。

土地神話に基づいて、日本の金融機関は土地を担保にして、企業に貸し付けていた。その企業の持つ技術力や人材、あるいは商品そのものの将来性を見込んで貸していたのではなく、どの業種に対しても、土地の値上がりを見込んで貸していたのである。

金融機関のこのような方針は「土地本位制」経済ともいわれた。そこに、地価の値下がりという、経験したことのない事態が生じると、まず、地価の値上がり依存型企業の経営が破綻した。その結果、土地を担保としてとっていた債権は不良債権となり、金融機関の経営も悪化した。

地価の値下がりにより担保価値が下がると、金融機関は不良債権化を恐れ、健全な企業に対しても融資を引き上げるようになり、多くの企業の資金繰りは悪化した。

その結果、企業の設備投資、研究開発投資が鈍り、不動産・建設といった土地に直接関係のある企業、そして金融機関だけでなく、実体経済まで冷え込むようになった。

土地に続いて株価も下がり、以後、日本経済は「失われた10年」といわれる平成不況に突入する。

ソ連崩壊と冷戦終結の真相

スターリン時代に工業化がある程度達成されたソ連は、フルシチョフの時代に農業の拡大に力を入れた。農業拡大政策は一時的には成功したが、結果として農地の非栄養化、砂漠化が進み、凶作となり食糧不足に陥った。ソ連は宿敵であるアメリカから小麦などを輸入しなければならなくなり、ドルも流出した。そうした背景もあり、米ソ関係は一時は緊張緩和路線がとられた。国内的にも、スターリン時代の粛清が批判され、自由化、開放政策がとられた。

しかし、農業政策の失敗とアメリカをはじめとする西側との緊張緩和路線が共産党内の保守派から批判され、フルシチョフは失脚、ブレジネフがソ連の指導者となり、ソ連は長い停滞に入る。

ブレジネフ時代は、「何もしない」という官僚体質が国のトップにまで及んでいた。共産党と政府の官僚は特権階級となり、汚職は日常化していた。農業も工業も生産力は低下し、日常の生活必需品の配給も滞るようになり、官僚の腐敗と連動して、物資の横流しが横行し、ヤミ市場が拡大した。

一方、第二次世界大戦後、東欧諸国はソ連の影響下で社会主義政権が樹立されていった。ワルシャワ条約機構が結成され、事実上、ソ連の支配下にあった。自由化、そして民族独立の運動は盛り上がっては、弾圧された。

1956年、ハンガリーでソ連の支配下にある政府に対する叛乱が起きたが、ソ連軍に

鎮圧された。

1968年、チェコ・スロヴァキアでドプチェク第一書記のもと、社会主義の枠組みのなかでの自由化政策がとられたが、これもソ連により弾圧され、ドプチェクは失脚した。

1980年、ポーランドでワレサを議長とする「連帯」が、自由化を求めた。

そのつど弾圧していたソ連も、1980年代に入るとアフガニスタンへの介入が泥沼化し、また硬直した官僚体制のもと、経済は停滞し悪化するなど、行き詰まってきた。

ソ連経済の停滞の責任を何もとらないまま、1982年にブレジネフは亡くなり、つづいて、アンドロポフ、チェルネンコという高齢者が書記長になったが、ふたりとも一年ほどで亡くなり、何の実績もあげられなかった。

この事態に、ソ連指導部は危機感を抱き、若いゴルバチョフが書記長になった。

1985年に登場したゴルバチョフは、ペレストロイカ（改革）とグラスノスチ（情報公開）を掲げ、政治・経済、そして文化・芸術にいたるまでのあらゆる分野での民主化と自由化をすることで、ソ連の建て直しをはかった。具体的には、個人営業や協同組合方式の企業の設立を認め、計画経済・統制経済から切り替えた。

ゴルバチョフによる改革は、当初は経済政策に主眼が置かれていたが、政治・行政面の改革にも向かい、さらに外交的にも軍拡路線に終止符を打ち、1985年11月にはアメリカのレーガン大統領との会談を実現し、核軍縮交渉の加速、相互訪問で合意した。この流れは止まらず、1989年12月に、ゴルバチョフはレーガンの次に大統領となったブッ

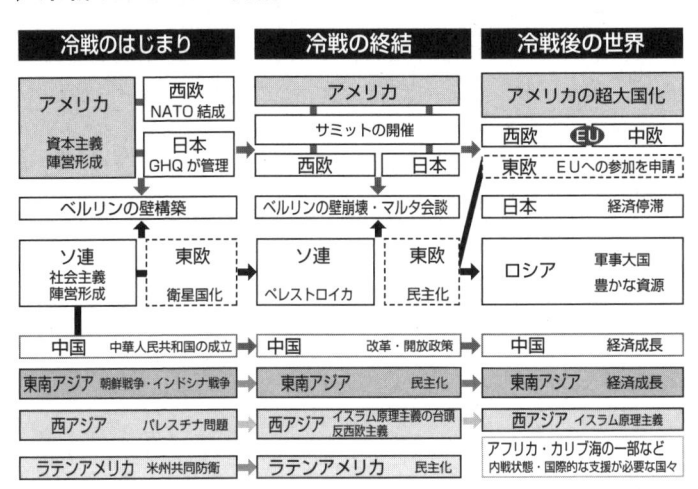

▶冷戦のはじまりと終結

冷戦のはじまり

- アメリカ 資本主義陣営形成
  - 西欧 NATO結成
  - 日本 GHQが管理
- ベルリンの壁構築
- ソ連 社会主義陣営形成
  - 東欧 衛星国化
- 中国 中華人民共和国の成立
- 東南アジア 朝鮮戦争・インドシナ戦争
- 西アジア パレスチナ問題
- ラテンアメリカ 米州共同防衛

冷戦の終結

- アメリカ
  - サミットの開催
  - 西欧／日本
- ベルリンの壁崩壊・マルタ会談
- ソ連 ペレストロイカ
  - 東欧 民主化
- 中国 改革・開放政策
- 東南アジア 民主化
- 西アジア イスラム原理主義の台頭 反西欧主義
- ラテンアメリカ 民主化

冷戦後の世界

- アメリカの超大国化
  - 西欧 EU 中欧
  - 東欧 EUへの参加を申請
- 日本 経済停滞
- ロシア 軍事大国 豊かな資源
- 中国 経済成長
- 東南アジア 経済成長
- 西アジア イスラム原理主義
- アフリカ・カリブ海の一部など 内戦状態・国際的な支援が必要な国々

シュ（父）と地中海のマルタで会談し、冷戦の終結を宣言した。

こうしたソ連の改革は、東欧でくすぶっていた民主化への動きを加速させた。1989年、東欧革命と呼ばれる大転換を迎えた。

ポーランドとハンガリーで非共産党政権が誕生し、ベルリンの壁が崩壊しドイツ再統一の道が開き、チェコスロヴァキアでは無血革命で共産党政権が倒れ、ルーマニアでは流血によりチャウシェスク政権が倒れた。

かつてハンガリーやチェコで民主化の動きが盛り上がった際にはソ連軍が侵攻して弾圧したが、もはやソ連にはその気はなく、各国の共産党政権は本家・家元ともいうべきソ連共産党に見捨てられた。

1991年8月に、ソ連では反ゴルバチョ

フ派によるクーデターが起きるが、それは失敗し、かえって、民主化への動きを加速させた。ソ連共産党は解党に追い込まれ、エリツィンが大統領となっていたロシアがソ連邦からの脱退に向かい、12月、ソ連は崩壊した。

かくして、社会主義ブロックは崩壊し、世界は自由主義経済圏という単一市場に向かう。その一方で、改革開放路線を掲げながらも、社会主義、一党独裁を維持する超大国として、中国が著しい経済成長を遂げようとしていた。

中国の経済成長が世界経済を変える

毛沢東の死後、失脚していた鄧小平（とうしょうへい）が実権を握ると、共産党一党独裁体制は維持しつつ、経済的には資本主義経済を導入し、改革開放政策を取るようになる。

毛沢東時代の人民公社は完全に解体され、絶対平等主義はなくなった。農民には生産意欲向上を目指して経営自主権が保障された。都市部では外資を導入するために、経済特区や経済技術開発区が設置され、世界中にいる華僑や欧米資本が投資した。これにより、資本移転、技術移転がなされ、企業の経営自主権も拡大されていった。

1989年、ゴルバチョフが訪中し、中ソは和解した。同じ頃北京の天安門広場では百万人規模のデモが起きたが、人民解放軍により武力鎮圧された。この事件で外資流入は一時的に激減したが、1990年代には江沢民政権のもとで、改革開放路線がさらに進み、「世界の工場」と呼ばれるほど急成長した。

西側自由主義国は、一党独裁体制には疑問

を抱きつつも、当時すでに10億近いと言われていた人口は、あまりにも巨大なマーケットであり、中国の市場開放を歓迎したのである。安価な労働力を求めて、日本企業も多数進出した。そのため、日本の産業は空洞化を招くと危惧された。

急激な市場経済化は、農村部と都市部の格差、あるいは内陸部と沿海部の地域格差を生み、当然、個人の間での貧富の格差の拡大を招いた。

2001年に中国はWTO加盟を果たした。2004年の憲法改正では、私有財産権保護が明記された。国有企業改革のための政策として、株式制度、企業統治制度などが作られ、さらに私有財産保護を明記した物権法も制定された。

面積、人口ともに世界でトップを争うだけに中国は経済的にも、政治的にも、軍事的にも国際政治で大きな地位を占めるようになった。「世界の工場」としてだけでなく、「世界の市場」としても巨大な存在となったのである。

冷戦後の世界、終わらぬ戦争

第二次世界大戦後、ヨーロッパは、資本主義の西側と、社会主義の東側に分かれていた。そのうちの西側諸国は、欧州共同体（EC）を結成していた。冷戦終結後、そのECが発展し、1993年に、欧州連合（EU）として、生まれ変わった。経済、政治、軍事など、あらゆる面での統合を目指し、すでに通貨はユーロに統一され、またEU内ではパスポー

トなしに行き来できるようになっている。2013年現在、28の国が加盟しており、これは、かつてのローマ帝国の領土とほぼ同じである。

冷戦の終結は、巨額の軍事予算の削減を可能とするはずだった。しかし、逆に国際紛争は頻発した。

中東地域では、西欧流の近代化が推し進められていたが一方で、イスラム原理主義運動が盛んになってきた。

その運動が爆発したのが、イランだった。一九七九年、パリに亡命していたホメイニによるイラン革命が起き、国王は追放された。

こうした中、イラクのフセイン大統領はイランの混乱に乗じて侵攻した。8年にわたり続くイラン・イラク戦争が始まり、1988年の停戦まで続いた。

イラクは1990年に、クウェートに侵攻し、一気に全領土を併合した。国連はこれを批判し、アメリカを中心とする多国籍軍が結成された。こうして湾岸戦争が勃発したが、圧倒的な兵力格差があったので、戦争は43日で終わった。しかし、アラブ世界での反米感情は高まっていった。

東西問題が解決すると、今度は、南北問題も表面化し、そればかりか、石油を持つ国と持たない国のように、「南」に分類される発展途上国内での格差と対立も「南南問題」として浮上してきた。

これまでソ連といった大国に押さえられていたことで、安定していた各地の民族間の対立も、感情的なものをベースに経済的な理由での対立に発展し、武力紛争が絶えなくなった。

▶EU加盟国

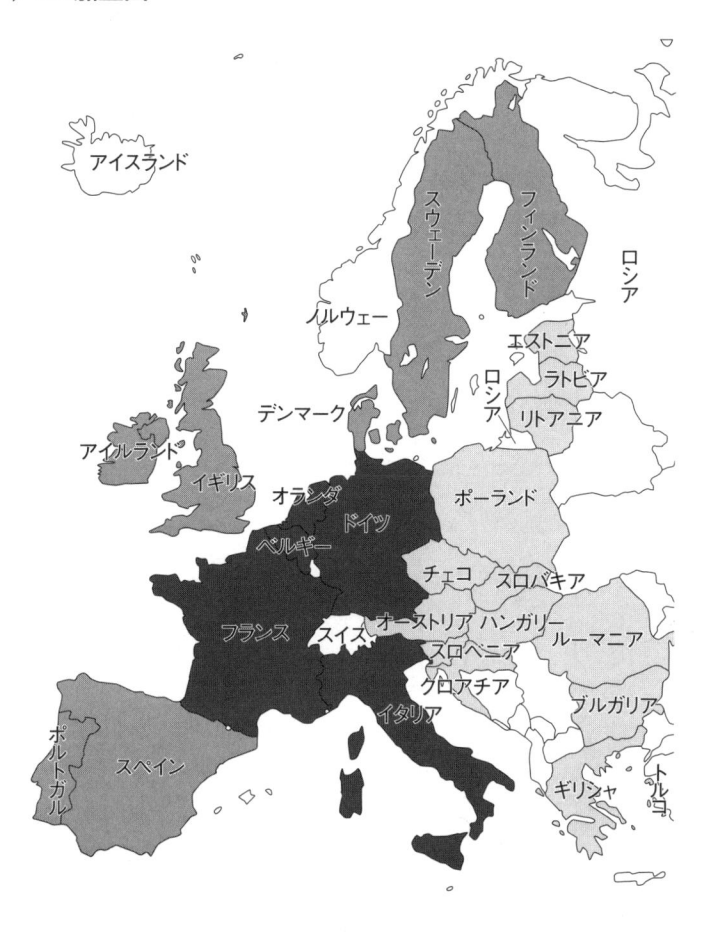

- ■ EU原加盟国
- ■ 1993年に加盟
- ■ 2004年、2007年、2013年に加盟

【経済史のポイント11】
たそがれの日本経済、揺らぐアメリカ経済

■20年間続いた不景気

バブル景気崩壊後の急速な景気後退に、世界的な景況悪化などの複合的な要因が次々に加わり、日本では不況が長期化した。銀行・証券会社等の大手金融機関の破綻が金融不安を引き起こすなど、日本経済に大打撃を与えた。

根本的な不況の原因は、バブル崩壊による資産価値の著しい低下であった。さらに、金融機関などが不良債権化した資産について、問題解決を先送りしたことが結果を悪化させた。

こうしてデフレ基調の不景気が10年以上続くことになった。

1992年度末から、日本の銀行でもBIS規制（自己資本比率規制）が本格適用された。

これは、国際業務をする銀行で8％、国内業務に特化した銀行で4％の自己資本比率を達成しなくてはならないというものである。日本ではバブル崩壊直後にあたり、不良債権処理で自己資本を減らした金融機関が、飛ばし（関連会社などへの付け替え）などにより不良資産隠しをしたり、融資先への貸し渋り・貸しはがしを引き起こす原因となった。

■財政再建路線と消費税の引き上げ

平成不況の期間において、一律に不況が続いたわけではない。

1995年から1996年にかけて景気は小回復した。ここで橋本内閣は、長期的な経済の停滞が一段落したと判断して財政構造改革法を制定し、消費税を3％から5％へと引き上げ、健康保険なども国民負担が多くなった。

しかし、景気回復は景気対策でようやく下支えしてきたものだったから、回復しかけていた景気はたちまち失速することとなった。

1996年に整理回収機構（後に債権整理回収機構）が設立された。住宅金融専門会社（住専）が不動産融資に相次いで破綻、それによる地価下落を原因に相次いで破綻した金融機関の持つ不良債権を買い取り、債権の回収するために特別措置法でつくられたのが、整理回収機構である。

バブル期の不良債権処理を先延ばししてきた銀行・金融機関だが、1995年の兵庫銀行を先頭に次々と破綻が起きる。

1997年には北海道拓殖銀行が経営破綻し、第二地銀の北洋銀行に吸収された。続いて四大証券の一角だった山一証券は経営が行き詰まり自主廃業した。

1998年には、長期銀行3行のうち、日本長期信用銀行と日本債券信用銀行が相次いで経営破綻し、一時的に国有化され、そののち売却された。

■メガバンク登場の背景

90年代後半の金融危機を通じて、日本の金融機関は合併により再編された。護送船団方式といわれ強力な行政指導に従っていれば守られる仕組みだったが、バブル崩壊でどの銀行も財務内容が傷ついていた。

また、メガバンクや地方銀行も、資本比率

を満たすため公的資金の注入を受けたり、合併して規模拡大をするなどの生き残りが模索された。

こうした金融機関の相次ぐ破綻を受けて、政府は金融不安を取り除くため、公的資金の注入と金融再編をリードする。

銀行は本来、健全化のために自己資本比率（海外8％・国内4％）を割っては営業ができない。しかし、バブル崩壊からの不良債権処理が進まず、自己資本比率を割る銀行が出てきた。そこで政府はすべての銀行に公的資金を注入し、自己資本を拡充させ金融不安を取り除くことにした。

また、日本は銀行の数が多すぎるとされ（オーバーバンキング）、経営統合して合理化を進める必要があった。そこで金融機関の再編が活発に行なわれた。従来の都市銀行はすべて合併・経営統合を経験し、メガバンクや、リージョナルバンクが誕生している。

■そして何が変わったか

2001年4月に小泉内閣が発足した。これまでの自民党にはないタイプの小泉純一郎を国民は熱狂的に支持した。小泉首相の最大の政治テーマは、官僚主導による時代に適応しなくなった日本のシステムを根本的に変革することであった。これを「構造改革」と呼んだ。

5年半にわたる小泉内閣の後は、安倍晋三、福田康夫、麻生太郎と毎年総理大臣が変わる状況が続く。2009年には、歴史的な政権交代で、民主党政権となったものの、2012の総選挙で再び自民党政権へと戻っている。政治的には、このように目まぐるしく移り

変わったものの、公的債務の問題にしても、経済成長率の問題にしても、10～20年前に日本経済の課題とされたことは、現在、より深刻なかたちで我々の前に立ちはだかったままである。

■アメリカが「金融帝国化」した背景

1970年代にはドルショックとオイルショックが先進国を襲い、高成長から低成長時代に移行した。表面上は一時的な要因によるものと思われたかもしれないが、すでにこの時点で当時の西側先進国は成長の臨界点に達していた。

まず、人口を維持していくのに必要な出生率が2.1倍を下回った。日本では1974年だが、その他の先進国も70年代には下回るようになる。世界的に粗鋼の生産量がピークになるのも1974年だった。そして先進国の長期金利もこの頃がピークとなる。

このようなことは後になってみないと分からない。

少品種大量生産時代の終わりを、日本企業はいちはやく認識し、それに対応すべく、生産工程の改善につとめ、多品種少量生産への移行に、自動車、家電などで、欧米企業に先駆けて成功した。

こうして1980年代にかけて、「ジャパン・アズ・ナンバーワン」と呼ばれるまでに日本経済は復興した。

その頃アメリカは、工業生産での改革ではなく、金融大国への道を模索していた。かつてはオランダが、そして英国が陥ったように、「ものづくり」よりも、資金を動かすことで利益を得る道を選択したのである。

金融帝国の誕生には、金融自由化が不可欠だった。すなわち、金利・業務分野・金融商品・店舗など金融制度にかかわる政府規制を緩和・撤廃することである。なかでも、銀行と証券、保険の垣根を撤廃することが、金融帝国への道を開いた。

しかし、そもそもこれらがなぜ規制されていたのか。

それは1920年代の大恐慌の反省からだった。金融市場を自由放任にしたために大恐慌が発生したので、公的規制を厳しくし、バブルが生まれないようにしたはずだった。

銀行と証券会社の兼営を禁止し、証券取引委員会(FRB)の監視権限を強化させたのは、バブルとその破裂=恐慌を防ぐためだったのだ。日本の金融制度もこれにならい、金融については政府の管理・監督が強かった。

それらはすべてバブルと恐慌をふせぐための知恵だった。しかし、世の中にはバブルにならなければ儲からない人々もいる。そういう人々が各国の政権に対し、規制緩和を求め、バブルを誘発する政策を実施させたのである。

■「強いドル政策」とは？

クリントン政権は、外交的にはブッシュ政権の「唯一の超大国」路線を継承しつつも、経済的な覇権の再確立を目指した。ハイテク兵器開発で生まれた新技術を民生品に転換させることで、IT産業を誕生させた。

なかでも、インターネットの普及は、社会を激変させるものだった。このインターネットも、もともとはアメリカの軍部で開発された技術である。この新技術により、情報通信

370

技術全般は急激な進歩を遂げた。インターネットを通じて、世界じゅうが瞬時に情報を共有できるようになったことで、従来のビジネスの方法が変わっただけでなく、新ビジネスも誕生していった。

しかし、1970年代から続く、アメリカの労働生産性の低さと国際競争力の低下という根本的な課題は解決されていなかった。見かけだけの繁栄だったのである。

1990年代前半、アメリカ経済は活況を呈していた。民間設備投資と個人消費が増大し、株式ブームも起きていた。そこに1995年、クリントン政権のルービン財務長官は「強いドル」政策を宣言した。プラザ合意以後、ドルの価格は安く抑えられていたが、それでは投資対象としてアメリカの資産の魅力が失われているとして、高金利政策をとり、ドル高に向かわせたのである。「強いドル」が提唱されたので、株や債券がますます値上がりしていった。

唯一の超大国となった強い アメリカのイメージと「強いドル」とは重なり、外国からの投資資金はアメリカに流入した。その資金をどう運用するかということで、次々と金融商品が開発されていった。従来の株式、債券、商品の先物取引などに加え、金融工学を駆使したデリバティブが開発されていった。こうして世界中の資金がアメリカに流入し、アメリカは世界最大の債務国になった。

アジア通貨危機の発端

1990年代、「東アジアの奇跡」と呼ばれるように、東アジア各国は高い成長率をほこった。発展途上にあったので、いったん成長が加速されると、一気に成長率は高まるのである。安い労働力をもとめて外国企業は進出し、直接投資がなされ、さらに未開の市場として、工業製品が輸入されるという、いままでの後進国と同じパターンが東アジア諸国にもみられるようになったのだ。先進国の景気が悪化していたこともあり、機関投資家たちは投資先として東アジアに狙いを定めた。

先進国は為替の変動相場制をとっていたが、これらの国は、為替リスクを回避するため、自国通貨とドルを連動させるドルペッグ制を採っていた。1990年代前半まではドル安だったので、それに連動する各国の通貨も安かった。東アジア諸国は金利を高めに誘導することで、外国資本の流入を促して、資本を蓄積させることができた。そして輸出によって経済成長を実現するシステムが機能していたのだ。

しかし、その後ドル高になると、連動して、東アジア諸国の通貨は上昇した。すると輸出価格が上昇したので輸出が伸び悩むようになっていく。

タイはそれまで年間平均経済成長率は9％と高かったが、1996年には貿易収支が赤字に転じた。中国との競争が激しくなり、日本企業などが中国にシフトしたのも原因のひとつだった。

タイの通貨バーツがヘッジファンドに目をつけられ、餌食となった。彼らは為替市場で大量に空売りを仕掛けバーツを暴落させ、下がったところで買い戻して利益を出そうと企んだのである。

1997年5月にヘッジファンドはバーツを売り浴びせた。タイ中央銀行は外貨準備を切り崩して買い支え、このときの危機は乗り越え、バーツの切り下げはしないですんだ。しかし、7月になって、ヘッジファンドは再び空売りを仕掛け、ついに変動相場制に移行せざるをえなくなる。

それまで1ドル24・5バーツだった為替レートは一気に29バーツにまで下がり、国際通貨基金（IMF）が救済にはいったが、翌年1月には56バーツと半分になってしまった。

タイの景気は一気に悪化した。外国からの資金によって補塡されていた不動産バブルも崩壊し、企業倒産と失業が相次いだ。

タイだけでなく、インドネシア、韓国も大きな打撃を受け、マレーシアとフィリピン、そして香港もある程度の打撃を受けた。中国とインドは固定相場制だったため、直接の影響はなかった。

国際通貨基金（IMF）が各国を援助することで、世界恐慌に発展することは避けられた。しかし、日本経済は大きな打撃を受け、1998年の金融危機の原因のひとつとなった。

急成長を遂げた BRICs

アメリカの投資銀行ゴールドマン・サック

スの2003年のレポートで登場した新しい造語が、BRICsである。ブラジル（B）、ロシア（R）、インド（I）、中国（C）の4か国のことで、「新興国」ともいう。現在では、南アフリカ（S）を加えてBRICSともいう。いずれも、国土が広く、人口が多く、豊富な天然資源を持つという特徴があり、さらに経済が急成長している。

1997年のアジア通貨危機で影響を受けなかったのが、中国とインドで、その理由は変動相場制を採っていなかったからだ。そのおかげで、他のアジア諸国の経済が低迷するのを横目に、急成長が可能だった。

社会主義から自由主義への転換での混乱と、ハイパーインフレなどで破綻状態にあったロシアは、プーチン政権になると原油価格の高騰のおかげで、経済の急成長を達成した。エリツィン時代には新興財閥が石油と天然ガスといった資源ビジネスを支配していたが、プーチン政権は強権を発動して、財閥を排除し、これらのエネルギー資源を国家の統制下に置いた。その意味では自由化に逆行するのではあるが、国家戦略としては成功したのだ。ブラジルもまた資源国であり、原油とバイオエタノールによって、経済成長を達成し、1970年代からの問題である対外債務問題も解決に向かった。

この5か国の次をうかがう立場にあるのが、VISTA。ベトナム・インドネシア・南アフリカ・トルコ・アルゼンチンの5か国で、国土はBRICSほどではないが、豊富な天然資源とより安価な労働力を持っている。

「世界金融危機」とは一体何だったか?

2002年、アメリカのITバブルは崩壊したが、しかし、すぐにまたアメリカ経済は回復する。

ブッシュ政権は、大規模減税と金利引き下げを実施して、経済を回復させた。2004年には4・4%という高い経済成長率を達成してしまうのである。

2003年3月に開戦したイラク戦争は、原油価格の高騰を招いた。世界第2位の埋蔵量をほこるイラクからの原油輸出が不可能となり、さらにテロと戦争を危惧して中東地域の石油精製施設の設備投資も滞ったからである。

原油価格が上昇したことにより、産油国の利益は大幅に増えた。となると、それを運用しなければならない。そこで、金融市場での運用だけでなく、商品市場の投資にまで乗り出すことになった。商品市況は上昇に向かい、資源価格は上昇した。

そのおかげで、資源国であるロシアも原油価格高騰で潤い、その資金を北極油田の採掘に投入、世界一の産油国となった。こうして超債務国だったロシアは債権国に転じた。

BRICsなどの新興経済発展国の成長も加速し、世界中の国々がアメリカにモノを売り、それで得たドルを運用するために、アメリカに投資した。

その資金が、サブプライムローンの原資となったのである。このローンによって住宅を買った人々は、住宅価格が値上がりするたび

に、さらに借金をして消費しまくった。こうしてアメリカの景気は過熱した。

アメリカの住宅ローンは、「頭金として購入価格の20％を現金で払える人に対して、30年の固定金利」というのが一般的なものだった。当然、その条件に満たない人もいる。そのような信用力の低い人を「サブプライム」と呼ぶ。アメリカの金融機関は信用力のある人に対する融資はすでにしつくしてしまっていた。

原油の高騰は産油国に巨額のオイルマネーをもたらした。それ以外の国々もアメリカが何でも買ってくれるので、巨額のドルを持っていた。そしてアメリカは高金利だった。

そこで、世界中のドルがアメリカに還流し、金余りを起こしていた。金融機関は何かに投資しなければならなくなり、最後に残ってい

た、サブプライムを対象とした住宅ローンに手を伸ばすことにした。ハイリスク・ハイリターンである。

とはいえ、リスクを回避するために、債権を証券化して、他の債権と合わせて売る方法を考え出した。

こうして金融機関も儲かり、投資家も儲かり、借り手の信用力のない人は夢のマイホームを手に入れ、すべての人が幸福になるはずだった。

住宅価格が上がり続けていれば、この手法も問題がなかっただろう。ところが、2006年6月をピークに、全米主要都市の住宅価格が下がり始めた。当年末には、サブプライムローンに特化した中堅の住宅ローン会社が倒産した。

サブプライムローンは、前述のように、貸

376

し倒れの危険を分散させるために、債権が証券化・分割され、さまざまな金融商品に組み入れられていた。そのため、金融商品に対する信用リスクが連鎖的に広がることになった。

2007年に、アメリカのサブプライム住宅ローンの焦げ付き（住宅バブル崩壊）が始まり、金融システム全体が機能不全に陥る状態となり、世界金融恐慌が発生する。

2008年9月15日に、公的資金による救済が見送られるなかで、アメリカの名門投資銀行リーマンブラザーズが経営破綻した（リーマンショック）。

また、債権証券化商品をはじめ金融債を多数取り引きしていた欧州の各国も金融機関の多くが危機に陥り、国自体の信用不安に発展していった。

金融恐慌は、アメリカの実体経済にも波及し、自動車会社大手をはじめ多くの会社で経営不安や倒産が発生し、膨大な失業者が発生した。

日本では、当初、債権証券化商品を購入していた金融機関が少なかったこともあり、傷は比較すると浅いともいわれたが、日本経済は海外輸出依存が増していたこともあり、経済の落ち込みは激しく、企業業績が軒並み赤字に転落することになった。

世界史・日本史年表 IV

■ヨーロッパ・アメリカ・ソ連(ロシア)

1914	第一次世界大戦 (〜1918)
1917	ロシア革命
1919	ベルサイユ条約
1920	国際連盟成立
1921	ワシントン会議
1922	ソヴィエト連邦樹立
1925	ロカルノ条約
1928	ケロッグ・ブリアン協定
1929	世界大恐慌
1933	ナチス政権樹立(独)
1939	第二次世界大戦 (〜1945)
1941	大西洋憲章
1944	連合国軍がノルマンディ上陸
1945	ヤルタ会談/ポツダム宣言 第二次大戦終結/国際連合成立
1959	キューバ革命
1963	部分的核実験停止条約
1967	EC発足
1970	核拡散防止条約
1989	マルタ会談
1990	東西ドイツ統一
1991	湾岸戦争
1993	EU成立
1999	EUがユーロ導入
2001	ニューヨーク同時多発テロ

■アジア・中東・アフリカ

1911	辛亥革命
1912	中華民国建国
1915	フセイン＝マクマホン協定
1932	上海事変
1936	西安事件
1946	アジア諸国の独立がすすむ
1948	第一次中東戦争
1949	中華人民共和国建国
1950	朝鮮戦争
1955	バンドン会議
1956	第二次中東戦争
1960	アフリカ諸国の独立がすすむ
1962	中印国境紛争
1965	ベトナム戦争の激化
1966	文化大革命
1967	第3次中東戦争
1969	中ソ国境紛争
1973	第4次中東戦争/石油危機
1975	ベトナム統一
1979	イラン革命
1980	イラン・イラク戦争
1989	天安門事件
1990	イラクがクウェートに侵攻
1997	香港返還
2001	中国がWTOに加盟

■日本

1910	大逆事件/韓国併合
1914	第一次世界大戦に参戦
1915	二十一か条の要求
1918	シベリア出兵
1923	関東大震災
1925	治安維持法/普通選挙法
1927	第1回三東出兵
1928	第2回三東出兵/張作霖爆殺事件
1931	柳条湖事件/満州事変
1932	五・一五事件
1933	国際連盟より脱退
1936	二・二六事件
1937	蘆溝橋事件/日中戦争
1938	国家総動員法
1939	ノモンハン事件
1940	日独伊三国同盟
1941	太平洋戦争 (〜1945)
1945	ポツダム宣言受諾
1947	日本国憲法施行
1951	サンフランシスコ講和会議
1951	日米安全保障条約
1956	国際連合加盟
1972	沖縄返還
1973	オイルショック
1992	PKO協力法成立
1995	阪神淡路大震災

日本と世界まるごと全史 キーワード索引

あ

IMF	322
IBRD	322
アヴィニョン捕囚	124
アケメネス朝ペルシャ	31
赤穂事件	258
アジア通貨危機	372
足利尊氏	178
足利義政	179
足利義満	178
飛鳥時代	140
アッカド王国	24
アッシリア	28
アッバース朝	105
アテネ	35
アヘン戦争	275
アメリカ独立戦争	218
アーリア人	21
アレクサンドロス	40
安史の乱	151
安政の大獄	260
井伊直弼	260
イエス・キリスト	53
イギリス国教会	196
イギリス帝国	238
イスラエル王国	30
イスラム教	102
イスラム帝国	104
イタリア王国	244
伊藤博文	268
岩倉具視	262
岩崎弥太郎	270
岩宿遺跡	24
殷	68
インカ帝国	192
院政	162
インダス文明	20
ヴァロア朝	128
ウィーン会議	231
ウェストファリア条約	203
ヴェルダン条約	108
ウマイヤ朝	104
ウル第一王朝	19
エーゲ文明	34
エジプト文明	19
江戸時代	256
オイルショック	348
欧州共同体（EC）	345
欧州連合（EU）	363
王政復古の大号令	262
応仁の乱	179
大海人皇子	143
大久保利通	262
大隈重信	268
大友皇子	143
オクタヴィアヌス	53
オーストリア継承戦争	212
オスマン帝国	133
織田信長	252
オドアケル	66
OPEC	349
オルメカ文明	22

か

夏	68
ガウタマ・シッダールタ	72
カエサル	50
勝海舟	264
GATT	323
カノッサの屈辱	116
カペー朝	126
鎌倉時代	165
カルヴァン	196
カール大帝	108
カルタゴ	45
カロリング朝	108
冠位十二階	140
寛政の改革	259
関東大震災	285
魏	88
魏志倭人伝	89
95か条の論題	194
教会大分裂	126
享保の改革	259
ギリシア正教会	115
金	167
グラスノスチ	360
クリミア戦争	239
クロムウェル	206
ゲルマン民族大移動	62
元（モンゴル帝国）	170
源氏	154
建武の新政	178
権利の章典	208
呉	88
弘安の役	173
項羽	80
黄河文明	21
紅巾の乱	175
黄巣の乱	151
公地公民	142
高度経済成長	330
光武帝	86
後ウマイヤ朝	105
後漢	84
国際連合	320
五賢帝	56
五胡十六国時代	92
後三年の役	158
古事記	146
後醍醐天皇	177
五代十国	152
国家総動員法	316
古バビロニア王国	25
COMECON	325
米騒動	285
コロンブス	188
コンスタンティヌス	60
墾田永年私財法	148

さ

西郷隆盛	267
佐賀の乱	268
坂本龍馬	262
桜田門外の変	262
ササン朝ペルシャ	61
サッチャー革命	354
サブプライムローン	375

項目	頁	項目	頁	項目	頁
日明貿易	178	仏教公伝	139	源頼朝	165
日露戦争	278	プラザ合意	356	ミラノ勅令	60
日清戦争	277	フランク王国	100	明	174
日宋貿易	163	フランス革命	221	ムッソリーニ	305
日本銀行	273	プランタジネット朝	122	ムハンマド	102
日本国憲法	320	BRICs	373	室町時代	178
日本書紀	146	ブレトンウッズ協定	321	明治六年の政変	267
ニューディール政策	302	ブルボン王朝	209	明治十四年の政変	272
ネロ	56	プロイセン王国	203	名誉革命	208
ノルマン朝	122	ブロック経済	302	メルセン条約	108
は		プロテスタント	195	メソポタミア文明	18
廃藩置県	264	ブワイフ朝	112	メロヴィング朝	100
白村江の戦い	143	文永の役	173	**や**	
パックス・アメリカーナ	334	平安京	149	邪馬台国	89
パックス・ロマーナ	56	平安時代	149	大和朝廷	94
パックスブリタニカ	236	平氏	154	弥生時代	24
バビロン捕囚	28	平治の乱	160	ユグノー戦争	197
ハプスブルク家	212	平城京	145	ユスティニアヌス帝	101
バブル経済	356	ベトナム戦争	339	ユダヤ王国	30
バラ戦争	131	ヘブライ王国	30	ユダヤ教	28
パリ講和会議	294	ペリー	259	煬帝	138
パルティア帝国	61	ペルシャ戦争	37	四大文明	17
版籍奉還	264	ペレストロイカ	360	**ら**	
ハンムラビ	25	ヘレニズム文化	42	楽市楽座	252
東インド会社	191	ペロポネソス戦争	40	劉備	88
東フランク王国	110	北条氏	165	劉邦	80
東ローマ帝国	100	ポエニ戦争	45	リンカーン	243
ビスマルク	246	北魏	93	ルイ14世	209
ヒッタイト	26	北周	96	ルーズヴェルト	301
ヒトラー	306	北斉	96	ルター	194
ピピンの寄進	108	戊辰戦争	262	ルネサンス	184
卑弥呼	90	ボストン茶会事件	220	レーガノミックス	353
百年戦争	126	ポーツマス条約	279	六波羅探題	167
ピューリタン革命	204	ポリス	34	盧溝橋事件	316
ファーティマ朝	112	本能寺の変	252	ロシア革命	297
フェリペ2世	199	**ま**		ロベスピエール	223
藤原純友	156	マグナ・カルタ	121	ローマ教会東西分裂	114
藤原仲麻呂	148	マケドニア	40	ローマ帝国東西分割	63
藤原不比等	146	マーシャル・プラン	323	**わ**	
藤原冬嗣	153	マゼラン	189	倭の五王	94
藤原道長	156	満州事変	312	ワルシャワ条約機構	325
藤原良房	153			湾岸戦争	364

産業革命	215	スパルタ	35	チャビン文明	22
三国干渉	278	スパルタクス	49	中華民国	275
三国時代	86	スミソニアン体制	344	中東戦争	338
三頭政治	50	スレイマン1世	134	中部フランク王国	110
サンフランシスコ講和会議	321	スンニ派	105	朝鮮特需	330
シーア派	105	西南戦争	267	朝鮮戦争	336
始皇帝	77	世界恐慌	301	チンギス・ハン	170
七月革命	232	関ヶ原の戦い	256	ディオクレティアヌス	58
七年戦争	218	摂関政治	154	帝国主義	287
持明院統	176	セルジューク朝	112	テオドシウス帝	64
社会主義	295	前漢	80	テルミドールの反動	224
ジャンヌ・ダルク	130	前九年の役	158	天保の改革	259
上海事変	316	戦国時代（中国）	74	ドイツ三十年戦争	203
周	69	戦国時代（日本）	252	ドイツ帝国	246
宗教改革	193	戦国の七雄	74	唐	138
十字軍	117	先史時代	16	道鏡	148
十七条憲法	141	宋	152	徳川家康	256
自由民権運動	268	曹操	87	徳川慶喜	262
朱元璋	175	租庸調	142	徳川吉宗	259
朱全忠	152	ゾロアスター教	62	独立宣言	221
シュメール	18	孫権	88	ドッジ＝ライン	329
春秋時代	71	尊王攘夷運動	260	鳥羽・伏見の戦い	262
承久の乱	166	孫文	276	富岡製糸場	270
聖徳太子	140	**た**		豊臣秀吉	254
承平天慶の乱	154	第一次世界大戦	290	**な**	
縄文時代	22	大覚寺統	176	中臣鎌足	142
昭和恐慌	309	大化の改新	141	中大兄皇子	142
蜀	88	大航海時代	186	長屋王	146
殖産興業	268	大正デモクラシー	285	奴国	89
所得倍増計画	330	大政奉還	262	ナチ党	306
秦	76	第二次産業革命	287	ナポレオン	224
新	83	第二次世界大戦	314	奈良時代	146
晋	91	大日本帝国憲法	274	ナントの勅令	198
清	256	太平天国の乱	276	南北戦争	241
辛亥革命	276	大宝律令	145	南北朝（中国）	95
人権宣言	223	平清盛	160	南北朝（日本）	176
新自由主義	352	平将門	154	二月革命	232
壬申の乱	143	田沼意次	259	ニクソンショック	343
神聖ローマ帝国	132	ＷＴＯ	323	ニケーア公会議	60
晋仏戦争	246	壇の浦の戦い	165	西フランク王国	110
隋	136	治安維持法	285	西ローマ帝国	64
菅原道真	153	地租改正	266	日米安全保障条約	321

■参考文献

『世界歴史事典』（平凡社）／『角川世界史辞典』（角川書店）／『世界の歴史』（中央公論社）／『ビジュアルワイド図説世界史』（山川出版社）／『山川世界史総合図録』（東京書籍）／『詳説日本史』（山川出版社）／『詳説世界史』（山川出版社）／『世界史図録ヒストリカ』（山川出版社）／『世界史年表・地図』（吉川弘文館）／『最新世界史図説タペストリー』／『詳説日本史研究』（山川出版社）／『角川日本史辞典』『世界史年表』（岩波書店）／『最新世界史図説タペストリー』（帝国書院）／『図説西洋経済史』飯田隆（日本経済評論社）／『西洋経済史』大国の興隆と盛衰の物語』大和正典（文眞堂）／『戦後世界経済史』猪木武徳（中公新書）／『資本主義崩壊の首謀者たち』広瀬隆（集英社新書）／『なぜ世界は不況に陥ったのか』池尾和人・池田信夫（日経BP社）／『現代の世界経済』中山弘正（岩波書店）／『情報世界地図』（小学館）／『そうだったのか！ニュース世界地図』池上彰（集英社）／『10万年の世界経済史』グレゴリー・クラーク著 久保恵美子訳（日経BP社）／『実録世界金融危機』日本経済新聞社編（日経ビジネス人文庫）／『世界大恐慌』秋元英一（講談社学術文庫）／『グローバル恐慌』浜矩子（岩波新書）／『手にとるように世界史がわかる本』小松田直（かんき出版）／『長期波動からみた世界経済史』安宅川佳之（ミネルヴァ書房）／『面白いほどよくわかる世界史』鈴木晟監修 鈴木旭・石川理夫著（日本文芸社）／『3日でわかる世界史』櫻井晴彦監修 オフィステクスト著（ダイヤモンド社）／『手にとるように経済用語がわかる本』三菱総合研究所政策・経済研究センター監修（かんき出版）／『現代日本経済史』橋本寿朗（岩波書店）／『現代日本経済史［新版］』森武麿・浅井良夫・西成田豊・伊藤正直・春日豊（有斐閣）／『現代日本経済史』橋本寿朗（ちくま新書）／『概説日本経済史［近現代］』三和良一（東京大学出版会）／『途上国ニッポンの歩み』大野健一（有斐閣）／『日本の経済』伊藤修（中公新書）／『もう一度学びたい日本の歴史』加来耕三（かんき出版）／『日本の歴史16巻～21巻』（集英社）／『世界大百科事典』（平凡社）／『日本の近代』（中央公論社）／『新版 西洋経済史』石坂昭雄・船山榮一・宮野啓二・諸田實（有斐閣双書）／『図解世界史』（成美堂出版）／wikipedia ほか

※本書は『この一冊で日本史と世界史が面白いほどわかる！』（小社刊／2007年）、『世界で一番おもしろい経済地図』（同／2009年）、『系図でわかる日本史と世界史 2つの流れが1つになる！日本史と世界史』（同／2010年）に新たな情報を加え、改題・再編集したものです。

編者紹介

歴史の謎研究会
歴史の闇にはまだまだ未知の事実が隠されたままになっている。その奥深くうずもれたロマンを発掘し、現代に蘇らせることを使命としている研究グループ。
本書では、有史以来の人類の歩みをひとつの「流れ」ですっきり整理。あわせてビジネスパーソンには欠かせない「経済史」の大事なポイントをわかりやすく解説！ できる大人の日本史＆世界史大事典‼

面白いほどわかる大人の歴史教室
日本と世界まるごと全史

2013年10月5日　第1刷

編　　者	歴史の謎研究会
発 行 者	小澤源太郎
責任編集	株式会社プライム涌光
	電話　編集部　03(3203)2850
発 行 所	株式会社青春出版社

東京都新宿区若松町12番1号☎162-0056
振替番号　00190-7-98602
電話　営業部　03(3207)1916

印刷・大日本印刷　　製本・ナショナル製本

万一、落丁、乱丁がありました節は、お取りかえします
ISBN978-4-413-11102-7 C0020
©Rekishinonazo Kenkyukai 2013 Printed in Japan

本書の内容の一部あるいは全部を無断で複写(コピー)することは著作権法上認められている場合を除き、禁じられています。

できる大人の大全シリーズ 好評既刊

できる大人の
話のネタ全書

話題の達人倶楽部[編]　　ISBN978-4-413-11087-7
定価1050円(本体1000円+税)

これだけは知っておきたい
大人の漢字力大全
　　　　　　　　　　　たいぜん

話題の達人倶楽部[編]　　ISBN978-4-413-11088-4
定価1050円(本体1000円+税)

できる大人の
モノの言い方大全 LEVEL2
　　　　　　　　たいぜん

話題の達人倶楽部[編]　　ISBN978-4-413-11095-2
定価1050円(本体1000円+税)

なぜか一目おかれる人の
大人の品格大全
　　　　　　たいぜん

話題の達人倶楽部[編]　　ISBN978-4-413-11098-3
定価1050円(本体1000円+税)